本书获得教育部人文社科研究项目“资源环境约束下中国木材产业全球价值链地位攀升研究”（16YJC790028）及北京林业大学2018年教育教学项目（BJFU2018JY039）的资助



经济管理学术文库·经济类

# 中国木材产业全球价值链地位攀升研究

## Research on the Status Upgrading of Global Value Chain of China's Wood Industry

侯方淼　陈　勇　宿海颖／著

经济管理出版社
ECONOMY & MANAGEMENT PUBLISHING HOUSE

**图书在版编目（CIP）数据**

中国木材产业全球价值链地位攀升研究/侯方淼，陈勇，宿海颖著．—北京：经济管理出版社，2021.6

ISBN 978－7－5096－8049－0

Ⅰ.①中… Ⅱ.①侯… ②陈… ③宿… Ⅲ.①木材工业—产业发展—研究—中国 Ⅳ.①F426.88

中国版本图书馆 CIP 数据核字(2021)第 108407 号

组稿编辑：曹　靖
责任编辑：杜　菲
责任印制：黄章平
责任校对：张晓燕

出版发行：经济管理出版社
（北京市海淀区北蜂窝 8 号中雅大厦 A 座 11 层　100038）
网　　址：www. E－mp. com. cn
电　　话：(010) 51915602
印　　刷：北京虎彩文化传播有限公司
经　　销：新华书店
开　　本：720mm×1000mm/16
印　　张：13
字　　数：248 千字
版　　次：2021 年 6 月第 1 版　2021 年 6 月第 1 次印刷
书　　号：ISBN 978－7－5096－8049－0
定　　价：88.00 元

# 目 录

# 第一章　绪论

森林是陆地生态系统的主体，被誉为“地球之肺”，为人类提供不可或缺的木材等实物产品和生态系统服务，对于全球生态系统平衡和缓解气候变化发挥关键性作用，同时又是基础性产业。森林问题已经引起国际社会的关注，如生物多样性保护、气候变化和防治沙漠化等国际公约的重要条款、《联合国千年发展目标》等重要内容。作为负责的大国，中国政府积极履行国际义务，同时根据中国的国情、林情等出台相关政策法规和改革举措，成为少数成功实现森林转型的发展中大国，实现了从毁林转向森林资源增长。程宝栋和宋维明（2006）的研究表明，经济体系完整、健全、发达的国家，国民经济和国家竞争力的重要支柱之一就是木材产业，因此，木材以及木材产业越来越受到关注。

## 第一节　研究背景

木材产业以木材为主要加工对象，是利用物理、化学加工手段，将木材加工成为各种木质林产品的制造业的总称，它是林业产业的重要组成部分，在国民经济中具有不可替代的地位。《中国木材产业与贸易研究》中对木材产业的定义是“以木材和木质材料为原料，经机械加工或化学加工，其产品仍保持木材基本特性的产业，主要产品包括原木、锯材、人造板、木浆、纸及纸板、家具等”。然而，中国木材产业的发展是建立在木材资源的大量消耗和低效利用基础上的，木材产业的发展更多的是“量”的扩张，而非“质”的提高，以加工贸易为主的方式使得发达国家享受着高额的贸易福利，却指责中国威胁世界森林资源保护，将全球变暖、环境恶化等问题归咎于中国。同时，由于中国人均森林面积低于世界平均水平，中国建立了采伐限额制度和天然林保护政策，木材产业发展对外国森林资源的依赖与日俱增，2018 年中国木材对外依存度为 53.6%，成为全球最大的原木进口国。对木材的大量进口在一定程度上加速了世界森林资源减少，国外一些组织认为全球森林的急剧减少与中国的木材产业密切相关，中国也因此被指责为全球木材消费的“黑洞”，影响了中国甚至世界的生态环境。资源与环境约束需要中国木材产业尽快转型升级。

随着全球化的推进，贸易制成品的生产工序越发复杂，产业链条不断延伸，国际分工越发深入细致，许多国家参与到贸易品的生产过程中，分布在价值增值的各个环节，全球价值链（Global Value Chain，GVC）已成为世界经济的一大特征，木材产业已形成以全球林产品链为纽带的生产网络模式，俄罗斯、东南亚等国家（地区）提供原材料，在中国加工成成品，再将大部分木材产品出口至欧美发达国家。发达国家拥有研发、技术等方面的比较优势而处于全球价值链的高端，而中国大多数林产品借助国外厂商品牌与销售渠道等方式间接进入国际市场。由于中国木材产业尚处于价值链的低端，中国只赚取了与贸易规模极不匹配的低廉加工费用，在相关国际规则制定中缺乏话语权。中国承受着巨大的国际舆论压力，围绕中国木材贸易的争论和谴责越来越多，由于无法扣除重复统计，有偏差的贸易数据会造成双边贸易平衡、比较优势、竞争力、汇率作用等相关贸易问题的误判，中国在林产品价值链中真实获得的林产品贸易利益测算有失偏颇。因而，贸易争端有加剧的趋势，尤其是欧美发达国家等针对中国林产品的摩擦事件频频发生。贸易摩擦的背后反映了资源环境约束下各国对全球林业资源的利益之争。因此木材产业升级并提升在价值链中的地位成为当务之急。国内现有研究多从产业本身出发，考虑 GVC 中木材产业升级的文献还较少，同时基于 GVC 特点的增加值核算方法对木材产业的研究也非常少。增加值统计法既能较直观地体现各国在全球生产网络中的相互依存关系，也能反映各经济体在全球价值链中的地位和贸易利得。本书考虑木材产业发展所面临的资源与环境约束，通过增加值法评估中国木材产业在全球价值链中的地位与对外贸易利益，为中国木材产业升级提供借鉴与启示，进而研究如何提高中国木材产业在全球价值链中的地位。

本书有以下理论和实际价值：第一，可以客观地测度中国林业产业在 GVC 的地位，与主要林业大国对比并吸取经验，为促进林业产业升级和提高企业经营素质提供理论与实证的支撑。第二，基于增加值方法测度林业产业竞争力、林业贸易利益及环境效应，可以更客观地分析中国是不是木材消费的“黑洞”，真正的利益为谁所获取等，为中国解决林产品贸易摩擦、提升产业竞争力、制定更合理的产业政策及贸易政策提供依据。第三，探讨 GVC 下影响林业产业发展和升级的各种因素，为提升在 GVC 的地位提出优化路径和政策措施。

有别于木材产业竞争力和贸易利益的已有研究，在资源与环境约束下，全面认识木材产业在 GVC 中的地位，就有必要结合环境效应的分析，这更加符合木材产业作为环境产业的特点。

## 第二节 研究目标、思路和方法

本书的总体目标是应用增加值方法分析中国木材产业在全球林业价值链中的地位；由木材产业所面临的资源环境约束出发，从经济利益、环境效应等角度分析中国木材产业在全球价值链中的获益情况，通过实证分析究竟哪些国家处于林业全球价值链的高端并成为林业资源消费的最大受益者；通过与林业大国比较差距并借鉴经验，为中国木材产业转型升级、提升中国木材产业在全球价值链中的地位提供理论依据和实证支持，最终促进中国木材产业绿色可持续发展、更好地发挥林业在应对气候变化中的作用提供建议。

因此，基于上述研究目标，本书的思路是：基于 OECD 和 WTO 开发的增加值核算体系，测度在资源与环境约束下的中国木材产业的发展、在全球价值链中的地位，运用增加值方法多角度、多层面评估中国木材产业参与国际竞争的竞争力、贸易利益和环境效应，并与主要的林业大国进行比较分析，对中国木材产业在全球价值链中的位置做出较全面的衡量；从宏观和微观两个层面分析中国木材产业参与全球价值链的主要影响因素，为中国木材产业提升全球价值链地位、提高竞争能力和转型升级提供依据和政策建议（见图 1－1）。

本书的主要研究方法是：第一，定性结合定量分析方法。全球价值链的增加值核算理论和方法是研究的基础，无论是基于宏观数据或是企业微观数据的经济利益分析，还是用环境利益理论分析林业资源消耗和林业污染气体排放，运用的都是以增加值为基础的定性结合定量的分析方法。在经济利益的测算中主要采用 Koopman 提出的 KPWW 方法和企业微观增加值测算方法。将国民账户核算数据和贸易统计数据整合共同用于增加值统计分析，运用 KPWW 分析理论框架分解一国贸易增加值，还可以进行两国及多国增加值分解，更好地比较不同国家在价值链中的获益。在环境利益测算中主要采用世界多区域投入产出模型（MRIO）测算（直接和间接）满足本国或本地区最终需求的林业资源消耗和污染气体排放以及（直接和间接）满足其他国家或地区最终需求的林业资源消耗和污染气体排放。在价值链地位、国际竞争力和贸易利益的测算中采用了基于增加值核算方法的多个指数进行定量分析。第二，实地调研法。在分析中国木材产业在全球价值链中地位的影响因素中，主要是构建计量经济学模型分析各种影响因素如何作用于中国木材产业。在企业参与全球价值链的利益分析以及在影响因素分析中

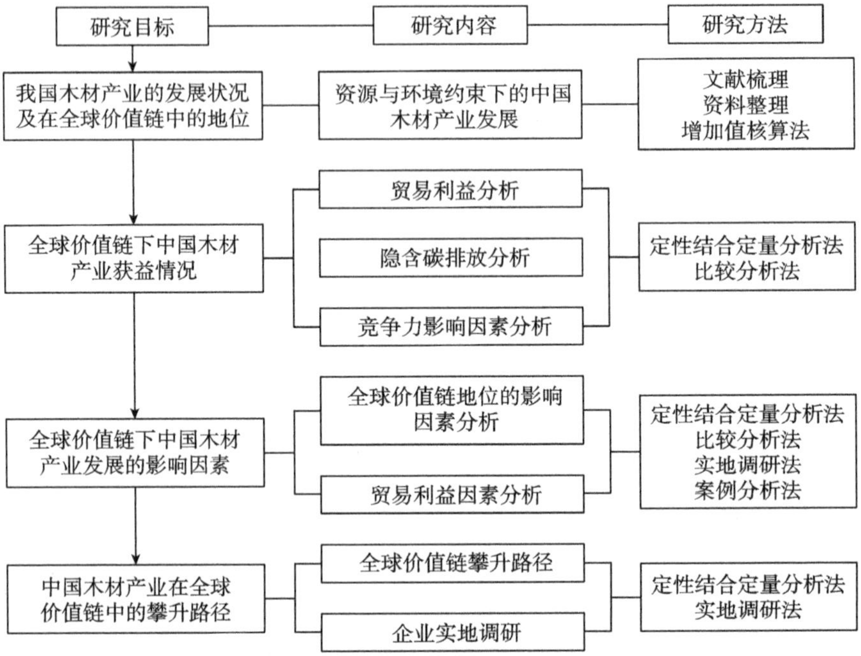


**图1-1　本书研究思路**

都会用到企业的微观数据，本书项目组赴山东、福建等省的木材生产和加工企业以及各类涉林进出口企业、行业协会和政府部门进行座谈和数据收集，根据研究需要，在人造板、造纸等典型行业中选取典型企业进行了调研。第三，案例分析法。对于典型企业采用案例分析法分析其参与全球价值链的地位、影响因素等。第四，比较分析法。对比中国木材产业与主要林业大国的全球价值链地位、国际竞争力、贸易利益，以找出差距、借鉴经验并提出政策措施。

## 第三节　资源与环境约束下中国木材产业研究进展

### 一、木材产业发展状况

由于经济发展阶段的不同，各国学者关注的侧重点也有所差异。国外学者的研究内容包括木材产业的资源、市场、技术、产业组织、产业国际合作和木材认证等，这些问题大多是木材生产先进国家产业面临的问题，对于发展中国家，虽然也有不同程度的关注，但发展中国家学者更关注木材产业的成长路径、竞争力层次的问题以及不合理的贸易秩序问题。

国外学者关于木材产业的具体研究主要涉及：一是研究如何根据市场需求优化木材产业的结构、改进工艺。Fuller 等（2019）分析了中国木材进口与刚果盆地森林覆盖损失之间的正相关关系，发现美国对家具的需求鼓励中国从刚果盆地森林采伐木材。二是研究木材产业供应链问题。Gronalt 等（2018）对木材产业供应链中铁路枢纽的绩效进行了分析并提出增强铁路运输能力的方案。George Emmerson（2018）认为参与 SLB（The Softwood Lumber Board）是保护和扩大北美软木木材产品市场份额的重要举措。三是研究某种生物的入侵对木材产业的影响。Paulina（2020）发现葛根作为具有侵略性的非本地藤蔓植物，不仅会造成生态破坏和生物多样性降低，还会造成木材价值和体积损失等多重经济后果。McConnell 等（2020）利用投入产出法分析了路易斯安那州硬木木材工业在祖母绿灰烬蛀虫入侵后的潜在经济贡献变化。四是研究木材贸易的森林认证制度和许可制度等。Frey 等（2019）发现墨西哥的一些社区建立了社区森林企业（CFE）以创造就业等效益，政府支持计划和森林认证机制已经建立并且对生产力产生积极影响。Nathan 等（2018）探讨了中国木材企业应对国际合法性核查要求的措施及其对制度有效性的影响。五是探究木材企业的国际化与绩效间的关系。Hosseini 等（2018）以瑞典木材制造业的中小企业为例，研究发现木材企业的国际化与绩效之间存在正、负、U 形、倒 U 形、S 形和倒 S 形关系。

关于中国木材产业的研究成果大多集中在产业发展状况、竞争力和产业集群等方面。程宝栋和宋维明（2006）通过对产业集聚的博弈分析和中国木材产业区域布局现状的分析探讨，发现中国木材产业仍处于产业集聚的初级阶段。闫海春（2016）以满洲里为例，运用层次分析法得出沿边口岸城市木材加工产业集群的发展主要得益于创新和分工合作推动。程宝栋等（2018）发现劳动力要素拥挤表象掩盖了木材加工产业并未过度集聚的事实，建议通过行政手段推动木材加工产业向资本、技术密集型产业转型升级。程征（2006）运用管理会计学中的价值链有关知识分析中国林业产业，发现在林业产业价值链上存在着第一产业森林资源短缺，第二产业增值幅度低，而第三产业发展薄弱的问题。李福生（2009）从价值链角度对中国林产品加工业的构成进行梳理，围绕价值链、企业管理和信贷配给等相关理论和概念，着重从技术创新、企业管理和信贷三方面来研究中国木材加工产业价值链升级。纪凤春和王崇民（2016）则分析探讨了中国黑龙江省木材产业发展中存在的问题和对策。Bocharov（2017）和伍超群（2016）分析了中国和俄罗斯之间木材产品的贸易往来。杨超等（2017）结合产业生命周期理论和探索性空间数据分析方法对中国木材产业发展演进进行阶段性划分研究，发现其先后经历了经济驱动、经济驱动与生态驱动相持、生态驱动三阶段。杨栋才（2018）根据中国木材的发展状况，从国际竞争力、出口贸易现状、出口贸易规模以及出口贸易结构变动四个角度进行了全面的分析，通过研究发现存在出口贸易规模增长过快而贸易结构优化缓慢的问题，并提出相应对策。

郑明亮（2010）和乔厦（2010）对中国区域木材加工产业的竞争力进行了研究比较。胡申（2012）以资源、技术、劳动力和市场状况等指标对中国东中西三区林业产业的竞争力进行了分析评价，通过实证发现资源水平、市场发育程度、林业产业基础条件、区域经济水平等对竞争力的提升具有较大影响。而吴语香和刘京华（2016）采用国际市场份额、贸易竞争力指数和相对贸易优势指数对中国木材加工产业的竞争力进行了综合评价，指出中国劳动力成本优势是中国木材加工产业具备竞争力的重要原因。王刚（2016）构建了外显竞争力、核心竞争力、基础竞争力和产业环境竞争力“四位一体”的林业产业竞争力评价体系对中国林业产业的区域竞争力进行评价对比，发现政府支持、产业组织结构和科技创新对改善竞争力具有正向作用。陈水合（2018）、刘能文和杨俊逸（2017）、伍超群（2016）分别对中美、中芬和中俄的木材产品贸易现状、摩擦和对策等进行了探究。

## 二、资源与环境约束下中国木材产业发展面临挑战

Markku Simula（2003）认为木材产业是资源基础型产业，发展木材产业涉及森林资源开发利用。只要利用适度，森林资源是可以实现正增长的。然而，中国木材产业的发展却是以森林资源长期的、无节制的采伐利用为条件的。宋维明（2004）表明“重采轻予”的发展模式导致了中国森林资源迅速减少，从而造成生态环境的日益恶化。聂影和杨红强（2008）指出木材供给缺口逐年扩大，中国从其他国家进口了大量木材。许传德等（2015）指出 2014 年中国木材对外依存度首次突破 50%。

国内资源限制及木材需求的上升使中国大规模地进口木材，这在一定程度上加速了世界森林资源减少的趋势，中国被指责为全球木材消费的黑洞。中国承受着巨大的国际舆论压力，围绕中国木材贸易的争论和谴责越来越多，全球森林的急剧减少和气候变化被认为与中国的木材消费密切相关。近年来，中国从国外的林业资源获取面临着越来越多的阻力。田明华等（2008）分析认为全球气候变暖成为威胁人类生存和发展的全球性问题，森林作为陆地生态系统的主体与环境密切相关，非法采伐生产和贸易、森林认证、碳汇贸易、进出口检验检疫、贸易保护、贸易争端等问题对中国木材产业影响越来越大，其中大多数与环境保护有关。李秋娟等（2018）认为中国木材安全方面的压力呈波浪式上升趋势，其主要

影响因素是木材国际贸易；木材安全方面的状态呈先下降后上升的趋势，其主要影响因素为国内木材供给和森林资源状况。

面对资源与环境约束下中国木材产业发展中的挑战，学者纷纷提出了对策。杨红强（2011）结合江苏省案例论证木材贸易存在的问题，对中国木材加工产业以转型升级带动区域优化提出了针对性政策建议；印中华和宋维明（2011）提出应当转换木材产业发展基础。

## 三、全球价值链视角下的木材产业贸易

从全球林产品价值链的视角来看，全球范围内林业产业的分工模式已形成以全球林产品链为纽带的生产网络模式，如俄罗斯、东南亚国家提供原材料，在中国加工成成品，终点是美国等发达国家。Gereffi 等（2003）建立了 GVC 概念及其理论框架，认为全球价值链是指在全球范围内为实现某种商品或服务的价值而连接生产、销售等全过程的跨企业网络组织。黄先海和杨高举（2009）等认为需要提高国内产业结构调整延伸加工贸易的价值链，才能实现相关产业的转型升级。中国木材产业已经嵌入 GVC 中，中国虽然被指责为"世界木材消费黑洞"，但是在全球林业价值链中，许多林产品加工后出口到欧美等发达国家，中国获得的贸易利益与大国地位不相称。因此，必须关注全球价值链中的木材产业与贸易，客观分析中国在 GVC 的地位及贸易相关利益。

对中国木材产业及林产品贸易的研究主要集中在发展的状况（陈绍志等，2018；汤吉贺和巴承，2012；单永娟和石小亮，2015；田刚和杨阳，2015）、国际竞争力（张吉国，2010）、国内外政策对林产品贸易的影响（印中华和宋维明，2011；侯新宇等，2013；韩灵梅，2015）及木材产业转型升级等方面（汪浩，2011；毛建国，2015）。GVC 理论为发展中国家和地区的产业升级研究提供了一种全新的视角，可以借鉴 GVC 治理与产业升级关系的分析框架（卢福财和胡平波，2008；辛娜，2012）调整木材产业发展并突破低端锁定的困局，实现中国木材产业在 GVC 中地位的提升。姚茂元和侯方森（2016）结合全球价值链与增加值贸易核算对亚太地区主要林产品贸易国的贸易利得和竞争力进行研究，发现中国和马来西亚在林产品贸易的全球价值链中所处的地位、竞争力和贸易利得均低于加拿大、美国、印度尼西亚、俄罗斯 4 个国家，在全球价值链利益分配中居于不利地位。

## 四、全球价值链地位测算方法

由于无法扣除重复统计，有偏差的贸易数据会造成双边贸易平衡、比较优势、竞争力、汇率作用等相关贸易问题的误判。为避免贸易指数、显性比较优势

指数等方法重复计算进口中间投入品价值导致贸易额“虚高”的影响，学者进行了各种新核算方法的研究。测算方法如表1－1所示。

**表1－1　全球价值链地位测算方法**

| 方法 | 研究角度 |
|---|---|
| 垂直专业化指数 | 计算进口中间投入在一国出口产品中的比重来衡量该国参与国际分工的程度 |
| 附加值贸易测算法 | 指直接或间接包含在另一国最终消费中的一国价值增值。该方法不仅能够准确地反映一个国家出口对各国进口中间投入品的依赖度，而且能够准确计算一个国家出口产品中的间接附加值和再进口附加值 |
| GVC 地位指数 | 通过比较特定行业作为中间品提供者和需求者的相对重要性来衡量它在 GVC 中的地位 |
| 出口价格与出口复杂度指数 | 出口价格用于衡量 GVC 地位<br>出口复杂度用于测度出口产品、产业或一国总出口的技术含量，利用产品出口国的收入水平来衡量某种产品的技术水平 |
| 产业上游测算法 | 通过测算某一行业中间品在成为最终需求品前所经历的生产阶段个数来反映该行业在价值链中所处的位置 |

## 五、基于增加值方法的木材产业价值链地位研究

### （一）增加值核算法

基于国际垂直化分工的全球生产链随着经济全球化应运而生，中间品贸易逐渐取代制成品贸易成为国际贸易的主流。这对传统贸易统计提出了问题：产品的价值来源涉及多个国家和地区，不再仅仅为最终出口地所有，以贸易总值为基础的统计存在很大不足，已经不能反映实际情况，需要研究和采用新的统计方法。因此采用更为客观、合理的增加值贸易测度中国林产品在全球价值链中的真实获利有其重要性和紧迫性。随着单个地区和多地区非竞争投入产出表的编制，相关研究有了较大的进展，中外学者纷纷利用世界投入产出表从贸易增加值的角度提出了新的思路和方法，测算方法如表1－2所示。

**表1－2　增加值贸易测算方法及测算内容**

| 方法 | 测度内容 |
|---|---|
| HIY | 一国出口至国外吸收的增加值和出口至国外然后再次回国吸收的增加值，反映一国参与国际分工的程度及其在国际分工中的地位 |
| KPWW | 全球价值链下，一国产业部门对全球价值链的参与度、竞争力、就业等方面 |
| DRS | 嵌入一国出口至国外的中间产品在国外加工后以最终产品形式流回国内的增加值 |

增加值核算理论由西方学者提出，以分析一国参与国际分工的程度及其收益，在实证方面，增加值核算主要是基于一些测算指标及国际投入产出表计算，测算竞争力、对上下游产业的拉动作用、温室气体排放等（Daudin et al.，2011；Koopman et al.，2010，2012，2014）。Hummels（2001）最早提出了 HIY 法，从垂直专门化角度测算一国参与国际分工的程度及其在国际分工中的地位，但是 HIY 法暗含着两个重要的假设：①一种产品无论用于国内还是出口，其对进口品的消耗都是一样的；②一国所有进口品都是由国外生产的，并不包含本国的增加值。很显然，这两个假设条件在现实经济中很难满足。其局限性在于：一是单个国家的投入产出表无法表示也无法分解细化一国出口到世界各国的中间品的增加值；二是忽略了进口的中间品在进口到本国后可能产生的国内附加值成分；三是国内消费品和出口商品对进口中间品的使用比例有很大可能是不同的，不能假设其相同。正由于 HIY 法存在的缺陷，Koopman 等学者提出了新的测算方法，即基于全球价值链和国民账户核算体系的 KPWW 法，用于分析增加值贸易。后者以投入产出表为基础分解贸易总值，能够比较好地解决国际贸易中存在的大量复出口及转出口问题，引起了较大的反响。目前很多学者均采用此法进行相关研究。Daudin 对回国价值的测算进行了定义，不仅考虑了嵌入在最终产品中的回国价值，而且考虑了嵌入在中间产品中的回国价值，从另一个角度对增加值贸易进行了研究。国外研究学者的部分代表性研究如表 1－3 所示。

**表 1－3 国外学者利用增加值方法所做的实证研究**

| 作者 | 研究角度 | 数据资料 | 主要结论 |
|---|---|---|---|
| Robert Stehrer（2012） | 增加值贸易与贸易增加值 | WTOD | 在增加值贸易和贸易增加值两个概念下，对于一个国家净出口而言，二者在量上是相等的；但就双边贸易来说，二者不相等 |
| Koopman 等（2014） | 增加值贸易与总量贸易核算下的重复统计问题 | WIOD 与 OECD | 增加值贸易核算方法可以克服重复统计问题，按文中介绍的方法，可在不改变现行海关统计方法的前提下测算一国增加值贸易量 |
| João Amador 和 Sónia Cabral（2015） | 一国出口对该国进口外国增加值的依赖程度 | WIOD | 拓展服务部门的连接和集成外围经济，可以深化加强全球经济中的增加值贸易网络 |
| Marcel P. Timmer 和 Erik Dietzenbacher（2015） | 增加值贸易核算与 WIOD 数据库使用 | WIOD | 增加值贸易统计口径下，中国与传统汽车生产大国产出量所占比重有所变化 |

（二）国内增加值贸易研究

国内学者对传统国际贸易统计体系进行了批判。基于在地标准为核心的统计数据不能反映当事国的真实利得，需要通过更高层次的属权标准来寻求答案（贾怀勤，2012）。2008年修订的《国际收支手册》并不能全面解决加工贸易核算所面临的问题（高敏雪和张芳，2010）。基于全球价值链和增加值贸易概念及核算方法相比较传统国际贸易统计方法而言，增加值贸易核算可以表明贸易国对全球价值链的依赖程度（马涛和刘仕国，2013）。

国内对于增加值贸易的实证研究主要集中于高技术产业和制造业。较早的研究主要是使用投入产出表中行业出口诱发增加值的方法估算中国出口对GDP形成的贡献（沈利生和吴振宇，2003）。也有学者使用改进非竞争型投入占用产出模型分析中国高技术产业的国际分工地位，并且通过计算“加权的增加值—生产率”指数对中国高技术产业的国际竞争力进行了相关测算（黄先海和杨高举，2010）。除此之外，张咏华（2013）利用国际投入产出数据，对中国制造业出口和中美贸易规模进行增加值测算，与传统的贸易统计方法相比，增加值贸易核算体系下的中国制造业出口规模和中美贸易失衡程度均大幅缩小。李昕和徐滇庆（2013）从研究增加值贸易的KPWW方法入手，利用OECD－WTO增加值贸易数据库重新估算了中国贸易总额与贸易顺差额。陈沄沄（2013）从贸易规模、贸易结构和贸易差额三个方面揭示中国出口贸易的真实水平和状况。邓军（2013）、王飞和王一智（2013）、陈雯和李强（2014）分析了各产业在GVC中的地位以及对于上下游产业的拉动作用等。廖泽芳和宁凌（2013）、王岚（2014）基于增加值贸易核算方法分析了中国在全球价值链中的地位作用及具体分析中国不同部门及国别之间增加值的贸易出口概况。但对于木材产业的增加值核算尚缺乏系统研究（侯方淼等，2016）。现有林产品贸易利益研究多从出口贸易额度、贸易结构来衡量中国林产品对全球价值链的参与，也多从贸易条件等传统指数测算林产品贸易利益（侯方淼，2009），但从增加值贸易的角度研究林产品贸易利益尚未涉及。

（三）企业转型升级研究

Gerefli（2005）基于组织学习理论、全球价值链理论、资源基础理论等，分析归纳出企业转型升级不同的路径形式。Amsden（1989）基于组织学习理论，以韩国企业为例发现韩国企业的转型升级通过对组织内外部包括市场、文化、社会等多方面的学习而缩小同国际领先企业的距离而完成。Gereffi（1999）以GVC理论为理论框架，归纳了东亚服装加工企业向价值链高端渗透的一般路径：委托组装（OEA）—委托加工（OEM）—自主设计和加工（ODM）—自主品牌生产（OBM）。

在转型升级路径的国内研究方面，于倩（2008）、吴建新和刘德学（2009）基于全球价值链理论，与 Humphreyh 和 Schmitz 教授总结的企业转型升级路径相同，即工艺升级、产品升级、功能升级、链条升级四个层面。不同的是，于倩（2008）又加入了主体升级和区域升级。另外，毛蕴诗等（2010）、杨桂菊（2010）分别通过案例研究，总结出了 OEM（Original Equipment Manufacture）—ODM（Original Design Manufacture）—OBM（Original Brand Manufacture）的转型升级路径，不同的是，杨桂菊（2010）的链条更长，增加了 IBM（International Brand Manufacture）打造国际品牌的环节。

通过对企业转型升级路径理论的梳理，鉴于本书研究对象为参与全球价值链的木材企业，对于外向型企业而言采用全球价值链理论分析更为妥帖，因此以 Gereffi（1999）提出的 GVC 四层次企业转型升级理论为框架，对案例企业的转型升级过程进行工艺、产品、功能和链条四个层面的剖析。

对企业转型升级效果的评价方面，表 1 -4 详细列出了各位学者采用的评估指标。

**表 1 -4　转型升级绩效评价指标**

| 学者 | 研究主题 | 对象 | 指标 |
|---|---|---|---|
| 丁蕾（2010） | 发展中国家加工贸易产业升级的影响因素 | 发展中国家加工贸易产业升级 | 贸易增值率 |
| 龚三乐（2011） | 全球价值链内企业升级绩效、绩效评价与影响因素分析 | 东莞 IT 产业集群 | 3 个一级指标及核心竞争力、价值链地位、社会效益度和增加值率等 11 个二级指标 |
| 汤碧、陈莉莉（2012） | 全球价值链视角下的中国加工贸易转型升级 | 中国加工贸易价值链升级情况 | 工业增加值率、进口中间投入比率、生产环节变化和出口复杂度指数（EXPY） |
| 王玉燕、林汉川、吕臣（2014） | 中国企业转型升级战略评价指标体系 | 中国企业转型升级战略及其战略内容体系 | 六大要素及经济效益、技术创新、质量品牌、结构优化、智能化率、绿色驱动及增加值率等 25 项二级指标 |
| 王玉燕、林汉川（2015） | 全球价值链嵌入与工业转型升级效果之间的关系 | 1999 ~2012 年 23 个工业行业的面板数据测算中国工业转型升级效果 | 四大要素及经济效益、技术创新、结构优化、绿色创新、增加值率等 18 个二级指标 |

由于对转型升级含义理解不同以及研究行业侧重点的差异，学者给出了不同角度的一级指标的参考，如 IT 产业（龚三乐，2011）、加工贸易（丁蕾，2010）。各位学者构造的指标虽不尽相同，但增加值率是共同使用的转型升级评估指标。因而在对木材加工企业转型升级效果的评价上，可以增加值率作为衡量基础，但是否需要引入其他指标甚至构建针对木材加工企业转型升级的指标体系还需进一步研究。

在转型升级的影响因素方面，很多学者认为转型升级虽然是企业内部的行为，但是与外界环境的影响密不可分。刘似臣（2006）的研究发现 FDI 流入对加工贸易转型升级的推动作用显著。丁蕾（2010）有不同意见，她通过对新兴国家展开分析，发现 FDI 对中国加工贸易转型升级的促进作用十分有限，中国转型升级主要依靠产业结构的优化和研发投入的增加。张杰（2013）分析了政府补贴对企业转型的重要作用，补贴会抑制企业生产研发积极性。

企业内部能力强弱是转型升级成功与否的关键。Kotter（1995）分析，企业转型历经八个阶段，分别是制造危机感氛围、打造激情团队、确立目标、激励动员促成目标实现、细分总目标、实现阶段性成功、确保成果、树立企业文化，实现这八个转型阶段中的任何一个都对管理层的管理能力提出了较高要求。孔伟杰（2012）基于浙江省制造业大样本调查问卷发现创新能力、企业规模起到正向促进作用，出口数量扩张起到负向抑制作用，政府资助影响不明显。赵昌文（2013）指出影响企业转型升级成效的主要因素包括对研发的投入、商标和品牌的建设、人力资源的培养、先进管理技术的应用和管理能力的提升等方面。张译匀（2013）以苏州 50 家加工贸易企业为样本探讨了影响转型升级每个层面的因素：工艺转型升级取决于生产技术和机器设备的革新；产品转型升级关键在于研发设计能力的强弱；功能转型升级核心是品牌意识的有无；链条升级归结于 FDI 和自主研发的双方作用。

## 六、国际贸易利益测度及衡量方法研究

### （一）传统国际分工模式下国际贸易利益测度及衡量方法研究

在传统的产业间国际分工形态下，学者对于贸易利益的研究没有将静态贸易利益和动态贸易利益严格区分开来，而且大多数研究强调的是国际贸易静态贸易利益。对于动态贸易利益的界定，经济学家只是指出对比自给自足的封闭状态，根据一国自身的要素禀赋条件，通过开展国际贸易能够获得经济增长、社会福利提高等好处，但是相关研究存在着严格的假设条件。到了 20 世纪 50 年代，产业内贸易逐渐超过产业间贸易成为主要的贸易形式，这一阶段关于国际贸易利益的研究开始区分静态贸易利益与动态贸易利益，并且认为相对于静态贸易利益而

言，动态贸易利益对一国更为重要。相关研究前提条件也不如古典及新古典贸易理论苛严：这一时期关于国际贸易利益的理论与实证研究假定存在不完全竞争市场，产业存在规模报酬递增效应，生产要素可以突破国界在国际上自由流动等，并且贸易利益不仅来源于以要素禀赋差异为基础的国际分工，规模经济、技术进步、垄断势力等都可以是贸易利益的重要来源。

在传统的国际分工形式下，贸易利益研究主要采用的是放松了假设条件的经典理论模型，比较常用的有李嘉图模型、Helpman - Krugman 模型及 H - O 模型等，研究的着力点也多在分析贸易利益来源及贸易利益分配方面。Blonigen 和 Soderbery（2010）基于美国汽车市场数据研究了产品多样化对于价格及社会福利的影响，研究表明通过国际贸易引进新产品类型可以显著提高社会福利水平。Mohler 和 Seitz（2012）探讨了进口产品多样化对于欧盟贸易利益的影响，研究表明新兴的市场容量较小的欧盟国家能够从进口产品多样化中获得更多的贸易利益。Behrens 和 Murata（2012）从垄断势力入手，研究了经济全球化对于国际贸易利益在不同国家、不同部门之间分配的影响，研究表明经济全球化推动贸易利益在不同主体之间的分配。

根据传统的国际贸易利益定义，贸易差额通常被当作衡量一国从事国际贸易获得利益大小的指标。当某个国家的出口额超过进口额时，表示该国在国际贸易利益分配中获得了较多的贸易利益，贸易逆差则恰好相反。然而部分经济学家指出贸易差额作为衡量贸易利益指标存在一定的局限性，因为在国际分工中处于不同分工地位的国家贸易获利能力存在差别，如分工地位较低的国家出口大量初级产品来换取工业制成品，在这种情况下，即使该国出口较多而进口较少，也并不意味着该国获得了较多的贸易利益，甚至有可能出现“贫困化增长”陷阱。

基于国际分工地位差异，20 世纪 50 年代经济学家 Prebisch 和 Singer 提出了新的国际贸易利益衡量标准——贸易条件指标。该指标同时考虑了出口商品价格和进口商品价格，反映的实质是交换关系背后的贸易利益分配问题，贸易条件已经成为传统国际分工形式下重要的贸易利益衡量指标。相关研究比较丰富，主要集中在探讨贸易条件与经济增长之间的关系：Kaneko（2000）从理论模型分析角度认为贸易条件改善对经济增长有积极的促进作用。Christopher Blattman 和 Jason Hwang（2007）通过对 35 个国家面板数据的实证研究，探讨了贸易条件与经济增长之间的关系，结果表明贸易条件的波动变化会影响一国的经济福利，并且这种影响在该国基础工业部门与核心工业部门之间会产生平衡作用。吴浜源和王亮（2014）通过实证分析研究了发展中国家贸易条件与经济增长之间的关系，结果表明贸易条件的波动不利于发展中国家经济增长，同时贸易条件恶化对发展中国家来说反而能促进经济增长。黄满盈和邓晓虹（2009）研究了对外贸易条件对中国经济增长的影响，结果表明总体而言贸易条件与经济增长之间存在长期稳定的均衡关系，贸易条件的改善有助于推动中国经济发展。杜晓蓉（2013）通过对亚洲新兴经济体贸易条件与经济增长的实证研究表明，贸易条件的好坏与经济增长之间存在着相互促进作用。

（二）当代国际分工模式下国际贸易利益测度及衡量方法研究

经济学家对于当代国际分工形态下的贸易利益研究的侧重点在贸易利益来源、分配及测度三个方面，当前研究关注点集中在全球价值链分工形式下的贸易利益分配及测度问题。

国内外学者研究表明，比较优势及规模经济等因素是重要的贸易利益来源。在研究方法上，通过对李嘉图模型、H－O 模型等国际分工贸易模型进行相应的拓展来研究国际贸易利益问题。例如，Ando（2006）通过东亚地区经济体机电产品贸易研究了垂直分工形态和水平分工形态对国际贸易利益来源的影响，研究结果显示垂直型分工是东亚地区经济体贸易利益来源。Deardorff（2001）借助拓展的李嘉图模型研究了贸易利益来源，结果表明要素禀赋优势是贸易利益的重要来源。Grossman 和 Rossi Hansberger（2008）等则试图将比较优势、规模经济、交易成本等各个因素考虑进一个模型中，以该模型来解释传统国际分工以及当代国际分工背景下的国际贸易利益来源。

在贸易利益分配方面，国内外学者的研究主要侧重国际贸易利益在一国内部分配以及国际贸易利益在国家间分配两个方面。前者的研究主要集中在通过国际贸易所产生的各个部门要素报酬的变化。Andrei A. Levchenko 和 Jing Zhang（2014）研究了生产效率、比较优势对于贸易模式、贸易规模及贸易福利的影响，结果表明贸易能够促进产业部门技术进步、提高社会整体福利水平。贸易利益在国家间分配问题同样受到比较多的学者关注。例如，Krugman（1994）等通过实证分析指出，经济发展水平不同的国家都可以从国际贸易中获取相应的贸易利益。Gaulier（2007）通过研究发现东亚地区发达经济体如日本、新加坡等向中国及东南亚国家出口技术含量较高的零部件，并利用这些国家丰富的劳动力加工再出口，日本、新加坡等获取了较多的贸易利益，而中国、东南亚国家只是赚取了较为低廉的加工费用。胡昭玲（2006）研究指出对于发展中国家来说，通过参与国际分工有利于其利用发达国家的资金、技术等优势来提高本国的资源配置效率，从而获得相应的贸易利益。

在贸易利益测度方面，国内外学者对于当代国际分工背景下的贸易利益的衡量除采用传统的贸易条件、贸易差额等指标外，更多的研究将关注点聚集于全球价值链分工下增加值贸易核算方面。Hummels 等（2001）最早开始相关方面的研究，利用投入产出表追踪了进口产品的用途，提出了 VS 指标（学术上将该核算方法称为 HIY 法），主要从进口的角度分析国际分工及其收益，一国可以通过两种方式参与垂直化分工：一是使用进口中间品来生产并出口；二是出口被其他国家用以投入生产并出口的中间品。此后采用 VS 指标测算国际分工及贸易收益的文章大量涌现（宋玉华和朱思敏，2008；唐东波，2013）。HIY 法有着较为严苛的假设前提，由于加工贸易的存在，特别是对于发展中国家来说加工贸易比重较高，且越来越多的国家出口中间产品，HIY 法的两个假设前提在现实经济中均遭到破坏，由此导致根据 HIY 法计算的国际分工及贸易收益并不与现实贸易情况完全相符。Daudin 等（2011）在 Hummels 等（2001）的基础上进一步考察了出口产品再次被进口的价值分配问题，学术上将其核算方法称为 DSR 法。该方法借助 GTAP 数据库，并且放松了 HIY 法的严格假设条件，用于分析国际分工及贸易利益分配问题。Johnson 和 Noguera（2012）在全球双边投入产出分析的基础上，从全球价值链分工角度将一国总值出口分解为贸易伙伴国吸收、返销国内、转销第三国三个部分，并提出了增加值出口（VAX）的概念，构建了贸易附加值比率。之后的相关研究均借用此方法。Koopman 等（2010，2012，2014）综合考虑了已有关于增加值贸易核算的研究，构建了比较系统全面的增加值贸易核算模型来分析全球价值链分工下的贸易利益核算与分配问题。

Koopman（2012）探讨了增加值贸易与总值贸易核算下的重复统计问题。Upward 等（2013）通过研究发现，中国出口产品中包含的国内价值增值比例有所上升，在国际贸易分配中的地位有所改善。除此之外，Daudin 等（2011）、Johnson 和 Noguera（2012）等都利用增加值核算方法对相关问题进行过研究。

国内学者在分析当代国际分工模式下的贸易利益测度及分配问题时，大部分研究也是借鉴了当前全球价值链核算（增加值贸易核算）原理。相关研究主要集中在两个方面：首先是基于增加值贸易核算方法分析中国在全球价值链中的地位及作用（廖泽芳和宁凌，2013；刘琳，2015）。其次是基于增加值贸易核算方法具体分析中国增加值贸易出口及贸易利益概况（王飞和王一智，2013；李昕和徐滇庆，2013；陈沄沄，2013；陈雯和李强，2014；黎峰，2015）。

（三）国际贸易利益影响因素研究

根据对现有国内外文献梳理发现，在当代国际分工背景下，影响国际贸易利益的因素除传统的比较优势、规模经济、垂直专业化分工、技术水平等因素外，贸易国在全球价值链中的位置、跨国公司对分工的控制、贸易自由化程度等也会对一国从事国际贸易获取的贸易利益产生影响。Kaplinsky（2003）借助跨国公司数据从企业微观层面研究了国际贸易利益影响因素，结果表明全球价值链的进入壁垒、治理模式及系统运作效率对贸易利益有着显著的影响。Gereffi（2001）对比研究了不同全球价值链分工类型与贸易利益分配之间的关系，结果显示根据价值链的不同类型及自身的比较优势参与国际分工与贸易能够获得相应的贸易利益。Kei－Mu Yi（2003）研究指出贸易自由化程度可以促进国际分工的发展，并且关税减让、非关税壁垒措施的削弱可以促进国际分工，进而影响国际贸易利益。Grossman 和 Helpman（2002）研究了规模经济因素对于贸易利益的影响。Jones Kierzkowski 和 Chen Lurong（2004）研究了技术进步及运输成本降低等对国际分工产生的影响，并在此基础上分析了国际贸易利益分配的变化情况。

曹明福和李树民（2005）通过对当代国际分工形式下的贸易利益影响因素的实证研究指出，比较优势和规模报酬是贸易利益分配的重要影响因素，并且在价值链上处于主导地位的发达国家能够通过"价格倾斜"优势获取较多的贸易利益。张二震（2004）通过对贸易利益影响因素的实证研究指出，生产要素类型、生产工序参与层次及价值链的控制程度等都会对当代国际分工模式下的贸易利益产生影响。朱廷珺（2007）通过研究加工贸易模式下的贸易利益主要影响因素发现，从事不同生产工序所获得的贸易利益与一国的市场结构及综合竞争能力密切相关，具体来说，一个国家特定的产业竞争力越大，就越能够通过垄断竞争优势等获取较高的贸易利益。陆甦颖和王晓磊（2010）认为一国参与国际分工的环节及获取的贸易利益与该国的劳动生产率、人力成本以及有效关税率相关。韦倩青（2014）研究了中国与东盟制造业贸易利益分配情况及其影响因素，指出垂直专业化分工、规模经济及劳动生产率等对贸易利益的获取及分配有着重要影响。

## 七、现有研究评述

国内外学者对于传统国际分工形态下及当代国际分工形态下的竞争力、国际贸易利益分配以及衡量方法进行了较为丰富的学术研究，对于影响竞争力、国际贸易利益分配的因素也进行了相应的理论与实证研究。但是，随着国际分工的不断深入，全球价值链已成为世界经济的一大特征，同时，森林既是资源又是环境的双重属性也决定了木材产业参与全球价值链与其他产业存在差异。由于资源环境约束，木材产业需要转型升级；同时中国木材产业已经嵌入 GVC，需要从 GVC 的治理入手实现产业升级。但现有研究大多就木材产业本身分析其升级与转型，忽视了木材产业升级的全球化背景，未能将中国木材产业聚焦在全球价值链上，也未考虑影响木材产业价值链地位提升的各种影响因素。

现有的木材产业的贸易研究主要集中于贸易现状、贸易竞争力及贸易壁垒等方面，在贸易利益研究方面主要是从传统的贸易规模、贸易条件及进出口贸易商品结构等角度来分析木材产品在国际贸易中的获利情况，在全球价值链分工下，从增加值贸易角度研究木材产品贸易利益尚未涉及，对于林产品贸易利益分配及影响因素等方面的研究仍然较少。

在研究方法上，传统国际分工背景下亚当·斯密的绝对优势论、李嘉图的比较优势理论及 H－O 要素禀赋理论并没有给出具体的国际贸易利益的衡量方法，只是指出一国通过参与国际分工能够得到总产量的提高、经济增长、生产效率提高等利益，但是贸易条件逐渐成为衡量贸易利益的重要指标。在当代国际分工形式下，国际垂直专业化分工日益深入发展，中间品贸易逐步成为主要贸易形式，全球经济进入了以生产过程分节化和中间品贸易为主要特征的全球价值链时代，此时贸易利益的衡量及测度方法均发生了相应的变化，全球价值链核算即增加值贸易核算成为一个新的研究热点。相较于传统的贸易核算及贸易利益衡量方法，增加值贸易核算以净值的概念弥补了传统方法的不足之处，能够更好地剖析各国在全球价值链中的地位及贸易中的真实获利情况，提供了一个更为客观合理的视角重新认识国际贸易。

具体到木材产业的具体产品如造纸及纸制品等国际贸易研究而言，现有关于贸易的研究主要集中于贸易现状、贸易竞争力及贸易壁垒等方面，在贸易利益研究方面主要是从传统的贸易规模、贸易条件及进出口贸易商品结构等角度来分析中国林产品国际贸易中的获利情况，在全球价值链分工下，从增加值贸易角度研究林产品贸易利益较少涉及，对于贸易利益分配及影响因素等方面的研究仍然较少。

# 第二章　中国木材产业发展及其在全球价值链地位及竞争力分析

## 第一节　相关理论基础

### 一、全球价值链理论

全球价值链（Global Value Chain）是指按照生产流程连接，涵盖构成产品最终价值所有参与环节的跨国链条（Gereffi，2001）。链条环节包括研发、设计、生产制造、品牌、营销、后续服务以及最终循环利用等各种增值活动。

1985 年，Michael Porter 在 *Comparative Advantage* 一书中首次提出了企业价值链的概念，Porter 认为企业拥有两条价值链，一是包括设计、生产、销售等环节的内部价值链，二是包含消费者、分销商和其他企业的外部价值链，并且企业竞争优势的取得与这两条价值链息息相关，只有一部分活动能够创造价值，企业如果想要拥有或保持竞争优势，就必须取得这些能够创造价值的活动上的竞争优势。而竞争优势的取得来源有三：一是市场范围的调整；二是企业间的协调；三是企业间合用价值链所带来的最优化效益。这也是全球价值链理论的起源。宾夕法尼亚大学的 Kogut（1984）突破企业内部活动的范畴，将范围扩大，把对价值链的讨论上升到全球视野，他提出用价值增值来评价全球范围内生产网络上不同国家所进行的价值创造。Kogut 认为价值链是由劳动力、原材料和技术等构成的组合，这个组合中各个环节的配置过程就是企业国际战略谋划的过程，企业在某个区块环节中有优势就是企业的竞争优势。Kogut 的理论揭示了价值链垂直分工的特征，也反映了全球生产网络中的同区位配置功能。

Gereffi（2001）在自己的全球商品链理论的基础上批判继承，提出了全球价值链理论，认为涵盖研发、设计、生产、装配、营销、后续服务等众多环节的价值链模糊了产品的国别属性，最终产品的出口国很可能运用了价值链中其他分工国家的中间产品，使得以最终出口国判定产品国别属性显失公允。Kaplinsky（2002）将价值链问题继续深入，发现 Gereffi 所说的价值链的一系列增值环节上的利润水平并不是均匀分布的，有高有低。以利润最大化为目标的企业在国际分工时都希望能参与价值链条中增值多的环节，这样对于一些身处价值链底端的企业而言就需要转型，而升级是价值链攀升带来的结果。Gereffi（2002）提出了两种价值链驱动机制，并分别讨论了两种机制在产业转型过程中的侧重点：在生产者驱动型 GVC 进行产业升级时，重点在生产；在购买者驱动型 GVC 里，关键在流通。Humphrey 和 Schmitz（2002）对企业转型升级展开了讨论，得出企业转型升级分为四个层面：一是工艺升级（Process Upgrading），即企业对生产流程、工艺进行改造，优化整合生产能力，表现为固定资产投入的增加，产量的扩大。二是产品升级（Product Upgrading），即转向更高端生产线，引进新产品，改造旧产品，创造新品牌。升级后在 GVC 的分工环节不变。表现为产品由低技术、低增加值、低层次升级为高技术、高增加值、高端化。三是功能升级（Functional Upgrading），即企业在 GVC 中参与的分工地位发生变化，表现为由被动等出口到主动对外直接投资利用全球资源，放弃或外包低增值链条环节。四是链条升级（Chain Upgrading），即企业从一条链跨越至利润报酬更可观的另一条链，从低价值、劳动密集链条升级为资本、技术密集链条的过程，表现为不同价值链间的跳跃。

## 二、增加值贸易理论

第二次世界大战结束后，世界秩序逐渐回到正轨，世界经济开始复苏，百废待兴，各国之间又开始了频繁的贸易往来。为了统一贸易数据统计口径，规范贸易核算规则，1953 年联合国发布了以产地为划分原则核算统计的《国民经济核算体系》，中国在 1992 年与联合国（UN）接轨，成为使用此核算体系的成员国。在总值贸易核算体系建立之初，总值贸易核算方式为核算秩序的规范化作出了不可磨灭的贡献：一是为了解和研究世界贸易发展状况提供了资料数据；二是为世界各国政府制定贸易政策提供了数据支持。但是随着全球一体化的发展，一种产品完成所有的流程，其间会多次跨越国境，所经历的设计、生产、销售、售后等不同环节往往会根据各个国家的资源禀赋和竞争优势而被分配到不同的国家，产品在一国完成部分环节后被作为中间品进口到下一个国家，以此类推。如果按照总值贸易核算方法核算就会产生除了把本国的增加值计算在内，还算进了商品在其他国家产生的增值的结果，这不仅形成了贸易量的重复统计，造成“统计幻象”，也夸大了一国实际的贸易利得，加重了贸易失衡的程度，长期的贸易差额甚至会引起顺差国和逆差国间不必要的贸易争端。

基于总值贸易核算方法的以上缺陷，世界贸易组织前总干事 Pasacl Lamy 在 2011 年向全世界倡议采用增加值贸易核算方式作为进出口贸易核算的新口径，同时，世界上各大组织也认识到增加值贸易核算方式的科学性和严谨性，纷纷建立增加值贸易数据库，OECD 和 WTO 提出了增加值贸易（Trade in Value - added）的概念，旨在在全球价值链背景下将传统的贸易统计理念引向一个更加符合“碎片化”国际分工的贸易利益统计上来，如 WTO 和 OECD 一起开发的 TIVA、EU 开发的 WIOD。此外，世界各国众多专家纷纷致力于对增加值贸易的统计核算分析研究，对受中间品贸易影响产生失真的总值贸易核算方法进行修正和重新估算，共同推动了国际贸易核算方式的演进。增加值贸易统计体系以垂直专业化为基础，通过对该指标计算过程中不符合实际的假设条件的修正与放松，形成了一个全新的贸易统计框架。

商品全部价值 = 进口的原材料（零部件）价值 + 国内新增加价值

两种核算方式最大的不同在于，传统总值贸易核算方法测度的是公式等号左边——商品全部价值，而增加值核算方式测度的仅是公式等号右边的第二项，即国内新增加价值。换句话说，二者的差别在于测度的是商品的全部价值还是其部分价值（新增加的价值）。为了纠正传统贸易统计失真偏差，需要在两种核算方式间搭建桥梁，将总值贸易拆分为只包含本国增加值的部分，这项工作始于 Daudin 等（2011）对于 VS1 进出口中间品复杂度的认识。

## 三、竞争力理论

### （一）竞争力

最早进行竞争力研究的是美国。20 世纪 70 年代末，美国的霸主地位被日本、西欧等新兴经济体冲击，传统优势产业受到巨大的挑战。由美国时任总统里根任命的“工业竞争能力总统委员会”在 1985 年提交了一份报告，较为全面系统地阐释了竞争力的定义、美国竞争力现状及如何实现竞争力的提升。伴随政府对于竞争力的研究，学者及研究机构纷纷开始关注这一问题。瑞士洛桑国际管理发展学院认为，国际竞争力是通过创造价值以保证财富持续增长的能力。联合国跨国公司研究中心认为，国际竞争力是一国某产业向世界市场持续提供其具有显著优势的产品并获利的能力。

### （二）衡量竞争力的指标

关于竞争力的衡量指标，国际上通用的包括国际市场占有率、产业内贸易指数、显性比较优势指数等。

1. 国际市场占有率

国际市场占有率表示为一国某产品出口占该产品世界总出口的比重，可以直接反映一国某一产业在国际市场上的竞争力。

2. 显性比较优势指数

显性比较优势指数（RCA）是广为运用的衡量某国某产业竞争力的指标。传统贸易统计方法下的计算公式如下：

$$RCA_{ir} = \frac{X_{ir} / X_r}{X_{iw} / X_w} \tag{2-1}$$

式中，$X_{ir}$表示 $r$ 国家 $i$ 部门的出口值，$X_r$表示国家 $r$ 总出口值，$X_{iw}$表示世界 $i$ 部门的出口值，$X_w$表示世界总出口值。

运用增加值核算法，对传统贸易统计法下的 RCA 指数进行修正如下：

$$RCA_1 = \frac{DV_{ir} / E_{ir}}{DV_i / E_i} \tag{2-2}$$

式中，$DV_{ir}$表示 $r$ 国 $i$ 部门出口中包含的国内增加值，$E_{ir}$表示 $r$ 国 $i$ 部门总出口，$DV_i$表示世界各国 $i$ 部门出口中包含的国内增加值，$E_i$表示的是世界各国 $i$ 部门总出口。若 $RCA_1$ 大于 1，则具有显性比较优势，且指数越大，优势越大；反之，若 $RCA_1$ 小于 1，则不具备显性比较优势。

3. 产业内贸易指数

产业内贸易是指一国对同一产业内产品既进口又出口的贸易行为，它反映了产业内专业分工程度及外贸竞争能力大小。用公式表示如下：

$$GL_i = 1 - |E_i - I_i| / |E_i + I_i| \tag{2-3}$$

式中，$GL_i$表示一国 $i$ 产业产业内贸易指数，$E_i$表示 $i$ 产业出口额，$I_i$ 表示 $i$ 产业进口额。GL 指数越大，说明产业内贸易水平越高，竞争力越强。

（三）波特国家竞争优势理论

Porter（1990）提出的国家竞争优势理论也称波特菱形理论，它将多元化的国际贸易理论与传统的比较优势理论相结合，突破先前各种理论之间的局限，解释了某个国家在某个特定行业上获得国际性的成功甚至拥有垄断地位的原因。波特菱形理论的核心是整体国家竞争优势是一国兴衰的根本，而国家竞争优势的影响因素如图 2－1 所示。

图 2－1 中，生产要素不仅包括自然资源，也包括人力和资本等；需求条件指某个行业或者产品和服务的国内需求性质；相关及支持产业是指某国国内的相关辅助行业以及具有国际竞争力的供应商；企业战略和结构主要指不同的企业文化以及社会整体的价值观造成的不同的企业战略和结构，同业竞争反映了该国某产业的竞争激烈程度，竞争促进企业竞争力的形成；机会指不可预测的突发事件，如金融危机、新能源的发现等；政府则是通过营造不同的营商环境以及扮演

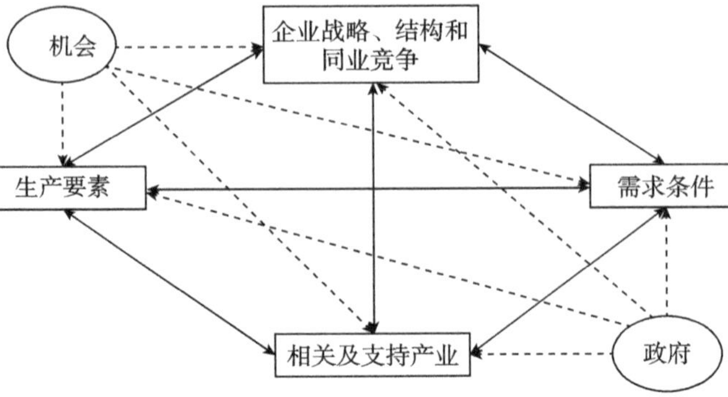


**图2－1　波特菱形理论模型**

消费者进行政府采购来影响国家竞争优势。Porter 认为某国某个行业取得国际成功必然离不开以上六种因素的共同作用和综合影响。

（四）交易费用理论

交易费用理论是制度经济学的三大支柱理论之一，Coase（1937）第一次提出交易费用概念，Williamson（1987）系统梳理、完善并将交易费用理论发扬光大，使之成为现代经济学的重要分支。所谓的交易费用，是指企业在整个交易过程中产生的成本和支出，交易过程包括询价、议价、签订合同、执行合同、监督交易等环节。交易费用理论将企业内部交易和市场交易视为不同的交易方式，解释了企业采取不同组织方式的原因。企业为了减少交易费用，希望能够将跨国界的交易变成企业内部的行为，因此会通过收购国外公司、在国外投资建厂等方式来扩大企业内部的范围，达到降低交易费用的目的。交易费用理论也为国际贸易、国际分工以及全球价值链的成因提供了新的解释方向。

## 第二节　中国木材产业和对外贸易发展现状

### 一、中国木材产业发展现状

木材产业作为林业产业中的第二产业部分，对中国“绿色经济”的发展至关重要。21 世纪以来，中国木材产业保持强劲发展势头，成为全球木质林产品生产、消费和贸易大国。2018 年《中国林业统计年鉴》显示，木材产业 2017 年总产值达 2.5256 万亿元（按现价计算）。

通过表2－1的数据可知，2011～2017年中国木材产业发展整体态势一路向好，规模发展不断扩大。木材产业产值一直保持增长态势，2011～2013年的年增长率约为20%，2014～2017年的年增长率约为8%，增长率有所下降，但仍在2014年突破2万亿元大关。另外，木材产业的规模以上企业的资产总值和利润总额每年均有增长，7年间资产总值增长了49.5%，利润总额增长了34.3%。尽管在2015～2016年，木材产业规模以上企业减少20个，平均用工人数减少107.27万人，但并没有影响企业资产总值、利润总额和整体产值的增长。综合以上指标可以看出，总体木材产业结构得到了优化，行业发展更具优势。

**表2－1　2011～2017年中国木材产业产值及规模以上企业发展情况**

| 年份 | 产值（亿元） | 资产总值（亿元） | 利润总额（亿元） | 企业数（家） | 平均用工人数（万人） |
|---|---|---|---|---|---|
| 2011 | 13071.5076 | 17683.18 | 1744.84 | 19491 | 381.85 |
| 2012 | 15779.8592 | 19849.89 | 1901.41 | 20185 | — |
| 2013 | 18906.8758 | 22089.78 | 1964.23 | 20695 | — |
| 2014 | 20856.4015 | 24065.60 | 2069.10 | 21128 | — |
| 2015 | 21989.2061 | 25453.13 | 2179.55 | 21596 | 395.81 |
| 2016 | 23613.9381 | 26168.16 | 2346.44 | 21576 | 288.54 |
| 2017 | 25256.1737 | 26433.46 | 2343.81 | 21636 | 368.94 |

资料来源：历年《中国林业统计年鉴》和《中国统计年鉴》。

中国木材产业地理区位集中特点显著。根据第三次全国经济普查资料，分别依照工业销售产值、出口交货值、各省份木材产业从业人数以及营业利润数值大小进行排序，得到表2－2。从中可以看出各项指标排名靠前的省份较为固定并且区位集中分布在两大林区，前者是由苏、鲁、豫三省组成的平原林区，后者为由浙、闽、湘、赣、粤、皖六省构成的南方林区。其中，山东临沂、江苏邳州等是全国木材产业的发展集聚区。

**表2－2　木材产业发展情况省份排名**

| 地区 | 工业销售产值（亿元） | 出口交货值（亿元） | 从业人数（万人） | 营业利润（亿元） |
|---|---|---|---|---|
| 全国 | 12054.22 | 789.66 | 138.06 | 876.39 |
| 江苏 | 1944.92（1） | 186.54（1） | 19.24（1） | 152.86（1） |
| 山东 | 1894.86（2） | 105.44（2） | 18.67（2） | 142.48（2） |

续表

| 地区 | 工业销售产值（亿元） | 出口交货值（亿元） | 从业人数（万人） | 营业利润（亿元） |
|---|---|---|---|---|
| 河南 | 744.10（5） | 2.88（14） | 10.47（4） | 69.15（3） |
| 辽宁 | 813.75（3） | 41.48（7） | 5.95（10） | 57.34（4） |
| 广东 | 615.15（8） | 88.44（4） | 8.91（6） | 49.55（5） |
| 湖南 | 613.19（9） | 7.78（12） | 8.12（7） | 46.89（6） |
| 福建 | 706.29（6） | 49.76（6） | 9.71（5） | 42.54（7） |
| 吉林 | 801.20（4） | 93.90（3） | 7.52（8） | 42.33（8） |
| 广西 | 644.21（7） | 30.46（10） | 11.22（3） | 40.93（9） |
| 内蒙古 | 233.19（16） | 0.04（22） | 1.68（17） | 38.18（10） |
| 安徽 | 559.77（10） | 39.55（8） | 5.58（11） | 33.12（11） |
| 江西 | 350.06（13） | 34.36（9） | 4.46（12） | 28.70（12） |
| 浙江 | 449.44（11） | 82.97（5） | 6.07（9） | 24.33（15） |

注：数字后括号为全国排名。

木材产业企业私有化程度较高。据第三次经济普查数据，国有木材加工企业共计21072家，占木材加工企业总数的0.79%；私营木材加工企业1912218家，占木材加工企业总数的71.99%；股份有限公司62620家，占木材加工企业总数的2.36%；外资企业70739家，占木材加工企业总数的2.66%；其他类型企业589727家，占木材加工企业总数的22.2%。私营企业在木材加工企业所有制类型中大幅超过其他类型。

## 二、中国木材产业进出口贸易现状

国家林业和草原局的《中国林业发展报告》对木质林产品的分类为原木、锯材、人造板、木制品、纸类（包括木浆、纸和纸制品、印刷品等）、家具、木片和其他（薪材、木炭等）。结合宋维明（2004）的定义，本书所讨论的木材产业的主要产品即为木质林产品。

1. 我国木材产业对外贸易增速快，木质林产品多年贸易顺差

2005～2017年，我国林产品的进出口贸易总额整体呈现上升趋势，2017年的总值约为2015年的3.6倍。林产品、木质林产品和非木质林产品的进出口贸易的具体情况如图2－2、图2－3和图2－4所示。

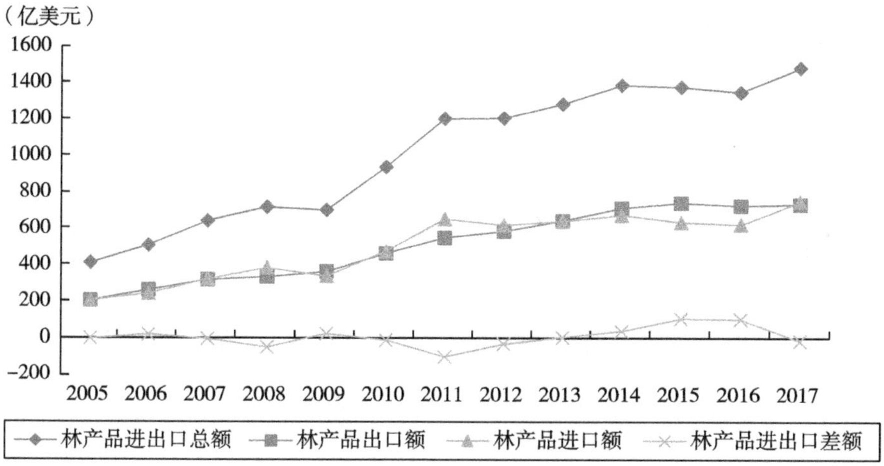


**图 2-2　我国近年林产品进出口的情况**

资料来源：历年《中国林业发展报告》。下同。

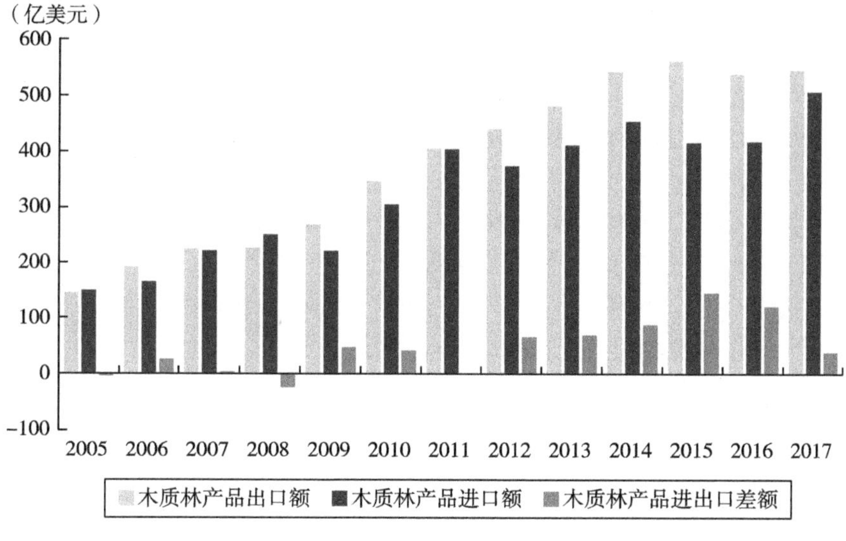


**图 2-3　我国近年木质林产品进出口的情况**

综合分析图 2-2、图 2-3 和图 2-4 可知，2005~2017 年，我国林产品进出口贸易额整体呈现上升趋势，木材产业的进出口额也波动增长且增速非常快，2017 年，木质林产品的进口额约为 2005 年的 3.4 倍，出口额约为 2005 年的 3.7 倍。林产品的贸易逆差大多来自非木质林产品贸易，而木质林产品贸易已连续九年出现贸易顺差，应考虑经济增长对外依存度过高的风险。

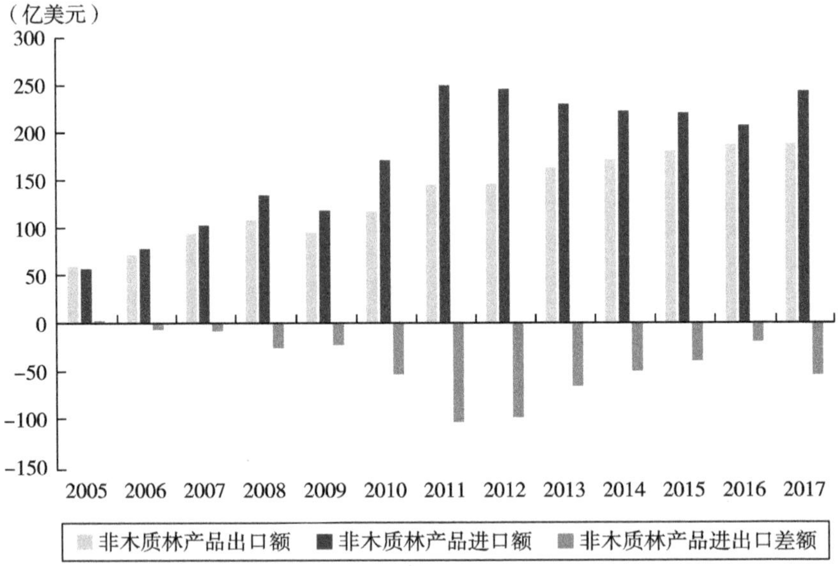


**图2-4 我国近年非木质林产品进出口的情况**

2. 木材产品对外贸易在我国商品对外贸易中的地位波动增长

2017年，原木及锯材在海关所列的我国主要进口的27项商品中位列第三（前两位为原油和天然气），家具及其零件在我国主要出口的商品中超过钢铁和塑料位列第四（前三位为电器机械设备、发电设备和玩具）。我国木质林产品的出口额达到546.67亿美元，占全国商品出口额的2.41%，木质林产品进口额为507.78亿美元，占全国商品进口额的2.76%。2005~2017年，我国林产品在全国商品对外贸易中的占比情况如图2-5所示。

我国木材产品出口额在我国商品出口额中的比例从2005年的1.92%上升到2.41%，木材产品进口额在我国商品进口额中的比例从2005年的2.28%上升到2.76%，尽管其中有几年出现小幅度的回落，但总体呈现波动增长的趋势，这也意味着我国木材产品对外贸易在我国商品对外贸易中的地位在波动增长。

3. 进口的木材产品以原木、锯材、木浆和纸制品为主

2018年，我国林产品进口总额为837亿美元，其中，原木进口量为5968.6万立方米，金额为109.8亿美元，占林产品进口总额的13.1%；锯材进口量为3673.6万立方米，金额为101.3亿美元，占林产品进口总额的12.1%；木浆进口量为2479万吨，金额为197亿美元，占林产品进口总额的23.5%；纸、纸板和纸制品的进口量为640.4万吨，金额为62亿美元，占林产品进口总额的7.4%。2007~2017年，我国进口的主要木材产品情况如表2-3所示。

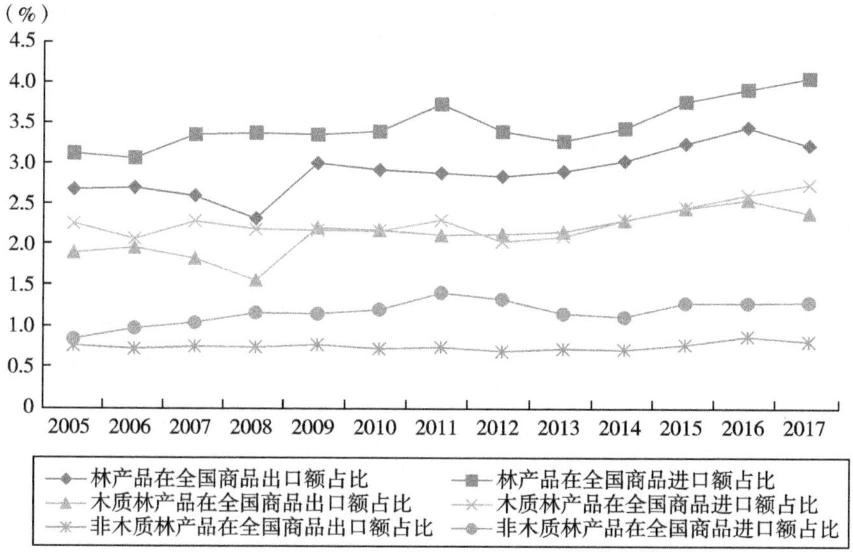


**图 2－5　我国林产品在全国商品对外贸易中的占比情况**

**表 2－3　我国进口的主要木材产品情况**

| 类别<br>年份 | 原木（万立方米） | 锯材（不包括特形材）（万立方米） | 胶合板（万立方米） | 纤维板（万立方米） | 刨花板（万立方米） | 木家具（亿美元） | 木浆（万吨） | 纸和纸制品（万吨） | 废纸（万吨） |
|---|---|---|---|---|---|---|---|---|---|
| 2007 | 3713.26 | 655.78 | 30.41 | 70.25 | 52.49 | 2.20 | 838.39 | 420.87 | 2256.21 |
| 2008 | 2956.96 | 718.18 | 29.39 | 50.45 | 37.41 | 3.12 | 946.03 | 373.60 | 2420.58 |
| 2009 | 2805.93 | 993.52 | 17.92 | 45.30 | 44.65 | 2.98 | 1357.85 | 349.59 | 2750.17 |
| 2012 | 3789.27 | 2066.97 | 17.88 | 21.15 | 54.07 | 5.96 | 1638.08 | 325.44 | 3006.71 |
| 2013 | 4515.94 | 2404.30 | 15.47 | 22.62 | 58.68 | 7.08 | 1678.18 | 297.12 | 2923.68 |
| 2014 | 5119.49 | 2573.92 | 17.78 | 23.87 | 57.80 | 8.89 | 1789.38 | 294.55 | 2751.85 |
| 2015 | 4456.90 | 2659.77 | 16.59 | 22.05 | 63.89 | 8.82 | 1979.18 | 298.61 | 2928.39 |
| 2016 | 4872.47 | 3152.64 | 19.61 | 24.10 | 90.31 | 9.62 | 2101.91 | 309.17 | 2849.84 |
| 2017 | 5539.83 | 3740.21 | 18.55 | 22.95 | 109.40 | 8.31 | 2365.22 | 487.41 | 2571.77 |

从表 2－3 可以看出，我国进口的木材产品以原木、锯材、木浆和纸制品为主。2007～2017 年，原木的进口量出现波动，2008 年、2009 年和 2012 年较低，其余年份虽有起伏，但总体仍呈现上升趋势；锯材（不包括特形材）和木浆的

进口量基本逐年上升，在进口的木材产品中所占比例也逐年增加；纸和纸制品的进口量虽然低于废纸的进口量，但进口金额高于废纸，纸和纸制品的进口量在2007～2014年逐年降低，2015年起又逐渐增加，2017年超过2007年的水平。

4. 出口的木材产品以木家具、胶合板、纸和纸制品为主

2018年，我国林产品出口总额816亿美元，其中，木家具的出口量为3.9亿件，出口额为229.4亿美元，占林产品出口总额的28.1%；胶合板的出口量为1133.8万立方米，出口额为55.5亿美元，占林产品出口总额的6.8%；纸和纸制品的出口量为941.1万吨，出口额为191.4亿美元，占林产品出口总额的23.5%。2007～2017年，我国出口的主要木材产品情况如表2－4所示。

**表2－4　我国出口的主要木材产品情况**

| 类别<br>年份 | 原木（万立方米） | 锯材（不包括特形材）（万立方米） | 胶合板（万立方米） | 纤维板（万立方米） | 刨花板（万立方米） | 木家具（亿美元） | 纸和纸制品（万吨） |
|---|---|---|---|---|---|---|---|
| 2007 | 0.37 | 76.35 | 871.59 | 305.68 | 17.98 | 106.83 | 145.73 |
| 2008 | 0.28 | 71.75 | 718.51 | 238.26 | 19.32 | 110.17 | 135.65 |
| 2009 | 1.27 | 56.11 | 563.48 | 203.11 | 12.49 | 120.35 | 480.28 |
| 2010 | 2.84 | 53.94 | 754.69 | 256.95 | 16.55 | 161.57 | 515.80 |
| 2011 | 1.44 | 54.42 | 957.25 | 329.10 | 8.68 | 171.19 | 599.78 |
| 2012 | 0.36 | 47.98 | 1003.21 | 360.91 | 21.67 | 183.31 | 644.43 |
| 2013 | 1.31 | 45.82 | 1026.34 | 306.87 | 27.13 | 194.41 | 762.23 |
| 2014 | 1.17 | 40.9 | 1163.31 | 320.55 | 37.27 | 220.92 | 852.05 |
| 2015 | 1.21 | 28.84 | 1076.68 | 301.49 | 25.44 | 228.54 | 835.87 |
| 2016 | 9.46 | 26.20 | 1117.30 | 264.92 | 28.82 | 222.09 | 942.25 |
| 2017 | 9.25 | 28.56 | 1083.54 | 268.76 | 30.59 | 226.00 | 931.40 |

从表2－4可以看出，我国出口的木材产业商品以木家具、胶合板、纸和纸制品为主。2007～2017年，木家具的出口额增长了1倍，基本处于逐年增长的趋势；胶合板的出口量虽有波动，但近年来基本处于1000万立方米以上；纸和纸制品的出口量基本上逐年增长，2017年的出口量比2007年增长了5.4倍。

5. 木材产品进口以美国、东盟国家、俄罗斯和加拿大为主

2016年，我国木材产业的进口市场集中度略有下降，仍维持以美国、东盟国家、俄罗斯、加拿大为主的市场格局。按市场份额，我国前5位进口贸易伙伴分别为美国、泰国、印度尼西亚、俄罗斯和加拿大，其所占的市场份额分别为

13.10%、9.72%、8.58%、7.38%和6.50%。

2005～2016年，按市场份额，我国木材产业进口主要贸易伙伴情况如表2－5所示。

**表2－5　我国木材产品进口主要贸易伙伴**

| 年份 | 市场份额第一 | 数值（%） | 市场份额第二 | 数值（%） | 市场份额第三 | 数值（%） | 市场份额第四 | 数值（%） | 市场份额第五 | 数值（%） | 总计 |
|---|---|---|---|---|---|---|---|---|---|---|---|
| 2005 | 印度尼西亚 | 11.98 | 美国 | 11.68 | 马来西亚 | 11.58 | 俄罗斯 | 11.41 | 泰国 | 8.18 | 54.83 |
| 2006 | 马来西亚 | 11.94 | 印度尼西亚 | 11.84 | 俄罗斯 | 11.49 | 美国 | 11.04 | 泰国 | 9.31 | 55.62 |
| 2007 | 马来西亚 | 12.88 | 美国 | 12.39 | 俄罗斯 | 11.72 | 印度尼西亚 | 10.07 | 泰国 | 8.14 | 55.2 |
| 2008 | 马来西亚 | 13.21 | 美国 | 12.79 | 印度尼西亚 | 11.48 | 俄罗斯 | 10.08 | 泰国 | 8.25 | 55.81 |
| 2009 | 美国 | 12.17 | 印度尼西亚 | 10.66 | 马来西亚 | 10.64 | 泰国 | 8.99 | 俄罗斯 | 8.78 | 51.24 |
| 2010 | 美国 | 12.88 | 印度尼西亚 | 11.03 | 泰国 | 10.36 | 马来西亚 | 9.90 | 俄罗斯 | 7.40 | 51.57 |
| 2011 | 美国 | 12.93 | 泰国 | 11.34 | 印度尼西亚 | 10.85 | 马来西亚 | 10.42 | 加拿大 | 8.45 | 53.99 |
| 2012 | 美国 | 12.64 | 泰国 | 11.46 | 印度尼西亚 | 11.33 | 马来西亚 | 8.41 | 加拿大 | 7.60 | 51.44 |
| 2013 | 美国 | 13.14 | 泰国 | 12.03 | 印度尼西亚 | 9.28 | 加拿大 | 8.05 | 马来西亚 | 7.02 | 49.52 |
| 2014 | 美国 | 12.67 | 泰国 | 10.83 | 印度尼西亚 | 8.93 | 加拿大 | 7.55 | 马来西亚 | 6.08 | 46.06 |
| 2015 | 美国 | 12.58 | 泰国 | 10.81 | 印度尼西亚 | 9.53 | 加拿大 | 7.23 | 俄罗斯 | 6.52 | 46.67 |
| 2016 | 美国 | 13.10 | 泰国 | 9.72 | 印度尼西亚 | 8.58 | 俄罗斯 | 7.38 | 加拿大 | 6.50 | 45.28 |

近年来，美国、泰国和印度尼西亚始终保持前三名的地位，各自的市场份额也无太大波动。前5位进口贸易伙伴的市场集中度始终处于高位，但前5位进口

贸易伙伴所占的市场份额自2011年后逐年降低，2016年降为45.28%，说明我国的进口趋于分散化。

6. 木材产品出口以美国市场为主

2016年，我国木材产业出口的市场集中度小幅提高，仍以美国为主。按市场份额，我国前5位出口贸易伙伴依次是美国、中国香港、日本、越南和英国，其所占市场份额分别为22.80%、9.01%、7.33%、4.19%和4.11%。

2005～2016年，按市场份额，我国木材产业出口主要贸易伙伴情况如表2-6所示。

表2-6 我国木材产品出口主要贸易伙伴

| 年份 | 市场份额第一 | 数值（%） | 市场份额第二 | 数值（%） | 市场份额第三 | 数值（%） | 市场份额第四 | 数值（%） | 市场份额第五 | 数值（%） | 总计 |
|---|---|---|---|---|---|---|---|---|---|---|---|
| 2005 | 美国 | 30.95 | 日本 | 15.89 | 中国香港 | 9.69 | 英国 | 4.20 | 韩国 | 3.21 | 63.94 |
| 2006 | 美国 | 30.98 | 日本 | 13.48 | 中国香港 | 8.32 | 英国 | 4.82 | 韩国 | 3.83 | 61.43 |
| 2007 | 美国 | 28.64 | 日本 | 11.43 | 中国香港 | 6.43 | 英国 | 5.05 | 韩国 | 3.64 | 55.19 |
| 2008 | 美国 | 27.01 | 日本 | 10.98 | 英国 | 4.78 | 中国香港 | 4.15 | 加拿大 | 3.30 | 50.22 |
| 2009 | 美国 | 24.54 | 日本 | 10.99 | 中国香港 | 5.60 | 英国 | 4.81 | 德国 | 3.31 | 49.25 |
| 2010 | 美国 | 23.98 | 日本 | 9.72 | 中国香港 | 5.24 | 英国 | 4.62 | 德国 | 3.23 | 46.79 |
| 2011 | 美国 | 21.73 | 日本 | 10.17 | 中国香港 | 5.28 | 英国 | 4.08 | 德国 | 3.16 | 44.42 |
| 2012 | 美国 | 22.97 | 日本 | 10.06 | 中国香港 | 5.29 | 英国 | 4.36 | 澳大利亚 | 3.19 | 45.87 |
| 2013 | 美国 | 22.23 | 日本 | 9.19 | 中国香港 | 6.53 | 英国 | 4.13 | 马来西亚 | 3.71 | 45.79 |
| 2014 | 美国 | 21.23 | 日本 | 8.24 | 中国香港 | 6.71 | 英国 | 4.09 | 韩国 | 3.20 | 43.47 |
| 2015 | 美国 | 22.86 | 中国香港 | 7.44 | 日本 | 7.15 | 英国 | 4.32 | 越南 | 3.78 | 45.55 |
| 2016 | 美国 | 22.80 | 中国香港 | 9.01 | 日本 | 7.33 | 越南 | 4.19 | 英国 | 4.11 | 47.44 |

多年来，我国的木材产品主要出口国均为美国，但出口美国的市场份额呈现下降趋势，出口日本的市场份额也呈现下降趋势，出口中国香港的市场份额先下降后升高。前5位出口贸易伙伴所占的市场份额逐年降低，到2011年后才转为波动，2016年前5位出口贸易伙伴所占的市场份额为47.44%，比2005年减少了16.5%，说明我国的木材产品出口也趋于分散化。

## 三、中国木材产业发展中的问题

### （一）森林资源短缺，保护和发展协调难

木材产业由于产业自身特性，其发展必然会对生态环境、资源能源和经济的

可持续发展产生影响。作为木材产业的加工对象，木材原料持续、稳定的供给是木材产业可持续发展的基础和保障，对木材产业的发展起着相当重要的作用。根据世界银行数据库中能查到的数据，2015 年，我国的森林面积为 2083213 平方千米，世界排名第五，但与前一名，即世界排名第四的美国相差超 100 万平方千米。森林覆盖率虽然已经从中华人民共和国成立之初的 8% 上升到 22.19%，但世界排名在百名之外。我国的森林资源较为短缺，政府为了可持续发展所实施的采伐限额政策和天然林保护工程在一定程度上减少了木材的供给量，在党的十八大提出大力推进生态文明建设之后，我国木材产业的发展面临更为严峻的挑战。

保护森林资源和生态环境与利用森林资源发展木材产业之间存在着一定矛盾，如何解决森林资源供求协调发展、木材产业把握好生态保护和经济贡献的平衡是解决问题的关键。

### （二）供需失衡导致大量进口，存在潜在风险

随着我国经济的发展和人民对美好生活要求的日益提高，木材及其制品的需求随之增长，木材产业在国民经济中的地位逐渐提高。木材产业作为重要的基础性产业，与我国整个经济体系的平稳、健康发展息息相关。然而近年来，我国木材产业在供给和需求上的不平衡导致了社会建设所需的木材在很大程度上依赖进口。木材作为四大原材料（钢铁、水泥、塑料、木材）中唯一可以再生的材料，在社会建设和生产生活中扮演着重要角色，是重要的战略资源。据国家林业与草原局预测，木材供需缺口将进一步加大，2020 年我国木材缺口达到 2 亿立方米，中国木材资源供需总量缺口和结构性短缺的问题将会一直存在（王跻崭，2019）。2019 年，中国最大的原木进口国赤道几内亚禁止境内原木出口。目前，已有近百国家限制或禁止木材出口，国际木材供应形势越发严峻，这些保护措施使得我国保障木材供给、维护木材安全的任务将会更加艰巨。在国际贸易摩擦频发和贸易保护主义不断抬头的今天，我们必须正视潜在的风险和不确定性，维护作为基础产业原料供给的木材安全，进而实现全国生态安全和经济安全（李秋娟等，2018）。

### （三）木材产业贸易以加工贸易为主

加工贸易是一种低增加值的贸易方式，中国只能由此获得微薄的加工费用，大部分产业利益都流向发达国家。而且，加工贸易是一种贴牌式生产活动，多是借助国外厂商及其销售渠道、品牌等间接进入国际市场，中国木材产业自身并不能形成真正的国际竞争力。长期依赖加工贸易会使中国木材产业陷入价值链的低层次连续，阻碍中国木材产业的成长（程宝栋和宋维明，2005）。从消费者福利的角度看，加工贸易的存在使得中国消费者的福利水平低于贸易对象国。中国进口木材除小部分用于内部消耗外，大部分主要是加工后出口。可见，中国大量进

口木材只是表面现象，这些进口木材最终经过加工后还是被用于发达国家消费。这就表明，中国木材贸易的最大受益方是其贸易对象，而不是本身。

我国木材产业贸易总体上表现为进口原材料，如原木、锯材、木浆等，出口产成品，如木家具和纸制品等，表现出明显的加工贸易的特点。但加工贸易是一种低附加值的贸易方式，我国在此过程中只能获得微薄的加工费用，大部分利益都流向了发达国家。例如 2017 年，中国进口原木和锯材约 9280 万立方米，而出口原木及其他木质林产品折合木材 10648.93 万立方米，说明中国进口大量木材只是表面现象，大多数进口的木材又被出口到国外，只有小部分被用于国内建设。尽管目前我国是工业用木材、人造板、纸和纸板的全球第一大消费国，但我国的人均木材产品消费量不但严重低于发达国家，还落后于世界平均水平。因此，我国木材产业在全球价值链中的地位如何，影响分工地位的因素有哪些，应该如何提高地位从而维护我国的消费者福利和利益，是本书希望解决的重点问题。

（四）木材产品国际贸易面临进口、出口的双重挑战

在进口方面，正如前文所述，中国每年进口原木、锯材、木浆和纸制品的数量非常庞大。然而，2013 年，越南出口红木提税达到 200%，加拿大卑诗省征收“国内生产替代费”；2014 年，缅甸出台法令禁止出口木材，法国木材联合会要求限制原木出口到中国市场，赞比亚通过禁止木材砍伐的相关文件；2015 年，乌克兰宣布 10 年内暂停加工木材和锯材的出口，尼日利亚原木的主要出口港拉格斯港停止刺猬紫檀原木的进港发运，俄罗斯多次提高原木的出口关税并引入配额制；2019 年，中国最大的原木进口国赤道几内亚禁止境内原木出口。目前，已有近百国家限制或禁止木材出口，国际木材供应形势越发严峻。

在出口方面，中国出口的木质林产品曾多次遭遇反倾销和反补贴措施，近年来，随着日本 JAS 认证、美国 CARB 法规、欧盟 REACH 法规等的出台，我国木材产业及木制林产品的出口遇到了更大的挑战。

## 四、中国木材加工企业存在的问题

（一）企业规模小，同质化严重

我国木材企业普遍存在重复建设、生产分散、规模过小的结构问题，以规模以下的小微企业为主。以年主营业务收入大于 500 万元作为划分标准，2013 年全国规模以上木材加工企业仅为 639 家，占全部木材加工企业的 1.48%。此外，81% 的木材加工企业从业人数少于 49 人，国家林业局前局长贾治邦曾将中国林业产业发展现状生动形容为“满天星星，却没有月亮”。木材价值链顶端的木材加工企业很少，粗放型加工的小工厂遍地开花，它们没有资金购买先进的木材加

工生产线，没有技术缺乏核心竞争力，没有有效渠道开展业务拓展。大部分木材企业处于一种“小而全”的状态，专业化水平很低，直接影响产品的生产成本，使企业无法获得规模经济效益。这种全能企业的存在直接阻碍了企业专业化水平的提高和企业间的分工协作。企业只从自身利益出发，竞相压价，整个产业利润空间不断缩小，导致整个产业高浪费、低利润的恶性循环。这种恶性竞争不仅难以形成产业专业化与分工协作发展的协同效应，而且直接影响了我国木制林产品在国际市场上的竞争力，给出口市场的扩大带来不利影响。

以胶合板为例，90%的胶合板企业年产量在1万立方米以下，极少数超过年产2万立方米，如图2-6所示。

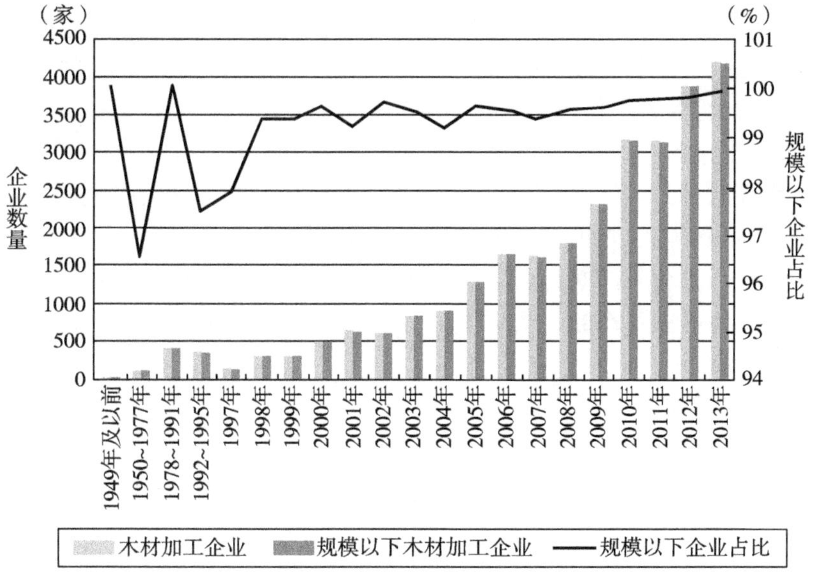


**图2-6 木材加工企业规模变化**

资料来源：历年《中国经济普查年鉴》。

## （二）木材增加值低，价值链条短化

### 1. 增加值构成分析

尽管近年来中国木材产品的生产发展迅速，但在产品结构上还处于低水平状态。初级产品和低档产品多、精深加工产品少的状况是中国木材产品结构的基本特点。在原木生产上，优质大径级阔叶材资源缺乏，供应严重不足；锯材普遍存在设备水平差、能耗大、生产周期长、锯材规格与市场需求不适应等问题；人造板产品比例发展不平衡；纸制品和家具产品技术含量较低，产品结构以中低档产品为主，高档产品则为欧美等发达国家所控制。

廖泽芳和宁凌（2013）对2009年中国木材产业增加值构成进行测算发现，国内直接增加值占19.1%，国内间接增加值占51.35%，国内再进口增加值占0.62%，国外增加值占28.93%，服务增加值占24.64%，其中国内间接增加值所占比例最多超过50%，原因在于木材产业开放程度较高、具有较高的外贸依存度并且加工贸易是木材产业业态的重要形式。

2. 出口增加值与中间进口品

自2005年，中国林产品贸易第一次实现出口额大于进口额，成为林产品贸易顺差国，接续几年间林产品贸易突飞猛涨，但是巨大的林产品出口额并不能代表中国林产品贸易的获利，因为顺差中相当大一部分源于中国对进口中间品的再加工。

廖泽芳和宁凌（2013）对2009年中国木材产业增加值出口国中间进口品用于再出口的比例进行研究发现，美国为11.21%、日本为11.31%、欧盟27国为14.45%，而中国比例占到44.77%，约是美国的4倍。中国对木材进行简单的初级加工形成中间品，木材价值链条在中国部分就此结束，木材价值链条短化，其间所产生增值很少，而对木材中间品的进一步精深加工则在国外完成。刘瑶（2015）指出木材加工中间品出口份额越来越大，于2011年实现反超，高于最终产成品出口比例，商务部对外贸易司统计显示，到2014年，粗加工林产品出口占到全部林产品贸易总额的七成以上，而真正占据林产品价值链高端的精深加工贸易额不足一成。

中国木材产业进口的中间品会有接近一半的部分再出口，大进大出式的林产品贸易模式使得中国处于全球价值链的中间，与上游原木出口国家和下游木材高技术精加工国家间相互贸易形成了以资源禀赋比较优势为基础的全球价值链系统。

3. 招工流动性高，人力成本上涨

木材加工企业，生产作业环境较差，工人就业意愿薄弱，招工困难。一方面板材锯切过程产生的粉屑会对上呼吸道产生刺激，另一方面板材胶合过程所使用的脲醛胶、酚醛胶等会挥发产生刺鼻气味，危害人体健康，因而工人工作稳定性较差，流动性较高，尤其在春节后的开工季，企业通常需要大规模重新招工。

木材加工企业高级管理人才匮乏和用工短缺并存，木材加工企业人力成本显著上涨。一是木材加工企业多为家族式企业，缺乏现代企业管理经验，高级技术人才短缺。二是工人工作稳定性不高，意味着木材加工企业需要付出额外的培训成本，以及工人由于操作不熟练造成的费料、费工，会无形中拉高生产成本。再者，随着工人维权意识的觉醒，通过工友间务工信息的分享互通，工人对工作时长、薪资待遇都有了更高的要求，这都加重了木材加工企业的人力成本负担。

## 五、中国木材产业在全球价值链地位攀升及转型升级的必要性

### （一）突破低端发展瓶颈，延长生命周期

大部分低端木材产业小企业已进入衰退期，低端板材市场基本饱和同质化严重，大部分木材出口小微企业面临低端化竞争的发展瓶颈，处于价值链低端，生存发展面临着考验。木材企业需要通过转型升级确保在生命周期阶段内能够充分发挥竞争优势，延长生命周期或进入具有更高增加值的新的生命周期中，达成企业可持续发展的目标。处于生命周期末期的木材企业可通过转型进入成长期产业，即减少产业体量，改变原有的资源投向，在旧产业中退出进入新的业务领域，并逐步累积经验培育新的经济增长点，完成升级提升增加值率，使企业迸发新的经济增长活力。

### （二）提高增加值，增大利润空间

木材产业和木材加工企业在专业化生产所处的分工环节不同，其获利能力将会有显著差异：在微笑曲线的最凹处，加工、组装和制造等环节是增值率低位，而越向曲线的两端延伸即向着研发、设计、专利和渠道、营销、品牌发展则属于增值率高位。木材产业的普遍现状是处于微笑曲线中间的初级加工环节，附加值少，增值率低，板材贸易陷入“只赚数字不赚钱”的窘境。木材产业转型升级，向微笑曲线的两端研发设计和营销拓展发展，向左加强自主研发创新，提高木材加工制品的科技含量和生产水平，向右着重渠道建立与品牌运作，提升国内外市场的品牌知名度和美誉度，利于提高产品增加值，增大企业利润空间。

### （三）应对贸易环境变化，缓解贸易争端

中国目前的国际分工多属于中间林产品的加工制造，大贸易额背后是“大进大出”，按照传统的贸易核算方法，即基于商品全部价值进行核算，除了把林产品在中国产生的增加值计算在内，还算进了其他国家创造的林产品增值，这就造成了对中国林产品贸易量的重复统计，形成了“统计幻象”。典型的例子是，一件高档红木家具的设计工作在意大利完成，然后在马来西亚采伐原木，在中国完成家具的加工制作，最后由美国分销。从出口统计数据来看，中国出口一件高档红木家具报送海关的出口额是整件家具的价格，但是中国实际获得的价值只是其中的3%左右。被夸大了的林产品贸易利得会影响政策制定者对于世界林产品贸易局势的判断，还有可能引起不必要的林产品贸易争端。美国针对中国低增加值、劳动力密集的人造板进行反倾销、反补贴调查，2008 年重新修订雷斯法案，将木材纳入雷斯法案适用范畴，对进入美国的木家具和人造板提出强制性木材来源合法性和可追溯性要求，2012 年，日本、澳大利亚先后出台“绿色采购”政策，促使企业在采购活动中充分考虑环境保护，优先采购和使用有利于环境保护

的原材料、产品和服务，2013 年，欧盟启动实施《木材及木制品规例和新环保设计指令》，国内板材出口门槛不断提高，林产品贸易环境恶化。

如果木材产业企业完成转型升级，则中间林产品的加工制造比例将会减少，而终端林产品比例增加，出口由求数量转为讲质量，发达国家针对中国人造板大量输入等低增加值的反倾销调查将会得到缓解，进而缓和林产品贸易争端。

# 第三节 中国木材产业全球价值链地位与竞争力

## 一、测度方法

### （一）基于增加值核算的 KPWW 法

本书借鉴 Koopman（2012，2014）、王直和魏尚进（2015）、刘琳（2015）等的方法，使用 2018 版 Trade in Value Added（TiVA）数据库测度 64 个国家和地区的木材产业的全球价值链参与度指数和分工地位指数。在全球价值链和贸易增加值等研究领域，TiVA 数据库和 WIOD 数据库都是主流的数据库。但 TiVA 数据库相对于 WIOD 数据库具有以下优势：第一，WIOD 数据库中只有 43 个国家和地区的数据，而 TiVA 数据库可以提供 64 个国家和地区以及多个经济组织的数据；第二，TiVA 数据库更新到 2018 版，可以提供 2005 ~ 2015 年的数据，而 WIOD 依旧只能提供 2000 ~ 2014 年的数据，TiVA 数据库可以提供的数据更新；第三，WIOD 数据库将中国台湾单独列出，分为 43 个国家和地区，但未标明中国台湾。综上，使用 TiVA 数据库。在数据库版本的选择上，虽然 2016 版 TiVA 数据库也可以提供 2004 年之前的数据，但是 2016 版的行业分类标准与 2018 版存在差异，为了减少误差，选用 2018 版 TiVA 数据库，仅测度 2005 ~ 2015 年的相关数据。

本书的全球价值链参与度指数和分工地位指数公式推导如下：

假设共有 $m$ 个国家或地区，每个国家或地区均有 $n$ 个部门，每种被生产出的产品既可以在出口到其他国家后直接被消费，也可以作为中间品被加工后再次出口到其他国家或者回到原产国被消费。一国的产出可以表示如下：

$$\begin{bmatrix} X_1 \\ X_2 \\ \vdots \\ X_m \end{bmatrix} = \begin{bmatrix} I - A_{11} & -A_{12} & \cdots & -A_{1s} & \cdots & -A_{1m} \\ -A_{21} & I - A_{22} & \cdots & -A_{2s} & \cdots & -A_{2m} \\ \vdots & \vdots & \ddots & \vdots & \cdots & \vdots \\ -A_{m1} & -A_{m2} & \cdots & -A_{ms} & \cdots & I - A_{mm} \end{bmatrix}^{-1} \begin{bmatrix} \sum_s^m Y_{1s} \\ \sum_s^m Y_{2s} \\ \vdots \\ \sum_s^m Y_{ms} \end{bmatrix}$$

$$= \begin{bmatrix} B_{11} & B_{12} & \cdots & B_{1s} & \cdots & B_{1m} \\ B_{21} & B_{22} & \cdots & B_{2s} & \cdots & B_{2m} \\ \vdots & \vdots & \ddots & \vdots & \cdots & \vdots \\ B_{m1} & B_{m2} & \cdots & B_{ms} & \cdots & B_{mm} \end{bmatrix} \begin{bmatrix} Y_1 \\ Y_2 \\ \vdots \\ Y_m \end{bmatrix} \tag{2-4}$$

式中，$X_m$ 表示 $m$ 国的总产出，为 $N \times 1$ 矩阵；$A_{ms}$表示 $m$ 国出口到 $s$ 国的产品中被作为中间品使用的部分，也就是直接消耗系数矩阵，为 $N \times N$ 矩阵；$Y_{ms}$表示 $m$ 国出口到 $s$ 国的产品被作为最终品消耗的部分，为 $N \times 1$ 矩阵。用公式表示如下：

$$X_m = A_{mm}X_m + A_{ms}X_s + Y_{mm} + Y_{ms} \tag{2-5}$$

将式（2－4）调整变形得到如下公式：

$$\begin{bmatrix} X_{11} & X_{12} & \cdots & X_{1s} & \cdots & X_{1m} \\ X_{21} & X_{22} & \cdots & X_{2s} & \cdots & X_{2m} \\ \vdots & \vdots & \ddots & \vdots & \cdots & \vdots \\ X_{m1} & X_{m2} & \cdots & X_{ms} & \cdots & X_{mm} \end{bmatrix} = \begin{bmatrix} B_{11} & B_{12} & \cdots & B_{1s} & \cdots & B_{1m} \\ B_{21} & B_{22} & \cdots & B_{2s} & \cdots & B_{2m} \\ \vdots & \vdots & \ddots & \vdots & \cdots & \vdots \\ B_{m1} & B_{m2} & \cdots & B_{ms} & \cdots & B_{mm} \end{bmatrix} \begin{bmatrix} Y_{11} & Y_{12} & \cdots & Y_{1s} & \cdots & Y_{1m} \\ Y_{21} & Y_{22} & \cdots & Y_{2s} & \cdots & Y_{2m} \\ \vdots & \vdots & \ddots & \vdots & \cdots & \vdots \\ Y_{m1} & Y_{m2} & \cdots & Y_{ms} & \cdots & Y_{mm} \end{bmatrix} \tag{2-6}$$

变形后得到的 $B_{sm}$为经典的里昂惕夫逆矩阵，代表 $m$ 国出口到 $s$ 国的产品被作为中间品，$s$ 国将这些中间品加工成为最终消耗品的过程中投入的部分，$B_{sm}$是完全消耗系数矩阵，为 $N \times N$ 矩阵。$Y_m$ 代表 $m$ 国的最终消耗品，是 $N \times 1$ 矩阵。可以将以上矩阵简写如下：

$$X = (1 - A)^{-1}Y = BY \tag{2-7}$$

直接附加值系数如下：

$$V_m = C[I - A_{11} - A_{21} - \cdots - A_{m1}] \tag{2-8}$$

式中，$V_m$ 为 $m \times N$ 直接附加值系数矩阵，元素为“1 减中间投入系数”。$C$ 为元素为“1”的 $m \times N$ 矩阵。因此直接附加值系数矩阵如下：

$$V_m = \begin{bmatrix} V_1 & \cdots & 0 \\ \vdots & \ddots & \vdots \\ 0 & \cdots & V_m \end{bmatrix} \tag{2-9}$$

式中，$V_m$ 为 $m \times 2N$ 矩阵。

将直接附加值系数矩阵与里昂惕夫逆矩阵相乘，得到最终附加值矩阵如下：

$$V_m B_{sm} = \begin{bmatrix} V_1 B_{11} & \cdots & V_1 B_{1m} \\ \vdots & \ddots & \vdots \\ V_m B_{m1} & \cdots & V_m B_{mm} \end{bmatrix} \tag{2-10}$$

式中，$V_mB_{sm}$为 $2m\times 2N$ 矩阵。

设$E_{ms}$代表 $m$ 国对 $s$ 国的总出口，是 $N\times 1$ 矩阵，则得到式（2－11）、式（2－12）和式（2－13）：

$$E_m = \sum_{s\neq m} E_{ms} = \sum_s (A_{ms}X_s + Y_{ms}) \quad (2-11)$$

$$E=\begin{bmatrix} E_1 & \cdots & 0 \\ \vdots & \ddots & \vdots \\ 0 & \cdots & E_m \end{bmatrix} \quad (2-12)$$

$$\hat{E}=\begin{bmatrix} diag(E_1) & \cdots & 0 \\ \vdots & \ddots & \vdots \\ 0 & \cdots & diag(E_m) \end{bmatrix} \quad (2-13)$$

式中，$E_m$ 为 $2N\times 2m$ 矩阵，$\hat{E}$为 $2N\times 2Nm$ 的对角阵。

国家层面的出口附加值矩阵如下：

$$V_mB_{sm}E_m=\begin{bmatrix} V_1B_{11}E_1 & \cdots & V_1B_{1m}E_m \\ \vdots & \ddots & \vdots \\ V_mB_{m1}E_1 & \cdots & V_mB_{mm}E_m \end{bmatrix} \quad (2-14)$$

行业层面的出口附加值矩阵如下：

$$V_mB_{sm}\hat{E}_m=\begin{bmatrix} V_1B_{11}\hat{E}_1 & \cdots & V_1B_{1m}\hat{E}_m \\ \vdots & \ddots & \vdots \\ V_mB_{m1}\hat{E}_1 & \cdots & V_mB_{mm}\hat{E}_m \end{bmatrix} \quad (2-15)$$

式中，$V_mB_{sm}E_m$ 为 $2m\times 2$ 矩阵，$V_mB_{sm}\hat{E}_m$为 $2m\times 2N$ 矩阵。

因此，$m$ 国出口中的国外价值的增值部分等于 $V_mB_{sm}E_m$ 矩阵各列非对角元素的和，用公式表示如下：

$$FV_m = \sum_{s\neq m} V_s B_{sm} E_m \quad (2-16)$$

同时，$m$ 国出口产品到 $s$ 国，$s$ 国将其作为中间品加工后出口到 $t$ 国所产生的间接附加值出口等于 $V_mB_{sm}E_m$ 矩阵各行非对角元素的和，用公式表示如下：

$$IV_m = \sum_{s\neq m} V_m B_{ms} E_{st} \quad (2-17)$$

而 $m$ 国出口中的国内价值增值部分等于 $V_mB_{sm}E_m$ 矩阵的对角元素的和，用公式表示如下：

$$DV_m = V_mB_{mm}E_m \quad (2-18)$$

因此，总出口可以表示如下：

$$E_m = DV_m + FV_m \quad (2-19)$$

王直等（2015）构建总贸易核算框架对双边中间品贸易流量进行了彻底分

解，分为四大类七小类十六个小部分。具体分解及其各部分含义如表 2－7 所示：

表 2－7 双边中间品贸易流量分解

| 序号 | 分解部分名称 | 含义 |
|---|---|---|
| 1 | DVA_ FIN | 最终出口的国内增加值 |
| 2 | DVA_ INT | 被直接进口国吸收的中间出口 |
| 3 | DVA_ INTREX | 被直接进口国生产向第三国出口所吸收的中间出口 |
| 4 | DDC | 来自国内账户的纯重复计算 |
| 5 | MVA | 出口隐含的进口国增加值 |
| 6 | OVA | 出口隐含的第三（其他）国增加值 |
| 7 | FDC | 来自国外账户的纯重复计算 |

用公式表示如下：

$$E_m = DVA_{FIN} + DVA_{INT} + DVA_{INTREX} + DDC + MVA + OVA + FDC \quad (2-20)$$

（二）国际竞争力指数

为了更好地衡量中国木材产业在国际市场的竞争力状况，Timmer 等学者（2013）提出将全球价值链的显性比较优势指数（Revealed Comparative Advantage in GVC，RCA_ GVC）作为衡量指标进行分析比较。显性比较优势（RCA）一般被用来测算一国或地区的某个产业或某种产品在国际市场是否具有竞争力优势，能否在国际贸易中获利。它衡量的是该国或地区的某产业或某种产品的出口占该国或地区的总出口的份额与世界该产业或该产品占世界总出口的份额的比值，但这一比值是在传统意义的总出口基础上计算而得，不能反映产业或产品在全球范围内的分工情况。

由于传统意义上的显性比较优势指数存在上述缺陷，本书选取 Koopman 的总出口分解方法，将出口生产的国内外分工纳入考虑范围，采用从总出口中分解的国内增加值即 DV，对显性比较优势进行改进，以求更为客观准确地衡量世界各国木材产业的国际竞争力。新显性比较优势的计算结果是一国出口中某产业的国内增加值占该国总出口的增加值的份额与世界出口中该产业的国内增加值占世界总出口的增加值的份额之比，具体公式如下：

$$NRCA_{ir} = \frac{DV_{ir} / E_{ir}}{DV_i / E_i} \quad (2-21)$$

式中，$DV_{ir}$代表 $r$ 国 $i$ 产业出口中包含的国内增加值，$E_{ir}$代表 $r$ 国 $i$ 产业的总出口增加值；而$DV_i$则表示 $i$ 产业的世界国内增加值，$E_i$代表 $i$ 产业的世界总出口增加值。

（三）全球价值链参与率和分工地位指数

结合王直等（2015）对总出口的分解以及上述公式推导，构建全球价值链参与率指数如下：

$$GVC_{participation_{mn}} = \frac{IV_{mn}}{E_{mn}} + \frac{FV_{mn}}{E_{mn}} \tag{2-22}$$

式中，$IV_{mn}$表示 $m$ 国 $n$ 产业出口到其他国家的产品被作为中间品加工后出口给第三国的过程中产生的价值增量，即间接出口附加值。$FV_{mn}$表示 $m$ 国 $n$ 产业出口产品中的国外价值的增量，$E_{mn}$表示 $m$ 国 $n$ 产业的总出口。$\frac{IV_{mn}}{E_{mn}}$是全球价值链前向参与率指数，含义是 $m$ 国 $n$ 产业出口产品被其他国家作为中间品加工并出口到第三国的程度。一国某产业的前向参与率指数越高，则该产业越处于全球价值链的上游。$\frac{FV_{mn}}{E_{mn}}$是全球价值链后向参与率指数，含义是 $m$ 国 $n$ 产业出口中的国外附加值率。一国某产业的后向参与率指数越高，则该产业越处于全球价值链的下游。

结合王直等（2015）对总出口的分解以及前文的公式推导，构建了全球价值链分工地位指数如下：

$$GVC_{position_{mn}} = \ln\left(1 + \frac{IV_{mn}}{E_{mn}}\right) - \ln\left(1 + \frac{FV_{mn}}{E_{mn}}\right) \tag{2-23}$$

全球价值链分工地位指数的基本思想是比较一国某产业的间接附加值出口和出口中的国外附加值来反映一国在全球价值链中的国际分工地位。若一国某产业的全球价值链前向参与度大于后向参与度，则该国某产业位于全球价值链的上游。全球价值链分工地位指数越高，则一国某产业在全球价值链中的地位越高。

## 二、数据来源

在数据来源上，本书使用经济合作与发展组织（OECD）在 2018 年 12 月发布的增加值贸易数据库（TiVA），这里介绍的 TiVA 数据库包含一系列主要指标，用于跟踪 2005 ~2015 年出口、进口和最终需求增加值的来源。

2018 年版涵盖 64 个经济体（包括所有经合组织国家、欧盟和 20 国集团国家以及大多数东亚和东南亚经济体）以及一些南美国家。根据第四版的“国际标准行业分类”，可以为一个等级内的 36 个行业提供指标，因而可以对全球主要贸易活动进行很好的刻画。但是由于依照此分类方法的 2018 年最新版 TiVA 数据库只涵盖了 2005 ~2015 年的连续性数据，所以最近几年的数据无法获得。

本书从数据库中所涵盖的 64 个主要国家和地区中，选取截止到 2016 年占世界木质林产品出口贸易 93% 的主要贸易国共 33 个，分别为澳大利亚、奥地利、比利时、巴西、加拿大、瑞士、智利、中国、捷克、德国、西班牙、芬兰、法国、英国、印度尼西亚、印度、爱尔兰、意大利、日本、韩国、墨西哥、马来西亚、荷兰、新西兰、菲律宾、波兰、葡萄牙、俄罗斯、瑞典、泰国、土耳其、美国、越南；从36个行业中选取木材产业所涉及的D16T18（Wood and Paper Products，Printing）、D16（Wood and Products of Wood and Cork）、D17T18（Paper Products and Printing），即D16T18（木材、纸制品和印刷）、D16（木材、木制品和软木制品）、D17T18（纸制品和印刷），其中D16和D17T18是D16T18的细分。

## 三、测算结果

### （一）国际竞争力测算结果

当 $NRCA<1$，表明 $r$ 国的 $i$ 产业不具有国际竞争力优势，且低于国际竞争力优势平均水平；当 $NRCA>1$，表明 $r$ 国 $i$ 产业具有国际竞争力优势，其中 $NRCA$ 指数在1.25～2.50时表明 $r$ 国 $i$ 产业在国际市场的竞争力较强，而高于2.50时则 $r$ 国 $i$ 产业的国际竞争力具有绝对优势。

通过对TiVA数据库的整理计算，从图2－7可以看出，2005～2015年中国的NRCA指数均超过1，且呈现上升趋势。尽管如此，但中国木材产业NRCA指数仍处于较低水平，虽有竞争力但并不强势，究其原因，在于中国木材产业出口贸易以加工贸易模式为主，其出口产品中所含的贸易增加值较低，虽然中国在木材产业的出口发展中投入了大量的物料资源，但却只换得了较为低廉的加工费用，导致出口所得的国内增加值较低，计算出的NRCA指数不高。但这11年NRCA指数呈现较明显的持续上升的趋势，表明中国木材产业在国际市场的竞争力仍具有很大的上升空间。中国应该加大在未来木材产业可持续发展中的技术与资金投入，提高出口产品的贸易增加值含量，使产业继续提升竞争力，成为具有强劲国际竞争力的产业。

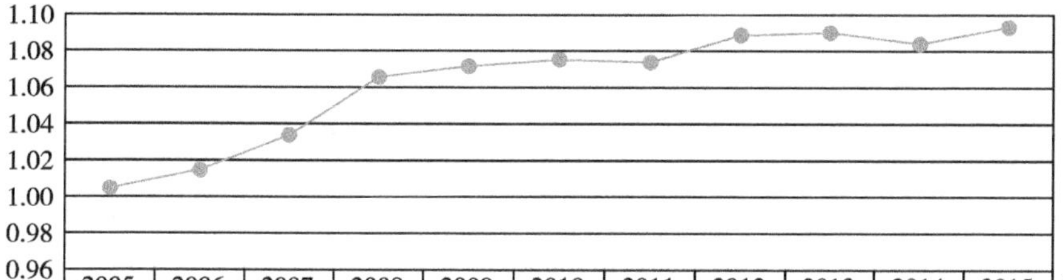


| | 2005 | 2006 | 2007 | 2008 | 2009 | 2010 | 2011 | 2012 | 2013 | 2014 | 2015（年份） |
|---|---|---|---|---|---|---|---|---|---|---|---|
| NRCA | 1.00474 | 1.01469 | 1.03373 | 1.06579 | 1.07171 | 1.07532 | 1.0738 | 1.08875 | 1.0901 | 1.08401 | 1.09319 |

**图2－7　2005～2015年中国NRCA指数**

截止到2015年，33国的NRCA指数如图2－8所示。

NRCA指数范围在0.60～1.20，可见世界范围内木材产业大国的竞争力水平一般，其中NRCA指数超过1.00的国家共14个，表明这些国家的木材产业在国际上具有竞争力；其余的19个国家的NRCA指数低于1.00，表明缺乏国际竞争

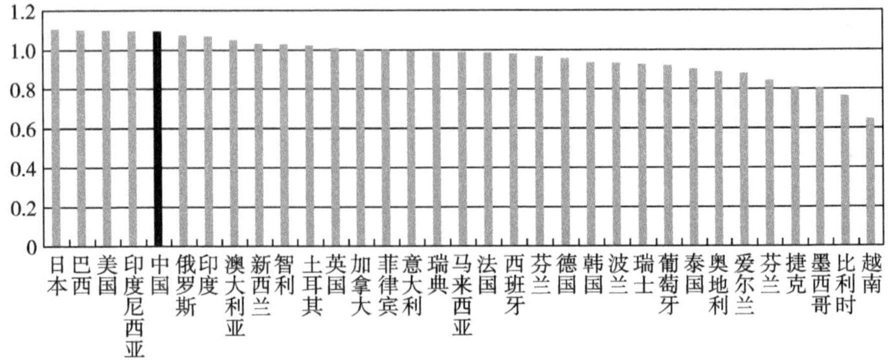


**图 2－8　2015 年 33 国木材产业显示性优势比较指数**

力。而中国的 NRVA 指数 2015 年约为 1.093，在这 33 国中位列第五，这一数据表明中国木材产业相对于其他国家而言还比较具有竞争力优势。

（二）木材产业全球价值链参与率的测算与分析

根据宋维明等对木材产业的定义以及国际标准行业分类（ISIC Rev 4.0），本书研究的木材产业对应 2018 版 TiVA 数据库的 D16T18（木材、纸制品和印刷），具体包括 D16（木材、木制品和软木制品）、D17T18（纸制品和印刷）。本文使用 TiVA 数据库，应用上一节所推导的公式，测度了 2005～2015 年中国木材产业全球价值链参与率、前向参与率和后向参与率，结果如表 2－8 所示。

**表 2－8　2005～2015 年中国木材产业的全球价值链参与率**　　单位：%

| 年份 | 前向参与率 | 后向参与率 | 全球价值链参与率 |
|---|---|---|---|
| 2005 | 0.5002 | 0.1957 | 0.6959 |
| 2006 | 0.5021 | 0.1952 | 0.6973 |
| 2007 | 0.5273 | 0.1839 | 0.7112 |
| 2008 | 0.5189 | 0.1677 | 0.6867 |
| 2009 | 0.5356 | 0.1361 | 0.6716 |
| 2010 | 0.5080 | 0.1504 | 0.6584 |
| 2011 | 0.4985 | 0.1664 | 0.6649 |
| 2012 | 0.5177 | 0.1524 | 0.6701 |
| 2013 | 0.5217 | 0.1469 | 0.6686 |
| 2014 | 0.5223 | 0.1480 | 0.6704 |
| 2015 | 0.5562 | 0.1324 | 0.6887 |

测算结果表明，第一，2005～2015 年，中国木材产业的全球价值链参与率一直处于波动中，2005～2007 年逐年上升，2007 年达到最高点之后，自 2008 年起逐年

下降，原因可能是受到国际金融危机的影响，2010 年下降到最低点后回升，之后一直处于幅度较小的波动状态，2015 年的参与率水平与 2005 年基本持平。

第二，2005～2007 年，前向参与率小幅度上升，2008～2011 年，前向参与率一直处于小幅度的波动中，说明金融危机对我国木材产业的前向参与率未造成很大影响，2012～2015 年，前向参与率又恢复了逐年增长。我国木材产业的全球价值链前向参与率整体呈现上升趋势，也就是我国木材产业出口到其他国家的产品被作为中间品加工后出口给第三国的过程中产生的价值增量在提高，说明我国木材产业中间品的国际竞争力在提高。

第三，我国木材产业的前向参与率远远大于后向参与率，且前向参与率的年均增长率大于后向参与率的年均增长率。我国木材产业的后向参与率在 2005～2009 年逐年下降，2010～2015 年虽有波动但整体呈现下降趋势。也就是我国木材产业出口产品中的国外价值的增量呈现下降趋势，说明中国出口的产品中依靠国外进口的中间品的部分在下降，对国外中间品的依赖降低，也在一定程度上说明我国中间品的竞争力有提高。这与第一节对现状和问题的探讨相互印证。

本书使用 TiVA 数据库，应用上一节所推导的公式测度了 2005～2015 年中 64 个国家或地区的木材产业全球价值链参与率、前向参与率和后向参与率。这 64 个国家或地区分别是：中国、土耳其、中国台湾、丹麦、文莱、以色列、巴西、印度、立陶宛、加拿大、西班牙、瑞士、印度尼西亚、匈牙利、马耳他、冰岛、芬兰、克罗地亚、德国、卢森堡、韩国、希腊、沙特阿拉伯、阿根廷、拉脱维亚、马来西亚、墨西哥、比利时、日本、挪威、英国、法国、柬埔寨、中国香港、罗马尼亚、哈萨克斯坦、保加利亚、智利、俄罗斯、美国、波兰、突尼斯、泰国、荷兰、南非、哥伦比亚、哥斯达黎加、秘鲁、爱尔兰、葡萄牙、爱沙尼亚、新西兰、越南、菲律宾、斯洛文尼亚、捷克、斯洛伐克、奥地利、新加坡、意大利、塞浦路斯、瑞典、摩洛哥和澳大利亚。

综合世界银行、国际货币基金组织、联合国开发计划署、美国中央情报局等机构对发达国家或地区的划分，在所测算的 64 个国家中，共有发达国家或地区 34 个，发展中国家和地区 30 个，发达国家的测算结果如表 2－9、表 2－10 和表 2－11 所示，发展中国家的测算结果如表 2－12、表 2－13 和表 2－14 所示。

**表 2－9　发达国家或地区全球价值链参与率**　　单位：%

| 国家/地区 \ 年份 | 2005 | 2006 | 2007 | 2008 | 2009 | 2010 | 2011 | 2012 | 2013 | 2014 | 2015 | 均值 |
|---|---|---|---|---|---|---|---|---|---|---|---|---|
| 卢森堡 | 0.704 | 0.724 | 0.744 | 0.756 | 0.755 | 0.748 | 0.697 | 0.661 | 0.686 | 0.678 | 0.685 | 0.713 |
| 中国香港 | 0.711 | 0.720 | 0.718 | 0.706 | 0.683 | 0.706 | 0.689 | 0.686 | 0.674 | 0.670 | 0.656 | 0.693 |

续表

| 国家/地区 \ 年份 | 2005 | 2006 | 2007 | 2008 | 2009 | 2010 | 2011 | 2012 | 2013 | 2014 | 2015 | 均值 |
|---|---|---|---|---|---|---|---|---|---|---|---|---|
| 芬兰 | 0.611 | 0.627 | 0.642 | 0.687 | 0.719 | 0.679 | 0.691 | 0.703 | 0.714 | 0.702 | 0.649 | 0.675 |
| 爱沙尼亚 | 0.667 | 0.669 | 0.678 | 0.671 | 0.648 | 0.662 | 0.686 | 0.673 | 0.685 | 0.682 | 0.627 | 0.668 |
| 比利时 | 0.606 | 0.616 | 0.623 | 0.635 | 0.615 | 0.650 | 0.665 | 0.666 | 0.677 | 0.678 | 0.674 | 0.646 |
| 瑞典 | 0.601 | 0.618 | 0.624 | 0.664 | 0.646 | 0.656 | 0.661 | 0.666 | 0.669 | 0.659 | 0.626 | 0.645 |
| 挪威 | 0.614 | 0.604 | 0.644 | 0.655 | 0.662 | 0.671 | 0.710 | 0.625 | 0.617 | 0.618 | 0.632 | 0.641 |
| 中国台湾 | 0.614 | 0.621 | 0.638 | 0.654 | 0.635 | 0.645 | 0.661 | 0.656 | 0.653 | 0.642 | 0.609 | 0.639 |
| 拉脱维亚 | 0.638 | 0.677 | 0.627 | 0.647 | 0.646 | 0.621 | 0.615 | 0.598 | 0.648 | 0.634 | 0.645 | 0.636 |
| 爱尔兰 | 0.586 | 0.637 | 0.631 | 0.710 | 0.673 | 0.657 | 0.622 | 0.696 | 0.608 | 0.615 | 0.510 | 0.631 |
| 新西兰 | 0.585 | 0.616 | 0.594 | 0.648 | 0.619 | 0.610 | 0.621 | 0.659 | 0.638 | 0.641 | 0.638 | 0.624 |
| 法国 | 0.596 | 0.615 | 0.621 | 0.641 | 0.621 | 0.645 | 0.639 | 0.624 | 0.625 | 0.625 | 0.612 | 0.624 |
| 奥地利 | 0.587 | 0.592 | 0.600 | 0.628 | 0.601 | 0.633 | 0.648 | 0.646 | 0.652 | 0.640 | 0.623 | 0.623 |
| 斯洛文尼亚 | 0.589 | 0.611 | 0.610 | 0.608 | 0.588 | 0.641 | 0.635 | 0.628 | 0.625 | 0.617 | 0.617 | 0.615 |
| 韩国 | 0.565 | 0.576 | 0.593 | 0.618 | 0.594 | 0.625 | 0.636 | 0.621 | 0.616 | 0.614 | 0.604 | 0.606 |
| 葡萄牙 | 0.577 | 0.569 | 0.571 | 0.601 | 0.600 | 0.576 | 0.608 | 0.628 | 0.629 | 0.640 | 0.630 | 0.603 |
| 意大利 | 0.589 | 0.598 | 0.603 | 0.592 | 0.580 | 0.607 | 0.612 | 0.612 | 0.611 | 0.601 | 0.619 | 0.602 |
| 西班牙 | 0.571 | 0.583 | 0.594 | 0.599 | 0.592 | 0.592 | 0.604 | 0.608 | 0.611 | 0.622 | 0.625 | 0.600 |
| 加拿大 | 0.558 | 0.569 | 0.574 | 0.572 | 0.577 | 0.602 | 0.613 | 0.610 | 0.618 | 0.609 | 0.607 | 0.592 |
| 荷兰 | 0.553 | 0.562 | 0.562 | 0.558 | 0.550 | 0.579 | 0.595 | 0.608 | 0.621 | 0.620 | 0.624 | 0.585 |
| 德国 | 0.547 | 0.561 | 0.576 | 0.582 | 0.584 | 0.596 | 0.608 | 0.593 | 0.595 | 0.593 | 0.589 | 0.584 |
| 冰岛 | 0.556 | 0.591 | 0.576 | 0.563 | 0.526 | 0.582 | 0.609 | 0.609 | 0.613 | 0.612 | 0.553 | 0.581 |
| 马耳他 | 0.542 | 0.559 | 0.556 | 0.585 | 0.552 | 0.517 | 0.570 | 0.599 | 0.611 | 0.601 | 0.606 | 0.573 |
| 新加坡 | 0.576 | 0.570 | 0.563 | 0.561 | 0.560 | 0.567 | 0.588 | 0.571 | 0.577 | 0.581 | 0.578 | 0.572 |
| 澳大利亚 | 0.530 | 0.548 | 0.539 | 0.542 | 0.560 | 0.571 | 0.567 | 0.580 | 0.574 | 0.562 | 0.622 | 0.563 |
| 美国 | 0.543 | 0.534 | 0.552 | 0.577 | 0.522 | 0.551 | 0.575 | 0.592 | 0.585 | 0.582 | 0.577 | 0.563 |
| 希腊 | 0.453 | 0.419 | 0.444 | 0.461 | 0.512 | 0.560 | 0.533 | 0.705 | 0.657 | 0.703 | 0.721 | 0.561 |
| 塞浦路斯 | 0.530 | 0.541 | 0.536 | 0.531 | 0.550 | 0.543 | 0.560 | 0.571 | 0.578 | 0.574 | 0.579 | 0.554 |
| 丹麦 | 0.527 | 0.536 | 0.548 | 0.550 | 0.544 | 0.550 | 0.547 | 0.564 | 0.556 | 0.563 | 0.557 | 0.549 |
| 以色列 | 0.566 | 0.555 | 0.548 | 0.561 | 0.534 | 0.546 | 0.554 | 0.574 | 0.556 | 0.491 | 0.475 | 0.542 |
| 瑞士 | 0.520 | 0.518 | 0.523 | 0.527 | 0.515 | 0.516 | 0.522 | 0.517 | 0.532 | 0.528 | 0.531 | 0.523 |
| 立陶宛 | 0.534 | 0.533 | 0.539 | 0.526 | 0.504 | 0.517 | 0.524 | 0.517 | 0.487 | 0.517 | 0.505 | 0.519 |
| 英国 | 0.477 | 0.501 | 0.503 | 0.511 | 0.529 | 0.528 | 0.524 | 0.520 | 0.518 | 0.521 | 0.526 | 0.514 |
| 日本 | 0.442 | 0.471 | 0.497 | 0.514 | 0.487 | 0.495 | 0.502 | 0.524 | 0.534 | 0.548 | 0.545 | 0.505 |

**表 2－10　发达国家或地区前向参与率**

| 国家/地区＼年份 | 2005 | 2006 | 2007 | 2008 | 2009 | 2010 | 2011 | 2012 | 2013 | 2014 | 2015 | 均值 |
|---|---|---|---|---|---|---|---|---|---|---|---|---|
| 新西兰 | 0. 414 | 0. 437 | 0. 422 | 0. 436 | 0. 445 | 0. 432 | 0. 427 | 0. 457 | 0. 450 | 0. 454 | 0. 457 | 0. 439 |
| 芬兰 | 0. 389 | 0. 392 | 0. 416 | 0. 427 | 0. 485 | 0. 447 | 0. 440 | 0. 442 | 0. 460 | 0. 457 | 0. 415 | 0. 434 |
| 美国 | 0. 418 | 0. 407 | 0. 419 | 0. 431 | 0. 416 | 0. 427 | 0. 433 | 0. 446 | 0. 446 | 0. 445 | 0. 450 | 0. 431 |
| 瑞典 | 0. 380 | 0. 398 | 0. 401 | 0. 422 | 0. 433 | 0. 415 | 0. 418 | 0. 418 | 0. 439 | 0. 437 | 0. 411 | 0. 416 |
| 澳大利亚 | 0. 394 | 0. 393 | 0. 391 | 0. 388 | 0. 417 | 0. 417 | 0. 413 | 0. 440 | 0. 416 | 0. 410 | 0. 455 | 0. 412 |
| 挪威 | 0. 383 | 0. 375 | 0. 403 | 0. 398 | 0. 406 | 0. 445 | 0. 488 | 0. 424 | 0. 414 | 0. 404 | 0. 394 | 0. 412 |
| 加拿大 | 0. 394 | 0. 400 | 0. 404 | 0. 388 | 0. 393 | 0. 417 | 0. 428 | 0. 424 | 0. 433 | 0. 415 | 0. 402 | 0. 409 |
| 法国 | 0. 388 | 0. 397 | 0. 396 | 0. 428 | 0. 432 | 0. 417 | 0. 406 | 0. 398 | 0. 404 | 0. 410 | 0. 393 | 0. 406 |
| 拉脱维亚 | 0. 392 | 0. 419 | 0. 369 | 0. 408 | 0. 454 | 0. 426 | 0. 396 | 0. 376 | 0. 381 | 0. 403 | 0. 408 | 0. 403 |
| 日本 | 0. 368 | 0. 380 | 0. 395 | 0. 399 | 0. 405 | 0. 403 | 0. 395 | 0. 411 | 0. 408 | 0. 409 | 0. 422 | 0. 400 |
| 西班牙 | 0. 366 | 0. 372 | 0. 376 | 0. 390 | 0. 421 | 0. 398 | 0. 393 | 0. 396 | 0. 402 | 0. 406 | 0. 403 | 0. 393 |
| 意大利 | 0. 401 | 0. 393 | 0. 394 | 0. 385 | 0. 398 | 0. 384 | 0. 382 | 0. 388 | 0. 394 | 0. 393 | 0. 410 | 0. 393 |
| 中国香港 | 0. 405 | 0. 397 | 0. 393 | 0. 376 | 0. 385 | 0. 363 | 0. 347 | 0. 341 | 0. 318 | 0. 310 | 0. 330 | 0. 360 |
| 德国 | 0. 345 | 0. 338 | 0. 344 | 0. 356 | 0. 387 | 0. 361 | 0. 358 | 0. 347 | 0. 351 | 0. 353 | 0. 349 | 0. 354 |
| 葡萄牙 | 0. 346 | 0. 335 | 0. 327 | 0. 333 | 0. 363 | 0. 335 | 0. 336 | 0. 354 | 0. 356 | 0. 358 | 0. 360 | 0. 346 |
| 奥地利 | 0. 318 | 0. 320 | 0. 329 | 0. 335 | 0. 343 | 0. 336 | 0. 334 | 0. 328 | 0. 333 | 0. 328 | 0. 328 | 0. 330 |
| 爱沙尼亚 | 0. 345 | 0. 327 | 0. 327 | 0. 339 | 0. 336 | 0. 321 | 0. 330 | 0. 322 | 0. 324 | 0. 326 | 0. 281 | 0. 325 |
| 韩国 | 0. 317 | 0. 316 | 0. 322 | 0. 290 | 0. 308 | 0. 317 | 0. 302 | 0. 295 | 0. 305 | 0. 325 | 0. 346 | 0. 313 |
| 希腊 | 0. 267 | 0. 239 | 0. 225 | 0. 241 | 0. 321 | 0. 315 | 0. 289 | 0. 400 | 0. 347 | 0. 379 | 0. 401 | 0. 311 |
| 英国 | 0. 303 | 0. 315 | 0. 316 | 0. 308 | 0. 326 | 0. 311 | 0. 297 | 0. 302 | 0. 304 | 0. 314 | 0. 326 | 0. 311 |
| 荷兰 | 0. 296 | 0. 305 | 0. 297 | 0. 307 | 0. 318 | 0. 320 | 0. 316 | 0. 321 | 0. 321 | 0. 319 | 0. 294 | 0. 310 |
| 冰岛 | 0. 311 | 0. 318 | 0. 339 | 0. 297 | 0. 281 | 0. 284 | 0. 293 | 0. 290 | 0. 300 | 0. 311 | 0. 287 | 0. 301 |
| 丹麦 | 0. 268 | 0. 256 | 0. 270 | 0. 263 | 0. 293 | 0. 287 | 0. 271 | 0. 290 | 0. 289 | 0. 297 | 0. 280 | 0. 279 |
| 比利时 | 0. 269 | 0. 268 | 0. 261 | 0. 256 | 0. 266 | 0. 259 | 0. 256 | 0. 255 | 0. 263 | 0. 258 | 0. 281 | 0. 263 |
| 立陶宛 | 0. 304 | 0. 302 | 0. 315 | 0. 273 | 0. 298 | 0. 239 | 0. 237 | 0. 221 | 0. 203 | 0. 249 | 0. 242 | 0. 262 |
| 以色列 | 0. 243 | 0. 212 | 0. 238 | 0. 246 | 0. 259 | 0. 260 | 0. 275 | 0. 280 | 0. 296 | 0. 249 | 0. 253 | 0. 255 |
| 爱尔兰 | 0. 249 | 0. 267 | 0. 263 | 0. 305 | 0. 240 | 0. 243 | 0. 226 | 0. 279 | 0. 249 | 0. 260 | 0. 207 | 0. 254 |
| 瑞士 | 0. 248 | 0. 234 | 0. 231 | 0. 246 | 0. 234 | 0. 236 | 0. 253 | 0. 237 | 0. 237 | 0. 260 | 0. 265 | 0. 244 |
| 中国台湾 | 0. 265 | 0. 245 | 0. 245 | 0. 228 | 0. 271 | 0. 243 | 0. 227 | 0. 216 | 0. 227 | 0. 235 | 0. 259 | 0. 242 |
| 斯洛文尼亚 | 0. 237 | 0. 237 | 0. 225 | 0. 237 | 0. 252 | 0. 248 | 0. 234 | 0. 226 | 0. 223 | 0. 226 | 0. 231 | 0. 234 |
| 新加坡 | 0. 235 | 0. 226 | 0. 232 | 0. 203 | 0. 228 | 0. 240 | 0. 234 | 0. 238 | 0. 245 | 0. 242 | 0. 249 | 0. 234 |
| 塞浦路斯 | 0. 206 | 0. 198 | 0. 196 | 0. 185 | 0. 228 | 0. 227 | 0. 241 | 0. 270 | 0. 270 | 0. 263 | 0. 249 | 0. 230 |
| 卢森堡 | 0. 133 | 0. 141 | 0. 134 | 0. 136 | 0. 178 | 0. 164 | 0. 146 | 0. 140 | 0. 160 | 0. 151 | 0. 129 | 0. 147 |
| 马耳他 | 0. 107 | 0. 098 | 0. 092 | 0. 074 | 0. 090 | 0. 116 | 0. 141 | 0. 118 | 0. 131 | 0. 149 | 0. 168 | 0. 117 |

**表 2－11　发达国家或地区后向参与率**

| 国家/地区＼年份 | 2005 | 2006 | 2007 | 2008 | 2009 | 2010 | 2011 | 2012 | 2013 | 2014 | 2015 | 均值 |
|---|---|---|---|---|---|---|---|---|---|---|---|---|
| 卢森堡 | 0. 571 | 0. 584 | 0. 610 | 0. 620 | 0. 577 | 0. 583 | 0. 551 | 0. 521 | 0. 526 | 0. 527 | 0. 556 | 0. 566 |
| 马耳他 | 0. 435 | 0. 461 | 0. 464 | 0. 511 | 0. 462 | 0. 402 | 0. 429 | 0. 481 | 0. 480 | 0. 452 | 0. 439 | 0. 456 |
| 中国台湾 | 0. 349 | 0. 376 | 0. 393 | 0. 426 | 0. 364 | 0. 402 | 0. 434 | 0. 440 | 0. 426 | 0. 408 | 0. 349 | 0. 397 |
| 比利时 | 0. 337 | 0. 349 | 0. 362 | 0. 379 | 0. 349 | 0. 391 | 0. 408 | 0. 411 | 0. 414 | 0. 420 | 0. 393 | 0. 383 |
| 斯洛文尼亚 | 0. 353 | 0. 374 | 0. 385 | 0. 371 | 0. 336 | 0. 393 | 0. 401 | 0. 402 | 0. 401 | 0. 392 | 0. 386 | 0. 381 |
| 爱尔兰 | 0. 337 | 0. 370 | 0. 368 | 0. 405 | 0. 433 | 0. 414 | 0. 395 | 0. 417 | 0. 359 | 0. 355 | 0. 303 | 0. 378 |
| 爱沙尼亚 | 0. 322 | 0. 341 | 0. 351 | 0. 333 | 0. 312 | 0. 341 | 0. 356 | 0. 352 | 0. 361 | 0. 355 | 0. 346 | 0. 343 |
| 新加坡 | 0. 342 | 0. 344 | 0. 332 | 0. 357 | 0. 332 | 0. 328 | 0. 354 | 0. 333 | 0. 333 | 0. 339 | 0. 329 | 0. 338 |
| 中国香港 | 0. 306 | 0. 322 | 0. 325 | 0. 330 | 0. 298 | 0. 343 | 0. 342 | 0. 345 | 0. 356 | 0. 360 | 0. 326 | 0. 332 |
| 塞浦路斯 | 0. 324 | 0. 343 | 0. 339 | 0. 345 | 0. 321 | 0. 315 | 0. 319 | 0. 301 | 0. 307 | 0. 311 | 0. 330 | 0. 323 |
| 韩国 | 0. 249 | 0. 261 | 0. 271 | 0. 328 | 0. 286 | 0. 308 | 0. 335 | 0. 326 | 0. 310 | 0. 289 | 0. 257 | 0. 293 |
| 奥地利 | 0. 269 | 0. 272 | 0. 271 | 0. 292 | 0. 257 | 0. 297 | 0. 313 | 0. 318 | 0. 319 | 0. 312 | 0. 295 | 0. 292 |
| 以色列 | 0. 322 | 0. 343 | 0. 310 | 0. 315 | 0. 275 | 0. 286 | 0. 279 | 0. 294 | 0. 260 | 0. 242 | 0. 221 | 0. 286 |
| 冰岛 | 0. 244 | 0. 273 | 0. 237 | 0. 266 | 0. 246 | 0. 299 | 0. 315 | 0. 319 | 0. 313 | 0. 301 | 0. 266 | 0. 280 |
| 瑞士 | 0. 273 | 0. 283 | 0. 291 | 0. 280 | 0. 280 | 0. 280 | 0. 269 | 0. 280 | 0. 295 | 0. 268 | 0. 266 | 0. 279 |
| 荷兰 | 0. 257 | 0. 257 | 0. 265 | 0. 251 | 0. 232 | 0. 259 | 0. 280 | 0. 288 | 0. 300 | 0. 301 | 0. 330 | 0. 274 |
| 丹麦 | 0. 259 | 0. 280 | 0. 279 | 0. 286 | 0. 251 | 0. 263 | 0. 277 | 0. 274 | 0. 266 | 0. 265 | 0. 278 | 0. 271 |
| 葡萄牙 | 0. 231 | 0. 234 | 0. 244 | 0. 268 | 0. 238 | 0. 242 | 0. 272 | 0. 274 | 0. 274 | 0. 281 | 0. 270 | 0. 257 |
| 立陶宛 | 0. 230 | 0. 231 | 0. 224 | 0. 253 | 0. 206 | 0. 278 | 0. 288 | 0. 296 | 0. 283 | 0. 269 | 0. 262 | 0. 256 |
| 希腊 | 0. 186 | 0. 181 | 0. 219 | 0. 220 | 0. 191 | 0. 245 | 0. 245 | 0. 305 | 0. 309 | 0. 324 | 0. 320 | 0. 249 |
| 芬兰 | 0. 222 | 0. 235 | 0. 226 | 0. 261 | 0. 234 | 0. 232 | 0. 250 | 0. 261 | 0. 254 | 0. 245 | 0. 234 | 0. 241 |
| 拉脱维亚 | 0. 246 | 0. 258 | 0. 258 | 0. 239 | 0. 192 | 0. 196 | 0. 220 | 0. 222 | 0. 268 | 0. 230 | 0. 236 | 0. 233 |
| 德国 | 0. 202 | 0. 223 | 0. 232 | 0. 226 | 0. 197 | 0. 234 | 0. 250 | 0. 246 | 0. 244 | 0. 239 | 0. 240 | 0. 230 |
| 瑞典 | 0. 221 | 0. 219 | 0. 223 | 0. 242 | 0. 213 | 0. 241 | 0. 244 | 0. 248 | 0. 231 | 0. 222 | 0. 215 | 0. 229 |
| 挪威 | 0. 231 | 0. 229 | 0. 241 | 0. 258 | 0. 255 | 0. 226 | 0. 222 | 0. 201 | 0. 203 | 0. 214 | 0. 238 | 0. 229 |
| 法国 | 0. 208 | 0. 219 | 0. 225 | 0. 213 | 0. 189 | 0. 228 | 0. 233 | 0. 226 | 0. 221 | 0. 214 | 0. 219 | 0. 218 |
| 意大利 | 0. 188 | 0. 205 | 0. 208 | 0. 207 | 0. 182 | 0. 222 | 0. 230 | 0. 223 | 0. 217 | 0. 208 | 0. 210 | 0. 209 |
| 西班牙 | 0. 205 | 0. 212 | 0. 218 | 0. 209 | 0. 171 | 0. 195 | 0. 210 | 0. 212 | 0. 209 | 0. 215 | 0. 223 | 0. 207 |
| 英国 | 0. 173 | 0. 186 | 0. 187 | 0. 203 | 0. 203 | 0. 217 | 0. 227 | 0. 217 | 0. 214 | 0. 207 | 0. 201 | 0. 203 |
| 新西兰 | 0. 170 | 0. 179 | 0. 173 | 0. 213 | 0. 174 | 0. 178 | 0. 194 | 0. 202 | 0. 187 | 0. 187 | 0. 181 | 0. 185 |
| 加拿大 | 0. 165 | 0. 170 | 0. 170 | 0. 184 | 0. 184 | 0. 185 | 0. 185 | 0. 186 | 0. 186 | 0. 194 | 0. 205 | 0. 183 |
| 澳大利亚 | 0. 136 | 0. 155 | 0. 147 | 0. 154 | 0. 143 | 0. 154 | 0. 154 | 0. 140 | 0. 158 | 0. 153 | 0. 167 | 0. 151 |
| 美国 | 0. 125 | 0. 127 | 0. 133 | 0. 146 | 0. 106 | 0. 125 | 0. 142 | 0. 146 | 0. 139 | 0. 137 | 0. 127 | 0. 132 |
| 日本 | 0. 074 | 0. 091 | 0. 102 | 0. 114 | 0. 082 | 0. 092 | 0. 107 | 0. 114 | 0. 126 | 0. 138 | 0. 123 | 0. 106 |

## 表2-12 发展中国家或地区全球价值链参与率

| 国家/地区＼年份 | 2005 | 2006 | 2007 | 2008 | 2009 | 2010 | 2011 | 2012 | 2013 | 2014 | 2015 | 均值 |
|---|---|---|---|---|---|---|---|---|---|---|---|---|
| 智利 | 0.759 | 0.758 | 0.762 | 0.760 | 0.762 | 0.776 | 0.784 | 0.788 | 0.793 | 0.794 | 0.819 | 0.778 |
| 捷克 | 0.781 | 0.786 | 0.782 | 0.774 | 0.779 | 0.787 | 0.774 | 0.769 | 0.776 | 0.751 | 0.717 | 0.771 |
| 匈牙利 | 0.674 | 0.740 | 0.734 | 0.731 | 0.714 | 0.711 | 0.710 | 0.708 | 0.706 | 0.706 | 0.705 | 0.713 |
| 墨西哥 | 0.696 | 0.697 | 0.711 | 0.687 | 0.672 | 0.658 | 0.665 | 0.670 | 0.669 | 0.670 | 0.689 | 0.680 |
| 波兰 | 0.657 | 0.662 | 0.661 | 0.680 | 0.683 | 0.694 | 0.688 | 0.672 | 0.670 | 0.652 | 0.650 | 0.670 |
| 斯洛伐克 | 0.692 | 0.699 | 0.691 | 0.687 | 0.626 | 0.650 | 0.633 | 0.650 | 0.657 | 0.691 | 0.667 | 0.668 |
| 土耳其 | 0.636 | 0.653 | 0.635 | 0.624 | 0.629 | 0.649 | 0.666 | 0.641 | 0.632 | 0.630 | 0.647 | 0.640 |
| 阿根廷 | 0.612 | 0.620 | 0.625 | 0.622 | 0.608 | 0.625 | 0.649 | 0.656 | 0.666 | 0.654 | 0.642 | 0.634 |
| 巴西 | 0.555 | 0.566 | 0.586 | 0.625 | 0.670 | 0.651 | 0.659 | 0.692 | 0.684 | 0.629 | 0.586 | 0.627 |
| 文莱 | 0.627 | 0.614 | 0.600 | 0.620 | 0.624 | 0.634 | 0.618 | 0.647 | 0.656 | 0.636 | 0.609 | 0.626 |
| 保加利亚 | 0.606 | 0.633 | 0.629 | 0.629 | 0.626 | 0.628 | 0.635 | 0.625 | 0.623 | 0.620 | 0.603 | 0.623 |
| 柬埔寨 | 0.646 | 0.632 | 0.630 | 0.637 | 0.582 | 0.611 | 0.624 | 0.617 | 0.618 | 0.599 | 0.619 | 0.620 |
| 中国 | 0.619 | 0.624 | 0.600 | 0.619 | 0.582 | 0.614 | 0.626 | 0.616 | 0.628 | 0.611 | 0.609 | 0.613 |
| 哥伦比亚 | 0.576 | 0.576 | 0.588 | 0.599 | 0.624 | 0.632 | 0.634 | 0.592 | 0.610 | 0.592 | 0.606 | 0.603 |
| 哥斯达黎加 | 0.574 | 0.596 | 0.570 | 0.576 | 0.574 | 0.598 | 0.627 | 0.621 | 0.639 | 0.629 | 0.612 | 0.601 |
| 克罗地亚 | 0.500 | 0.667 | 0.571 | 0.667 | 0.571 | 0.667 | 0.500 | 0.667 | 0.500 | 0.667 | 0.571 | 0.595 |
| 印度 | 0.605 | 0.672 | 0.576 | 0.571 | 0.574 | 0.573 | 0.575 | 0.576 | 0.565 | 0.562 | 0.561 | 0.583 |
| 印度尼西亚 | 0.552 | 0.559 | 0.580 | 0.592 | 0.574 | 0.592 | 0.586 | 0.595 | 0.596 | 0.593 | 0.588 | 0.582 |
| 哈萨克斯坦 | 0.556 | 0.572 | 0.547 | 0.569 | 0.612 | 0.543 | 0.538 | 0.571 | 0.563 | 0.569 | 0.578 | 0.565 |
| 马来西亚 | 0.505 | 0.504 | 0.522 | 0.525 | 0.549 | 0.568 | 0.599 | 0.608 | 0.602 | 0.582 | 0.630 | 0.563 |
| 摩洛哥 | 0.537 | 0.574 | 0.601 | 0.615 | 0.537 | 0.548 | 0.566 | 0.552 | 0.544 | 0.540 | 0.539 | 0.559 |
| 秘鲁 | 0.560 | 0.553 | 0.545 | 0.540 | 0.525 | 0.553 | 0.561 | 0.548 | 0.544 | 0.536 | 0.535 | 0.545 |
| 菲律宾 | 0.557 | 0.553 | 0.565 | 0.573 | 0.536 | 0.508 | 0.514 | 0.519 | 0.530 | 0.531 | 0.524 | 0.537 |
| 罗马尼亚 | 0.511 | 0.513 | 0.513 | 0.500 | 0.500 | 0.509 | 0.516 | 0.543 | 0.561 | 0.548 | 0.570 | 0.526 |
| 俄罗斯 | 0.506 | 0.505 | 0.495 | 0.470 | 0.449 | 0.386 | 0.429 | 0.606 | 0.621 | 0.646 | 0.611 | 0.520 |
| 沙特阿拉伯 | 0.521 | 0.511 | 0.503 | 0.586 | 0.540 | 0.479 | 0.522 | 0.522 | 0.506 | 0.510 | 0.448 | 0.514 |
| 南非 | 0.494 | 0.501 | 0.480 | 0.524 | 0.518 | 0.513 | 0.521 | 0.526 | 0.506 | 0.510 | 0.510 | 0.509 |
| 泰国 | 0.496 | 0.478 | 0.485 | 0.459 | 0.479 | 0.497 | 0.496 | 0.505 | 0.534 | 0.534 | 0.510 | 0.498 |
| 突尼斯 | 0.500 | 0.505 | 0.500 | 0.480 | 0.495 | 0.425 | 0.456 | 0.454 | 0.442 | 0.439 | 0.437 | 0.467 |
| 越南 | 0.461 | 0.461 | 0.460 | 0.455 | 0.452 | 0.455 | 0.453 | 0.453 | 0.448 | 0.443 | 0.441 | 0.453 |

表 2-13 发展中国家或地区前向参与率

| 年份<br>国家/地区 | 2005 | 2006 | 2007 | 2008 | 2009 | 2010 | 2011 | 2012 | 2013 | 2014 | 2015 | 均值 |
|---|---|---|---|---|---|---|---|---|---|---|---|---|
| 中国 | 0.500 | 0.502 | 0.527 | 0.519 | 0.536 | 0.508 | 0.499 | 0.518 | 0.522 | 0.522 | 0.556 | 0.519 |
| 马来西亚 | 0.450 | 0.495 | 0.483 | 0.479 | 0.491 | 0.477 | 0.470 | 0.476 | 0.482 | 0.486 | 0.488 | 0.480 |
| 印度 | 0.501 | 0.489 | 0.471 | 0.464 | 0.494 | 0.485 | 0.451 | 0.459 | 0.474 | 0.464 | 0.457 | 0.473 |
| 巴西 | 0.473 | 0.484 | 0.464 | 0.482 | 0.543 | 0.446 | 0.438 | 0.461 | 0.447 | 0.448 | 0.452 | 0.467 |
| 智利 | 0.366 | 0.382 | 0.380 | 0.397 | 0.473 | 0.463 | 0.452 | 0.479 | 0.496 | 0.456 | 0.402 | 0.431 |
| 南非 | 0.452 | 0.431 | 0.419 | 0.398 | 0.449 | 0.467 | 0.444 | 0.416 | 0.397 | 0.383 | 0.397 | 0.423 |
| 俄罗斯 | 0.367 | 0.374 | 0.392 | 0.385 | 0.408 | 0.426 | 0.452 | 0.461 | 0.460 | 0.436 | 0.482 | 0.422 |
| 土耳其 | 0.406 | 0.395 | 0.408 | 0.419 | 0.456 | 0.445 | 0.417 | 0.400 | 0.406 | 0.396 | 0.417 | 0.415 |
| 哥伦比亚 | 0.419 | 0.403 | 0.406 | 0.402 | 0.409 | 0.430 | 0.429 | 0.420 | 0.416 | 0.388 | 0.381 | 0.409 |
| 印度尼西亚 | 0.335 | 0.381 | 0.381 | 0.356 | 0.390 | 0.386 | 0.387 | 0.405 | 0.412 | 0.403 | 0.439 | 0.389 |
| 秘鲁 | 0.385 | 0.391 | 0.326 | 0.399 | 0.414 | 0.402 | 0.399 | 0.402 | 0.364 | 0.372 | 0.374 | 0.384 |
| 菲律宾 | 0.384 | 0.413 | 0.391 | 0.382 | 0.404 | 0.378 | 0.324 | 0.355 | 0.371 | 0.360 | 0.355 | 0.374 |
| 墨西哥 | 0.356 | 0.356 | 0.348 | 0.361 | 0.368 | 0.367 | 0.371 | 0.370 | 0.382 | 0.377 | 0.356 | 0.365 |
| 波兰 | 0.388 | 0.375 | 0.359 | 0.359 | 0.352 | 0.358 | 0.354 | 0.354 | 0.358 | 0.342 | 0.348 | 0.359 |
| 阿根廷 | 0.340 | 0.340 | 0.335 | 0.334 | 0.350 | 0.345 | 0.339 | 0.353 | 0.350 | 0.348 | 0.360 | 0.345 |
| 柬埔寨 | 0.331 | 0.317 | 0.323 | 0.309 | 0.348 | 0.361 | 0.342 | 0.340 | 0.383 | 0.358 | 0.344 | 0.341 |
| 突尼斯 | 0.326 | 0.341 | 0.339 | 0.348 | 0.355 | 0.355 | 0.347 | 0.332 | 0.331 | 0.333 | 0.342 | 0.341 |
| 罗马尼亚 | 0.311 | 0.312 | 0.296 | 0.286 | 0.289 | 0.256 | 0.290 | 0.409 | 0.431 | 0.435 | 0.382 | 0.336 |
| 克罗地亚 | 0.286 | 0.305 | 0.290 | 0.315 | 0.325 | 0.327 | 0.359 | 0.367 | 0.358 | 0.355 | 0.330 | 0.329 |
| 保加利亚 | 0.344 | 0.339 | 0.307 | 0.310 | 0.348 | 0.344 | 0.293 | 0.284 | 0.305 | 0.345 | 0.335 | 0.323 |
| 泰国 | 0.302 | 0.315 | 0.327 | 0.301 | 0.338 | 0.341 | 0.293 | 0.304 | 0.312 | 0.312 | 0.320 | 0.315 |
| 摩洛哥 | 0.307 | 0.357 | 0.343 | 0.351 | 0.307 | 0.302 | 0.302 | 0.279 | 0.288 | 0.286 | 0.294 | 0.310 |
| 捷克 | 0.319 | 0.319 | 0.314 | 0.315 | 0.308 | 0.292 | 0.299 | 0.296 | 0.298 | 0.286 | 0.283 | 0.303 |
| 文莱 | 0.250 | 0.333 | 0.286 | 0.333 | 0.286 | 0.333 | 0.250 | 0.333 | 0.250 | 0.333 | 0.286 | 0.298 |
| 斯洛伐克 | 0.290 | 0.264 | 0.294 | 0.318 | 0.296 | 0.289 | 0.304 | 0.293 | 0.290 | 0.293 | 0.322 | 0.296 |
| 越南 | 0.297 | 0.281 | 0.257 | 0.266 | 0.320 | 0.308 | 0.296 | 0.249 | 0.316 | 0.313 | 0.330 | 0.294 |
| 沙特阿拉伯 | 0.247 | 0.213 | 0.252 | 0.288 | 0.298 | 0.278 | 0.298 | 0.305 | 0.294 | 0.296 | 0.268 | 0.276 |
| 哈萨克斯坦 | 0.247 | 0.271 | 0.246 | 0.271 | 0.290 | 0.261 | 0.276 | 0.276 | 0.284 | 0.275 | 0.310 | 0.273 |
| 哥斯达黎加 | 0.261 | 0.254 | 0.254 | 0.253 | 0.272 | 0.233 | 0.247 | 0.252 | 0.256 | 0.262 | 0.282 | 0.257 |
| 匈牙利 | 0.280 | 0.262 | 0.257 | 0.228 | 0.237 | 0.231 | 0.216 | 0.215 | 0.214 | 0.211 | 0.215 | 0.233 |

**表 2 – 14 发展中国家或地区后向参与率**

| 年份<br>国家/地区 | 2005 | 2006 | 2007 | 2008 | 2009 | 2010 | 2011 | 2012 | 2013 | 2014 | 2015 | 均值 |
|---|---|---|---|---|---|---|---|---|---|---|---|---|
| 越南 | 0. 462 | 0. 477 | 0. 505 | 0. 494 | 0. 443 | 0. 468 | 0. 488 | 0. 539 | 0. 477 | 0. 481 | 0. 489 | 0. 484 |
| 匈牙利 | 0. 356 | 0. 391 | 0. 378 | 0. 396 | 0. 392 | 0. 418 | 0. 450 | 0. 426 | 0. 418 | 0. 419 | 0. 431 | 0. 407 |
| 墨西哥 | 0. 425 | 0. 431 | 0. 434 | 0. 413 | 0. 411 | 0. 420 | 0. 403 | 0. 399 | 0. 394 | 0. 374 | 0. 361 | 0. 406 |
| 保加利亚 | 0. 349 | 0. 360 | 0. 383 | 0. 377 | 0. 278 | 0. 306 | 0. 339 | 0. 365 | 0. 352 | 0. 346 | 0. 333 | 0. 344 |
| 捷克 | 0. 292 | 0. 301 | 0. 311 | 0. 307 | 0. 300 | 0. 333 | 0. 350 | 0. 361 | 0. 368 | 0. 368 | 0. 359 | 0. 332 |
| 斯洛伐克 | 0. 356 | 0. 368 | 0. 336 | 0. 319 | 0. 285 | 0. 322 | 0. 320 | 0. 324 | 0. 328 | 0. 306 | 0. 298 | 0. 324 |
| 泰国 | 0. 303 | 0. 318 | 0. 301 | 0. 328 | 0. 288 | 0. 287 | 0. 341 | 0. 321 | 0. 310 | 0. 309 | 0. 283 | 0. 308 |
| 文莱 | 0. 250 | 0. 333 | 0. 286 | 0. 333 | 0. 286 | 0. 333 | 0. 250 | 0. 333 | 0. 250 | 0. 333 | 0. 286 | 0. 298 |
| 哥斯达黎加 | 0. 296 | 0. 299 | 0. 311 | 0. 319 | 0. 264 | 0. 275 | 0. 267 | 0. 267 | 0. 274 | 0. 269 | 0. 241 | 0. 280 |
| 克罗地亚 | 0. 288 | 0. 290 | 0. 280 | 0. 261 | 0. 249 | 0. 270 | 0. 267 | 0. 254 | 0. 282 | 0. 274 | 0. 282 | 0. 273 |
| 波兰 | 0. 231 | 0. 249 | 0. 241 | 0. 259 | 0. 230 | 0. 256 | 0. 272 | 0. 262 | 0. 270 | 0. 268 | 0. 261 | 0. 255 |
| 摩洛哥 | 0. 230 | 0. 217 | 0. 258 | 0. 263 | 0. 231 | 0. 246 | 0. 265 | 0. 273 | 0. 257 | 0. 254 | 0. 245 | 0. 249 |
| 南非 | 0. 204 | 0. 232 | 0. 242 | 0. 282 | 0. 233 | 0. 227 | 0. 244 | 0. 257 | 0. 273 | 0. 270 | 0. 253 | 0. 247 |
| 突尼斯 | 0. 226 | 0. 217 | 0. 241 | 0. 243 | 0. 219 | 0. 237 | 0. 239 | 0. 263 | 0. 265 | 0. 261 | 0. 246 | 0. 241 |
| 沙特阿拉伯 | 0. 274 | 0. 299 | 0. 251 | 0. 298 | 0. 242 | 0. 201 | 0. 224 | 0. 216 | 0. 212 | 0. 214 | 0. 180 | 0. 237 |
| 马来西亚 | 0. 224 | 0. 245 | 0. 250 | 0. 252 | 0. 223 | 0. 234 | 0. 240 | 0. 232 | 0. 225 | 0. 220 | 0. 216 | 0. 233 |
| 菲律宾 | 0. 221 | 0. 259 | 0. 185 | 0. 189 | 0. 170 | 0. 194 | 0. 251 | 0. 221 | 0. 194 | 0. 202 | 0. 206 | 0. 208 |
| 智利 | 0. 189 | 0. 185 | 0. 206 | 0. 227 | 0. 197 | 0. 187 | 0. 207 | 0. 213 | 0. 188 | 0. 173 | 0. 184 | 0. 196 |
| 哈萨克斯坦 | 0. 253 | 0. 234 | 0. 254 | 0. 209 | 0. 205 | 0. 164 | 0. 180 | 0. 178 | 0. 158 | 0. 163 | 0. 127 | 0. 193 |
| 土耳其 | 0. 171 | 0. 181 | 0. 180 | 0. 180 | 0. 168 | 0. 187 | 0. 217 | 0. 192 | 0. 204 | 0. 196 | 0. 189 | 0. 188 |
| 罗马尼亚 | 0. 195 | 0. 193 | 0. 199 | 0. 184 | 0. 160 | 0. 130 | 0. 139 | 0. 196 | 0. 190 | 0. 211 | 0. 229 | 0. 184 |
| 中国 | 0. 196 | 0. 195 | 0. 184 | 0. 168 | 0. 136 | 0. 150 | 0. 166 | 0. 152 | 0. 147 | 0. 148 | 0. 132 | 0. 161 |
| 柬埔寨 | 0. 166 | 0. 161 | 0. 163 | 0. 150 | 0. 131 | 0. 136 | 0. 155 | 0. 165 | 0. 151 | 0. 176 | 0. 166 | 0. 156 |
| 印度 | 0. 126 | 0. 126 | 0. 129 | 0. 156 | 0. 131 | 0. 149 | 0. 168 | 0. 188 | 0. 182 | 0. 173 | 0. 152 | 0. 153 |
| 俄罗斯 | 0. 138 | 0. 130 | 0. 130 | 0. 140 | 0. 141 | 0. 142 | 0. 147 | 0. 147 | 0. 143 | 0. 145 | 0. 148 | 0. 141 |
| 印度尼西亚 | 0. 176 | 0. 132 | 0. 132 | 0. 144 | 0. 110 | 0. 123 | 0. 129 | 0. 138 | 0. 148 | 0. 145 | 0. 131 | 0. 137 |
| 哥伦比亚 | 0. 141 | 0. 151 | 0. 139 | 0. 138 | 0. 116 | 0. 123 | 0. 132 | 0. 128 | 0. 127 | 0. 148 | 0. 154 | 0. 136 |
| 秘鲁 | 0. 110 | 0. 110 | 0. 154 | 0. 124 | 0. 104 | 0. 111 | 0. 122 | 0. 124 | 0. 142 | 0. 139 | 0. 136 | 0. 125 |
| 阿根廷 | 0. 121 | 0. 122 | 0. 124 | 0. 120 | 0. 101 | 0. 110 | 0. 114 | 0. 100 | 0. 098 | 0. 095 | 0. 081 | 0. 108 |
| 巴西 | 0. 083 | 0. 088 | 0. 082 | 0. 088 | 0. 069 | 0. 097 | 0. 100 | 0. 111 | 0. 116 | 0. 121 | 0. 126 | 0. 098 |

根据测算结果分析可知：第一，2005～2015年，历年木材产业全球价值链参与率前十名的国家或地区中，发达国家的数量均值为4.36，发达国家的木材产业参与率并没有高于发展中国家，我国在2010～2013年跌出前十，其余年份均在第五到第十名间徘徊。

第二，发达国家或地区的新西兰、芬兰、美国、瑞典、澳大利亚、挪威、加拿大、法国、拉脱维亚和日本的前向参与率较高，都在0.4之上，但这些国家的后向参与率普遍较低，甚至新西兰、加拿大、澳大利亚、美国和日本的后向参与率为发达国家或地区中的倒数五名，这些国家的前向参与率和后向参与率表现出非常明显的两极分化现象。前向参与率高说明间接附加值率高，后向参与率低说明国外附加值率低，从一定程度上说明该国的中间品技术实力强，国际竞争力强，而这也与事实相符，发达国家的技术水平确实较强。

第三，发展中国家或地区中前向参与率较高的国家是中国、马来西亚、印度、巴西和智利，后向参与率较高的国家是越南、匈牙利、墨西哥、保加利亚和捷克，其中越南的后向参与率几乎达到0.5，而中国的后向参与率降到0.15左右。近年来，越南等国表现出比中国更廉价的劳动力优势，正在取代中国成为世界加工厂。这种变化，一方面会对以廉价劳动力为优势的木材加工业带来冲击，另一方面则说明我国的木材产业中间品的技术优势和竞争力在增强，我国的木材产业正在经历由贸易大国向贸易强国的蜕变。

## 四、世界主要国家木材产业的全球价值链分工地位

结合TiVA数据库的数据，本节测算了64个国家或地区2005～2015年的木材产业的全球价值链分工地位指数。将测算结果按均值排名，前五位和后五位的国家或地区如图2－9所示。

中国的木材产业在全球价值链中的分工地位虽有波动，但整体呈现上升趋势，特别是2012～2015年，中国已经超越巴西成为第一名，2005～2015年的均值排在第二名。我国木材产业在全球价值链中的地位有了显著提高，这与前向参与率的提升和后向参与率的下降有着密切的关系。排名后五名的国家或地区基本都是后向参与率较高的国家。

通过上述分析，得出了以下几个初步结论：

第一，2005～2015年，中国木材产业的新显性比较优势指数、全球价值链参与率指数和全球价值链地位指数均得到了不同程度的提高，从指标的变化程度来分析，中国的木材产业在全球价值链当中的参与程度正在不断加深，因此可以得出中国的木材产业正在快速发展，相应地，国际竞争力和木材产业全球化程度也在加深。

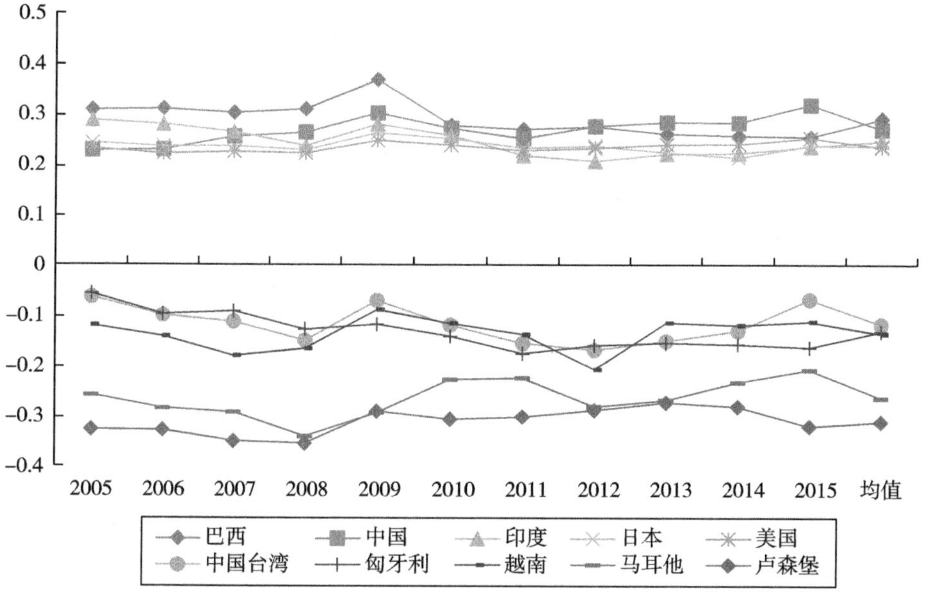


**图 2－9 木材产业全球价值链分工前五名和后五名国家或地区**

第二，新显性比较优势指数在 2005 年时数值为 1，且逐年提升，2015 年位列世界第四，意味着中国在世界木材产业的国际竞争中逐步取得优势。这都要得益于中国积极参与国际贸易活动，经济高速发展，工业化水平提高。同时，中国木材产业的发展凭借丰厚的劳动力优势，结合木材产业产品特征，政府对木材产业的大力支持，中国木材产业在国际市场的竞争力不断增强。

第三，全球价值链参与率指数多年来处于中高数值水平稳定发展，其中前向参与率指数有增长趋势，而后向参与率指数有下降趋势，尽管此消彼长，但 2015 年中国木材产业 GVC 参与率指数仍达到了 0.69，排名世界第四，表明中国在全球价值链的参与程度不断加深。此外，中国前向参与率指数达到了 0.56，说明中国参与全球价值链上游程度较深，即主要参与模式是出口中间品被进口国用于生产最终产品并再次出口到第三国。

第四，尽管受到世界经济危机的严重影响，但全球价值链地位指数整体仍呈现波动上升的态势。从世界范围来看，2015 年 33 国木材产业的全球价值链地位指数整体处于较低水平，但中国却以 0.32 位居世界第一，说明中国在木材产业全球价值链上是处于较有利的位置。

总体来看，中国木材产业的发展已经逐步摆脱大而不强的状况，开始逐渐成熟完善，中国的木材产业也可以更好地参与全球价值链的分工体系中。中国具有强大的劳动力资源优势，使得本身就属于劳动密集型产业的木材产业得到快速起步和发展，所以中国木材产业的全球价值链地位指数在逐渐提升，参与率越来越高。然而，地位和参与率的提高并不意味着贸易利益的获得，因此，本书下一章将从贸易利益的理论出发，分析中国木材产业参与全球价值链是否获得了相应的贸易利益。

# 第三章　全球价值链下中国木材产业贸易利益

在资源与环境约束下，全面认识木材产业在 GVC 中的贸易利益，就不能只分析经济利益，必须结合环境效应的分析，这更加符合木材产业作为环境产业的特点。本章将从经典贸易利益理论出发，首先从经济视角测算全球价值链下中国木材产业贸易利益（包括静态贸易利益和动态贸易利益），然后从环境视角测算木材产业在全球价值链中的碳排放。我国作为木材产品生产、消费大国，出口贸易对我国环境造成了一定的影响，因此，从消费碳排放视角，利用国际投入产出表、国家间中间产品和最终产品贸易等数据，有利于更清晰地追踪了解全球价值链下木材产品出口中的环境利益问题，探究真正的贸易利益为谁所获取等，为中国解决林产品贸易摩擦、提升产业竞争力、制定更合理的产业政策及贸易政策提供依据。由于造纸业是木材产业的重要组成部分，本章的贸易经济利益和环境利益的测算将以造纸业为例进行分析。

## 第一节　木材产业贸易利益及相关理论

### 一、木材产业贸易利益

国际贸易利益（对外贸易利益）是指一国通过对外贸易能够实现福利改善效应，即获得比封闭状态下的经济增长和国民生活水平更高的收益。测度一国参与国际贸易所获得的贸易利益的真实水平一直是国际贸易领域研究的重点问题之一。国民经济的各个行业由于各具特点，参与全球价值链的程度不同，获得的贸易利益也不同。

森林既是资源又是环境的双重属性使得林产品国际贸易具有自身的特点。随着中国经济的快速发展，林产品贸易也获得了迅速发展，中国已经是人造板等木材产品的第一大生产和贸易国。然而，伴随而来的还有林产品贸易争端加剧，尤其是欧美等针对中国林产品的摩擦事件频频发生，同时一些非主要出口市场国家也对中国林产品发起相应的贸易调查，如澳大利亚、阿根廷、巴西、哥伦比亚等国都对中国林产品提起过相应的贸易调查。这表明中国林产品不仅在主要出口目的地受阻，而且在一些份额较小市场也受到冲击，中国林产品贸易发展面临的国际市场环境日益严峻。

## 二、贸易利益分配理论

贸易利益作为国际分工和国际贸易的重要驱动力，一直以来是经济学家和政策制定者的重点关注对象，贸易利益分配对于参与国际分工与国际贸易有着重要的影响，相关分配理论随着国际分工与国际贸易的发展在不断丰富完善，经济学家对于贸易利益分配理论的研究主要从贸易利益来源、分配主体及分配机制入手。

传统贸易利益分配理论认为，专业化分工引起的生产效率的提升是贸易利益的重要来源，亚当·斯密指出各国按照自身的绝对优势生产并交换，可以实现生产成本的节约，获得相应的贸易利益。大卫·李嘉图在比较优势理论基础上指出比较优势差异导致的国内外同种产品价格的差异是贸易利益的重要来源。在分配主体方面强调消费者是贸易利益的主要受益方，开展国际贸易后，消费者可以通过较低的价格消费更多的商品从而提升其福利水平。在此过程中，生产者通过分工提升生产效率，厂商可以获取更多的利润；贸易的开展导致产品需求加大，生产规模扩张，对劳动力的需求增多使工资水平发生变化，生产者可以在此过程中获益。相较于绝对优势及比较优势下的贸易利益分配理论，随着赫克歇尔、俄林、萨缪尔森、罗伯津斯基等经济学家对国际分工及国际贸易理论的丰富与发展，此时国际贸易利益分配理论随之发生了相应的变化。贸易利益不仅源于生产方面，消费方面同样会带来贸易利益。就生产方面而言，国际分工导致的生产效率提升造成国内外产品价格产生差异，出口部门要素收益提高；就消费方便而言，开展国际贸易之后商品种类的丰富及同种商品价格的变化导致在收入不变的情况下，消费者的效用水平会发生相应的移动。贸易利益分配主体仍然在生产者与消费者之间展开。在分配机制方面则强调贸易利益的分配是在市场机制作用下通过价格的变化来实现。

传统贸易利益分配理论能够很好地解释产业间贸易利益分配，第二次世界大战后，随着经济全球一体化趋势的加强，生产要素逐步突破国界，在国际范围内流动，一方面国际贸易规模及贸易形式发生了巨大改变，另一方面跨国投资导致金融一体化加速发展，由此导致贸易利益分配理论发生了革新。相较于传统贸易利益分配理论，当代国际贸易理论分配理论指出，国际贸易利益来源并不局限于生产者和消费者两个方面，而是存在多维度的贸易利益来源。例如：国际贸易可以促进贸易参与国的经济增长、推动参与国社会进步；通过国际贸易可以模仿学习别国的生产经验，带来本国经济效率提高；等等。在贸易利益分配主体方面，跨国公司作为一个不可忽视的主体参与国际贸易利益分配，导致贸易利益在东道国、母国及跨国公司三者之间进行分割。除此之外，国家政治因素、政策战略等也作为重要的力量参与国际贸易利益分配。由此也导致贸易利益分配机制发生了相应的变化，市场自发与国家贸易政策等力量共同主导贸易利益分配机制。

具体到全球价值链分工模式下的贸易利益分配问题，在全球价值链分工模式下，贸易利益内涵发生了相应的改变。传统贸易统计方式存在的重复统计问题通过相应的新的贸易核算方法得到了补充修正，并且由于跨国公司主导越来越多的全球生产网络，跨国公司与东道主之间的贸易利益分配问题进一步受到重视。贸易利益测度及分配机制等相关研究也正在不断跟进与发展。

本章运用宏观数据，对木材产业的代表行业造纸业在全球价值链中的贸易利益进行分析，通过对企业增加值的测算分析木材企业参与全球价值链的贸易利益，之后通过研究中国木材产业的价值链地位对碳排放的影响来分析木材产业的环境效益。

## 第二节　全球价值链下中国木材产业贸易利益分析

### 一、核算模型与方法

本章以中国造纸及纸质品为例分析木材产业的贸易利益，测算时采用的数据来自 WIOD（2016），即 World Input - Output Database（2016）数据库和联合国 COMTRADE 数据库，WIOD（2016）记录了 28 个欧盟国家和其他 15 个主要经济体 56 个产业部门在 2000 ~ 2014 年的投入产出数据。在具体核算方法上，由于 WWYZ（2016）在全球价值链及增加值贸易核算上具有的综合性和包容性，因此借鉴 WWYZ（2016）基于生产者角度的前向关联即一国或行业 GDP 分解核算法。

WWYZ（2016）依托世界多区域投入产出表，基于前向联系的产出分解模型从一国或部门 GDP 入手，根据投入产出间的关系可以将一国的总产出分解如下：

$$X^s = A^{ss}X^s + \sum_{r \neq s}^{G} A^{sr}X^r + Y^{ss} + \sum_{r \neq s}^{G} Y^{sr} = A^{ss}X^s + Y^{ss} + E^{s*} \tag{3-1}$$

式中，$X^s$ 和 $X^r$ 分别表示国家 $s$ 和国家 $r$ 的全部总产出；$A^{ss}$表示国家 $s$ 在其各部门产品生产过程中投入使用的本国中间品，即 $s$ 国 $N\times N$ 国内投入系数矩阵；$A^{sr}$表示国家 $r$ 在其本国产品生产过程中投入使用的国家 $s$ 产品，也即国家 $r$ 对国家 $s$ 的中间品的直接消耗系数矩阵；$Y^{ss}$表示国家 $s$ 对于来自国内产品的最终需求，$Y^{sr}$则表示国家 $r$ 对来自国家 $s$ 产品的最终需求。式（3－1）中的 $E^{s*}$ 表示 $s$ 国的总出口，需满足公式（3－2）：

$$E^{s*} = \sum_{r\neq s}^{G} A^{sr}X^{r} + \sum_{r\neq s}^{G} Y^{sr} = \sum_{s\neq r}^{G} E^{sr} \tag{3-2}$$

式中，第一项表示 $s$ 中间品出口，第二项表示 $s$ 国最终品出口，$E^{sr}$是 $N\times 1$ 阶矩阵，表示 $s$ 国对 $r$ 国的总出口。将式（3－1）改写可得：

$$X^{s} = (I-A^{ss})^{-1}Y^{ss} + (I-A^{ss})^{-1}E^{s*} = L^{ss}Y^{ss} + L^{ss}E^{s*} \tag{3-3}$$

其中，$L^{ss}=(I-A^{ss})^{-1}$是 $s$ 国国内投入的里昂惕夫逆矩阵，根据一国总出口可以分解成最终品出口和中间品出口以及不同的出口目的地，式（3－4）可以进一步改写为：

$$L^{ss}E^{s*} = L^{ss}\sum_{r\neq s}^{G} Y^{sr} + L^{ss}\sum_{r\neq s}^{G} A^{sr}\sum_{u}^{G} B^{ru}\sum_{t}^{G} Y^{ut} \tag{3-4}$$

其中，$B^{ru}$为国家间投入的里昂惕夫逆矩阵，将式（3－4）代入式（3－3）并且乘以增加值份额矩阵 $\hat{V}$，可以将一国/部门总产出中包含的价值增值分解为不同的组成部分：

$$\begin{aligned}
\hat{V}^{s}X^{s} &= \underbrace{\hat{V}^{s}L^{ss}Y^{ss}}_{(1)-V_D} + \underbrace{\hat{V}^{s}L^{ss}\sum_{r\neq s}^{G} Y^{sr}}_{(2)-V_RT} + \underbrace{\hat{V}^{s}L^{ss}\sum_{r\neq s}^{G} A^{sr}\sum_{u}^{G} B^{ru}}_{(3)-V_GVC}\sum_{t}^{G} Y^{ut} \\
&= \underbrace{\hat{V}^{s}L^{ss}Y^{ss}}_{(1)-V_D} + \underbrace{\hat{V}^{s}L^{ss}\sum_{r\neq s}^{G} Y^{sr}}_{(2)-V_RT} + \underbrace{\hat{V}^{s}L^{ss}\sum_{r\neq s}^{G} A^{sr}L^{rr}Y^{rr}}_{(3a)-V_GVC_R} \\
&\quad + \underbrace{\hat{V}^{s}L^{ss}\sum_{r\neq s}^{G} A^{sr}\sum_{u}^{G} B^{ru}Y^{us}}_{(3b)-V_GVC_D} + \underbrace{\hat{V}^{s}L^{ss}\sum_{r\neq s}^{G} A^{sr}\Big(\sum_{u}^{G} B^{ru}\sum_{t\neq s}^{G} Y^{ut} - L^{r}Y^{rr}\Big)}_{(3c)-V_GVC_F}
\end{aligned} \tag{3-5}$$

式（3－5）显示一个国或部门的价值增值可以分解成五个部分，为了更好地理解分解方程中的每一项，有必要解释方程中每一项的经济含义，以便后文用此分解方程式分析中国造纸及纸制品业贸易利益概况。式中第一项（1）－V_ D 表示国内生产且在国内市场消费使用的价值增值部分，这部分是为了满足国内市场需求的价值增值，与国际贸易无关，也不涉及产品的进出口。第二项（2）－V_ RT 表示包含在最终产品出口中的国内增加值，这部分是为了满足国外最终需求的国内产品价值增值部分，同样不涉及跨国生产，只涉及一次跨境（即出口），类似于传统的李嘉图国际贸易模型。第三项（3）$-V\_GVC$ 是包含在中间产品出口中的国内价值增值，这部分是出口国生产的参与国际分工的价值增值部分，也即出口国对 GVC 的参与部分。具体来讲又可以细分为三个组成部分，即式（3－5）中的第三至第五项。第三项（3$a$）$-V\_GVC\_R$ 表示包含在中间品出口中的被进口国直接用于生产本国最终需求产品并且在本国市场消费的国内价值增值部分，这部分价值增值仅仅跨越了一次国境，不包含通过第三国的间接出口以及复出口等活动。第四项（3$b$）$-V\_GVC\_D$ 表示包含在中间品出口中的、被进口方用于生产最终产品或者中间品、出口国通过进口方或者第三国再次进口的国内价值增值部分，也即价值回流部分。（3$c$）$-V\_GVC\_F$ 是式中第五项，表示被进口方间接吸收或者再次出口至第三国的国内价值增值部分，即包含在国内中间品出口中的被进口方用于生产最终品或中间品出口至第三国或者通过第三国被进口方间接吸收的国内价值增值部分。第四项和第五项在 GVC 中至少跨境两次。

WWYZ（2016）将后三项定义为涉及 GVC 的生产活动的中间品国内价值增值部分，并且根据其跨境次数的不同划分为浅层 GVC 参与和深层 GVC 参与。式中第二项、第三项及第五项之和是 Johnson 和 Noguera（2012）定义的一国的增加值出口（Value－added Exports ＝2＋3a＋3c），即为了满足国外市场需求的本国价值增值部分。第一项和第四项之和是为了满足国内市场需求的本国价值增值部分。第二至第五项之和为 KWW（2014）定义的总值出口中包含的国内价值增值部分。

## 二、数据

造纸业是木材产业的重要组成部分，造纸及纸制品贸易是中国林产品对外贸易的重要组成部分，本节采用造纸及纸制品业的数据进行木材产业贸易利益分析。

在中国国民经济行业分类中，没有细分到造纸业，而是将其定义为造纸及纸制品业，其范围包括纸浆制造、造纸、纸制品制造三大块。结合本书研究目的及研究方法，对于造纸及纸制品的界定采用的是国际标准产业分类第 4 版［ISIC. Rev. 4（International Standard Industrial Classification of All Economic Activities］关于纸和纸制品制造的分类标准，该分类标准基本涵盖国民经济分类标准中关于造纸及纸制品业的界定范围。研究选取的造纸及纸制品研究对象主要是 ISIC. Rev. 4 中门类 C——制造业门类中的第 17 大类。该类别所包含的具体产品如表 3－1 所示。

**表 3－1　本书研究对象涉及的造纸及纸制品及其分类**

| 类 | 大组 | 组 | 说明 |
|---|---|---|---|
| 类 17 纸和纸制品的制造 | 170 | 1701 | 纸浆、纸和纸板制造 |
| | | 1702 | 瓦楞纸和瓦楞纸板以及纸和纸板容器的制造 |
| | | 1709 | 其他纸制品和纸板制品的制造 |

注：各组中包含的具体产品类别详见联合国 2008 年颁布的《所有经济活动的国际标准分类》修订本第 4 版（International Standard Industrial Classification of All Economic Activities，ISIC Rev. 4）。

本书在估算中国造纸及纸质品贸易利益时借助的是 WIOD（2016）即 World Input－Output Database（2016）数据库和联合国 COMTRADE 数据库，WIOD（2016）记录了 28 个欧盟国家和其他 15 个主要经济体 56 个产业部门在 2000～2014 年的投入产出数据。

## 三、静态贸易利益测算

本书计算了 2000～2014 年中国纸和纸制品业出口增加值总额，为了更好地分析在此期间中国纸和纸制品业贸易利益的动态变化，采用了附加值比率这一相对指标，后者剔除了因出口数量增长导致的出口增加值增长因素。具体结果如图 3－1所示。

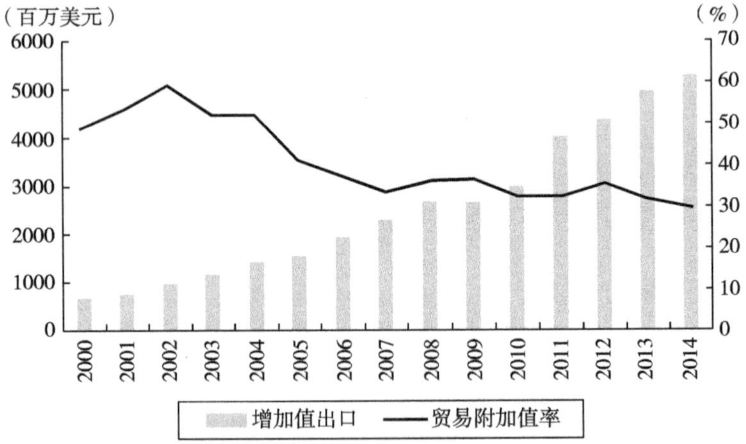


**图 3－1　中国造纸及纸制品增加值出口额及贸易附加值率**

如图 3－1 所示，随着中国造纸及纸制品业出口贸易的飞速发展，以净值为基础的增加值出口额也在急速上涨，由 2000 年的 6.62 亿美元增长至 2014 年的 52.62 亿美元，增长了近 7.94 倍。这说明中国造纸及纸制品贸易利益的绝对值在大幅提升。为了剔除出口贸易数量扩张因素导致的贸易利益扩张，更为客观地分析中国造纸及纸制品出口贸易利益概况，本书采用相对指标即贸易附加值率来说明在 GVC 分工形式下中国造纸及纸制品贸易利益的相对变化情况。2000～2014 年，中国造纸及纸质贸易附加值比重有所下降，由 2000 年的 48.89% 下降至 2013 年的 31.71%，15 年间的平均贸易附加值比率为 40.76%。对比总出口、增加值出口及贸易附加值率可以看出，中国造纸及纸制品出口贸易中获取的真实贸易利益远远没有表面上获得的贸易利益多。这一方面意味着中国造纸及纸制品在生产过程中较多地使用国外中间品投入到生产过程中去，即出口中包含着较大比重的国外价值增值部分；另一方面也意味着由于 GVC 的发展，产品生产过程被不断分割细化，中间品进出口越来越多，由此产生的重复统计问题逐渐凸显。虽然从总体上看，中国造纸及纸制品出口贸易利益是增加的，但是从大规模的出口贸易中获取的真实贸易利益相对值却在不断下降，即贸易获利空间并没有同步增长，而是在不断缩小。中国造纸及纸制品在 GVC 中的融入程度在不断加深，出口贸易规模及增长速度都取得了非常大的成绩，但是出口附加值比率却没有相应的提升，这也意味着中国造纸及纸制品贸易利益的增长更多的是通过扩大生产规模及出口数量引起的，而不是通过提高贸易效益途径，这也反映了中国造纸及纸制品处于 GVC 的低附加值位置，获取的贸易利益较少，呈现出量大利小的局面。

## 四、动态贸易利益测算

静态贸易利益指标能够直接有效地度量一国参与国际分工及国际贸易中获取的贸易利益的大小，但是却忽视了一个重要问题：国际分工及国际贸易经济发展与社会进步的推动作用，即动态贸易利益，因而不能够全面地反映一国从事国际贸易所获得的全部贸易利得。在日益深化细化的国际分工形态下，国际贸易对参与国的就业、技术进步、产业升级、经济增长等产生巨大影响，也对其经济持续、健康发展提出了严峻的挑战，动态贸易利益成为越来越多的国家尤其是发展中国家在国际分工和国际贸易中关注的焦点。本部分主要从贸易对经济增长与就业的影响两个方面分析在全球价值链分工下中国造纸及纸制品动态贸易利益。

### （一）出口对经济增长的影响

新古典贸易理论提出的出口导向型经济增长假说认为，出口是经济增长的“发动机”，出口贸易通过直接作用和间接作用影响经济的持续增长，因此探讨出口贸易对国内经济增长的推动作用具有重要的理论与实际意义，出口对经济增长的影响成为重要的动态贸易利益衡量指标。

投入产出表可以很好地反映一国各经济部门之间的联系，也可以很好地衡量出口对经济增长的贡献程度。相对于传统的以出口总量衡量出口对经济增长的贡献而言，近年来，投入产出分析法已经成为测度出口贸易对一国国内生产总值形成和经济增长贡献率的重要工具。相关研究也非常丰富：沈利生和吴振宇（2003）利用中国国内投入产出表推导出口贸易对国内生产总值形成及经济增长贡献率的计算方法，并且利用相应的投入产出数据测算了 1997～2001 年中国出口贸易对国内生产总值形成及其增长的贡献率。结果证明在此期间中国出口贸易对国内生产总值形成的贡献率维持在 14%左右。陈怡和沈利生（2006）通过 1997～2002 年中国投入产出表就中国服务部门出口对国内生产总值形成及经济增长的贡献率从总体和部门两个层面进行了测算，研究表明中国服务业出口对国内生产总值形成有着显著的影响。

本部分主要借鉴陈怡和沈利生（2006）及谢锐和赵果梅（2014）提出的测算中国出口贸易贡献率的公式来测算经济增长利益。即出口贸易对国内生产总值形成的贡献率、对经济增长的贡献率和对经济增长的拉动力度。

1. 测算模型与方法

（1）出口对国内生产总值（GDP）形成的贡献率。前文已经提到当前全球价值链分工背景下，国际分工日益深化细化、中间产品反复进出口导致传统的贸易统计方式由于重复统计问题的存在会夸大一国的贸易量，直接利用出口总额或者净出口额来测算出口对经济增长的贡献等会存在一定的偏差。因此利用增加值出口数据来测算出口对于国内生产总值（GDP）形成的贡献率、对经济增长的贡献率及对经济增长的拉动力度。开放经济体出口产生的价值增值如下（沈利生和吴振宇，2004）：

$$GDP_{ex} = RX_{ex} = R(I - A^d)^{-1} EX^d \tag{3-6}$$

式中，$A^d$ 为国内直接消耗系数矩阵，$A^d = (x_{ij}^d / x_j)$，$EX^d$ 为国内出口列向量，$R$ 为各部门价值增值行向量。由此可以定义一国或者地区出口贸易对国内生产总值（GDP）形成的贡献率，即对国内生产总值形成的贡献率为一国或者地区增加值出口额与国内生产总值之比。计算公式如下：

$$\eta_{ex} = GDP_{ex} / GDP \times 100\% \tag{3-7}$$

式中，$\eta_{ex}$为出口对国内生产总值（GDP）形成的贡献率，该数值越大，表明出口对国内生产总值（GDP）形成的贡献越大，$GDP_{ex}$为增加值出口额，$GDP$ 为国内生产总值。

（2）出口增长对国内经济增长的贡献率。在上述出口对国内生产总值形成的贡献率基础上可以进一步定义出口增长对经济增长的贡献率，计算公式如下：

$$\mu_t^{ex} = \frac{GDP_t^{ex} - GDP_{t-1}^{ex}}{GDP_t - GDP_{t-1}} \times 100\% \tag{3-8}$$

式中，$\mu_t^{ex}$ 表示出口增长对经济增长的贡献率，即由出口增长给经济增长带来的效应。该数值越大，表明出口增长对经济增长的贡献率越大，即出口贸易带来的动态贸易利益越大。

（3）出口对国内经济增长的拉动率。按照中国统计年鉴上的计算方法，出口对经济增长拉动率指在经济增长率中出口拉动所占份额，其计算方法为国内生产总值增长速度与出口增长贡献率的乘积。计算公式如下：

$$\varphi_t^{ex} = \mu_t^{ex} \times \gamma_t \tag{3-9}$$

式中，$\varphi_t^{ex}$ 表示出口对经济增长拉动率，$\mu_t^{ex}$ 表示出口增长对经济增长的贡献率，$\gamma_t$ 表示国内生产总值增长速度。

2. 数据来源说明

本部分衡量中国造纸及纸制品出口贸易对国内经济增长的影响，出口增加值数据根据 WIOD 数据库和 WWYZ（2016）分解法计算而得，中国国内经济增长率数据源于世界银行公布的统计数据。

（二）出口对劳动力就业的影响

劳动力就业问题是任何一个国家必须面临的问题，中国这样一个人口大国更是如此。对于嵌入全球价值链分工的发展中国家来说，能够获得最基本最重要的劳工利益即就业的增加，因此出口贸易对劳动力就业的影响也成为动态贸易利益的重要衡量指标。

随着经济全球化的发展，国际贸易对就业的影响受到学者的高度关注。Greenaway 等（1999）以英国贸易与就业数据为样本，测算了出口贸易与就业之间的关系。研究发现出口能够带动英国制造业劳动力就业，而进口则对就业有着反向影响。Orbeta（2002）利用菲律宾出口贸易及劳动力就业数据，对两者之间的关系进行了实证分析，结果显示出口贸易对菲律宾劳动力就业有着积极的促进作用。盛斌等（2009）通过对中国制造业及劳动力就业数据研究发现出口贸易能够有效带动劳动力就业，而进口则对该部门就业有着显著的抑制作用。张志明和代鹏（2016）研究了增加值出口贸易的就业效应，结果表明 2000～2009 年增加值出口对各行业总就业的边际拉动量均趋于下降，但对大部分行业总就业拉动量趋于增加。

通常来说，影响就业变动的因素不止一个，产出水平、固定资产投资、财政政策、工资水平、进出口贸易额等因素都会对就业产生重大的影响。李小萌、陈建先和师磊（2016）通过构建动态面板模型评估了进出口贸易对中国就业和就业产业结构的影响，分析了经济增长、就业刚性、进出口和工资对就业影响之间的系统性关系。魏浩、王浙鑫和惠巧玲（2013）研究了进出口贸易的就业效应，分析了汇率、工业生产总值、利率数据、就业人员平均工资、进口贸易额数据等因素对就业的影响。耿晔强和闫思萌（2016）基于中国制造业省级面板数据分析了制造业进出口贸易对劳动力就业效应的区域差异性，研究指出劳动力工资、总产值、进出口贸易、教育水平等因素对就业有着显著的影响。

1. 计量模型设定

为了研究中国造纸及纸制品对外贸易对就业的影响，参考前文关于就业影响因素已有研究，构建出口贸易、工资水平等因素对劳动力就业的计量模型如下：

$$\ln emp_{it} = \alpha_0 + \alpha_1 \ln wage_{it} + \alpha_2 \ln imp_{it} + \alpha_3 \ln y_{it} + \alpha_4 \ln ev_{it} + \varepsilon_{it} \tag{3-10}$$

式（3-10）是中国造纸及纸制品业就业回归方程，其中，$\alpha_0 \sim \alpha_5$ 表示回归系数，$\varepsilon_{it}$表示随机误差向量，$emp_{it}$为被解释变量，表示 $i$ 产业在第 $t$ 年份劳动力就业人数，出口额（$ev_{it}$）为模型的主要解释变量，工资水平（$wage_{it}$）、进口额（$imp_{it}$）、行业产出（$y_{it}$）为模型的控制变量。

2. 变量说明、预期及数据来源

（1）造纸及纸质品行业就业人数。源于历年《中国工业经济统计年鉴》。

（2）进口额、出口额。根据已有文献对于进出口与就业的影响研究，出口能够带动劳动力就业，预期符号为正。进口由于存在替代效应，会降低对劳动力的需求，预期符号为负。相关数据源于研究计算结果。

（3）工资水平。随着经济水平的提高，劳动力成本逐渐上升，根据劳动与资本的替代关系，当劳动力成本较高时，企业会考虑其他要素如资本替代劳动力，导致对劳动力的需求减少，预期符号为负。工资数据源于历年《中国劳动统计年鉴》。

（4）生产总值。一般而言，经济增长速度较快时，对劳动力的需求也会相应增加，能够促进就业水平的提高，预期符号为正。生产总值数据源于《中国工业经济统计年鉴》。

### （三）动态贸易利益实证结果分析

1. 经济增长利益实证结果分析

基于 WIOD 数据库和增加值贸易分解模型，采用式（3-7）、式（3-8）和式（3-9）分别计算了 2000～2014 年中国造纸及纸制品出口对国内生产总值（GDP）形成的贡献率、出口增长对经济增长的贡献率以及出口增长对经济增长的拉动率，具体结果如表 3-2 所示。

**表 3-2　2000～2014 年中国造纸及纸制品出口对经济增长的影响效应**　单位：%

| 年份 | 国内生产总值（GDP）增长率 | 出口对 GDP 形成的贡献率 | 出口增长对经济增长的贡献率 | 出口增长对经济增长的拉动率 |
|---|---|---|---|---|
| 2000 | 8.49 | 0.19 | | |
| 2001 | 8.34 | 0.19 | 0.19 | 0.02 |

续表

| 年份 | 国内生产总值（GDP）增长率 | 出口对 GDP 形成的贡献率 | 出口增长对经济增长的贡献率 | 出口增长对经济增长的拉动率 |
|---|---|---|---|---|
| 2002 | 9.13 | 0.22 | 0.98 | 0.09 |
| 2003 | 10.04 | 0.24 | 0.35 | 0.03 |
| 2004 | 10.11 | 0.25 | 0.30 | 0.03 |
| 2005 | 11.40 | 0.23 | 0.12 | 0.01 |
| 2006 | 12.72 | 0.24 | 0.28 | 0.04 |
| 2007 | 14.23 | 0.22 | 0.16 | 0.02 |
| 2008 | 9.65 | 0.20 | 0.12 | 0.01 |
| 2009 | 9.40 | 0.18 | -0.01 | 0.01 |
| 2010 | 10.64 | 0.17 | 0.12 | 0.01 |
| 2011 | 9.54 | 0.16 | 0.13 | 0.01 |
| 2012 | 7.86 | 0.15 | 0.10 | 0.01 |
| 2013 | 7.76 | 0.14 | 0.03 | 0.01 |
| 2014 | 7.30 | 0.14 | 0.10 | 0.01 |

由表3-2可以看出，在样本期间内，随着经济全球化的发展，贸易自由化趋势逐渐加强，中国造纸及纸制品出口规模迅速扩张，导致增加值出口额随之迅速扩张，中国造纸及纸制品出口贸易对国内生产总值形成的贡献率呈现出上升趋势，年均维持在0.19%左右。从中国加入世界贸易组织开始，一直到2008年金融危机之前，中国造纸及纸质品出口贸易对GDP形成的贡献率虽然处于波动状态，但是总体贡献率基本在0.20%以上，表明这一时期中国造纸及纸制品出口贸易对GDP形成的贡献率比较稳定。2008年金融危机之后，造纸及纸制品出口贸易对GDP形成的贡献率处于递减的状态，原因一方面是受金融危机的影响出口增速放缓，另一方面是造纸及纸制品增加值出口额的增速慢于国内生产总值的增长速度，使得由出口带来的国内价值增值在国内生产总值中的比例有所下降。前文在分析中国造纸及纸制品静态贸易利益的时候已经指出，近年来中国造纸及纸制品贸易利益虽然在增长，但是贸易附加值率却在逐年下降，即单位出口产品的增加值下降了，导致出口贡献率出现下降趋势。

从表3-2还可以看出，在样本期间内，造纸及纸制品出口增长对中国经济增长的贡献率波动幅度较大，年均维持在0.21%左右。2001~2006年，出口增长对经济增长的贡献率较大，但是在此之后，出口增长对经济增长的贡献率逐渐下滑，特别是受2008年金融危机的影响，2009年出口增长对中国经济增长的贡献率降至负值，之后处于缓慢回升状态。从造纸和纸制品业出口增长对经济增长的拉动作用来看，其对经济增长的拉动作用并不明显，年均维持在0.2%左右，特别是2008年金融危机之后，出口增长对经济增长的拉动作用就更微弱。出现这种情况一方面是由于中国总体经济增速的放缓，另一方面则是由于中国造纸及纸制品主要是依靠劳动力优势，虽然近年来贸易总量迅速增长，但仍然只是一个贸易大国而非贸易强国，中国造纸及纸制品贸易格局属于量大利小的局面，出口产品贸易附加值率相对较低，导致其对经济增长的贡献率及拉动力度都较小。

2. 就业利益实证结果分析

在造纸及纸制品贸易对就业影响计量模型中，选取的数据时间跨度长达15年，为了避免数据序列非平稳性可能造成的“伪回归”现象，要对原始数据进行平稳性检验。利用Stata软件检验各变量是否存在单位根，检验结果如表3－3所示。

**表3－3　各个变量单位根检验结果**

| 变量原序列 | ADF统计量（P值） | 结果 | 一阶差分 | ADF统计量（P值） | 结果 |
|---|---|---|---|---|---|
| $\ln emp_{it}$ | －1.707（0.4276） | 非平稳 | $d\ln emp_{it}$ | －5.639（0.0000） | 平稳 |
| $\ln wage_{it}$ | 0.400（0.9815） | 非平稳 | $d\ln wage_{it}$ | －4.174（0.0007） | 平稳 |
| $\ln y_{it}$ | －1.339（0.6113） | 非平稳 | $d\ln y_{it}$ | －4.272（0.0005） | 平稳 |
| $\ln imp_{it}$ | －1.068（0.7276） | 非平稳 | $d\ln imp_{it}$ | －5.888（0.0000） | 平稳 |
| $\ln ev_{it}$ | －0.487（0.8945） | 非平稳 | $d\ln ev_{it}$ | －4.558（0.0002） | 平稳 |

从单位根检验结果可知，各变量在一阶差分后不存在单位根，为平稳时间序列。如果它们之间存在协整关系，则判定各变量之间存在长期稳定关系，可以进行回归分析。利用Stata软件对模型（3－10）进行协整关系检验，检验结果如表3－4所示。由表可知，模型（3－10）在1%的置信水平上通过协整关系检验，即变量之间存在着长期均衡关系，可以进行多元回归分析。

**表3－4　*E－G*两步法协整检验结果**

| 残差ADF值 | 1%置信水平 | 5%置信水平 | 10%置信水平 |
|---|---|---|---|
| －5.298 | －3.750 | －3.000 | －2.630 |
| P值0.0001 | | | |

利用Stata软件对模型（3－10）进行回归分析，得到的回归结果如表3－5所示。

表 3-5 中国造纸及纸制品贸易对就业影响估计结果

| | | 被解释变量 $\ln emp_{it}$ |
|---|---|---|
| 解释变量 | 回归系数 | P 值 |
| $\ln wage_{it}$ | -0.319063 | 0.039** |
| $\ln y_{it}$ | 0.430426 | 0.010*** |
| $\ln imp_{it}$ | -0.480504 | 0.052* |
| $\ln ev_{it}$ | 0.328245 | 0.028** |
| _cons | 7.602452 | 0.034** |
| $R^2$ | 0.8275 | — |
| 调整 $R^2$ | 0.7805 | — |
| F 统计量 | 43.9419 | 0.0002 |

注：*** 表示 0.01 水平下显著，** 表示 0.05 水平下显著，* 表示 0.1 水平下显著。

从表 3-5 估计结果可以看出，模型运行结果 $R^2$ 为 0.8275，调整后的 $R^2$ 为 0.7805，说明劳动力就业影响因素模型（3-10）的拟合程度较好，$F$ 统计量值为 43.9419，$Prob>F=0.0002$，说明该方程显著。模型的 $DW$ 值为 1.1058，表明模型（3-10）中各个解释变量之间相关性较小，模型不存在自相关问题。工资（$wage$）、增加值出口（$ev$）在 5% 的置信水平上通过了 $t$ 统计量检验，生产总值（$y$）在 1% 的置信水平上通过了 $t$ 统计量检验，进口额（$imp$）在 10% 的置信水平上通过了 $t$ 统计量检验，表明上述四个变量在劳动力就业的影响模型中显著。

具体来看，中国造纸及纸制品增加值出口贸易（$ev$）与行业劳动力就业水平（$emp$）存在显著的正向相关关系，也即表明出口贸易对行业劳动力就业有积极的促进作用。出口贸易能够促进企业扩大生产规模，进而增加就业。增加值出口额对就业的回归系数为 0.328245，表明中国造纸及纸制品增加值出口贸易每增长 1 个百分点，可以带动行业就业提高 0.328245 个百分点。进口额（$imp$）对就业的回归系数为 -0.480504，表明中国造纸及纸制品进口贸易对行业劳动力就业产生了消极影响，不利于扩大劳动力就业。这主要是因为进口贸易会对国内同种产品生产产生替代效应，对国内同种产品的需求减少，进而企业的生产规模及投资规模等受到一定的影响，对劳动力的需求降低，引起行业就业水平下降。行业总产出对就业的回归系数为 0.430426，表明行业总产出对就业有着积极的促进作用，产出增多，对劳动力需求量增大，就业岗位增多，促进就业水平的提高。工资（$wage$）对就业的回归系数为 -0.319063，即工资水平对就业产生了负面影响，这是因为在当前中国劳动力成本不断上升的情况下，从企业生产成本角度来讲，工资水平不断上升，企业的生产成本在逐步增加。企业在面临较高的劳动力成本时，会考虑通过对其他生产要素如资本要素等的投入来代替劳动力要素，对劳动力的需求降低，从而引起就业水平的下降。

## 五、小结与启示

本部分对全球价值链分工下国际贸易利益分配理论及衡量方法的研究，对中国造纸及纸制品静态贸易利益与动态贸易利益的测算与分析，就影响贸易利益的主要因素进行了实证分析，得出以下启示：

第一，充分发挥和提升劳动力比较优势。根据新古典贸易理论，要素禀赋优势作为贸易利益的重要来源之一，如果贸易参与国能够按照各自的要素禀赋优势参与全球价值链分工并进行国际交换，那么贸易双方都能够从中获取贸易收益。造纸业虽然是典型的资金密集型产业，但在制造业分类上仍然属于传统的劳动密集型产业。由于进入造纸行业的壁垒较低，中国造纸及纸制品出口产品仍然以低档次、低附加值率的产品为主，这类产品一般采用粗放式的生产经营方式，技术含量低，生产工艺和设备等比较落后，主要依靠劳动力比较优势。尽管这类劳动密集型产品的贸易附加值率比较低，但是通过静态贸易利益测算发现，保持这种劳动力密集型产品生产有助于在贸易中持续获利，同时通过动态贸易利益测算也可以发现，增加值出口对劳动力就业的提高有着较大的推动作用，可以促进一国经济的增长。

第二，引导产业集聚，发挥规模经济效应。在全球价值链分工过程中，规模经济效应对贸易利益分配的影响较为显著，是贸易利益的重要来源之一。近年来，中国造纸及纸制品产业虽然发展迅速，但是由于进入壁垒较低，整体而言行业平均规模偏小，行业集中程度较低，不利于发挥类似生产环节集聚产生的外部规模经济效应。根据《中国工业经济统计年鉴（2015）》，中国造纸及纸制品的大中型造纸及纸制品企业只有 995 家，只占全部企业总数的 10.79% 左右。对比世界发达国家造纸业来看，中国造纸及纸制品产业应该尽快整合资源，提高产业集中度，改变目前的小规模分散式经营模式，通过企业兼并重组等方式组成大型集团公司，实施规模化经营，提高企业的规模经济效应，从而增强国际竞争力，促进贸易利益的提升。

第三，调整贸易方式，积极参与全球价值链分工。当前世界造纸业生产和贸易的中心正由欧美发达国家向亚太、拉美等国家和地区转移，全球造纸业已经形成了欧洲、北美和亚太三大中心。随着亚太地区经济的飞速发展，造纸及纸制品生产和消费呈现旺盛的增长态势，亚太地区已经成为全球造纸及纸制品产业发展的引擎，中国应当充分抓住当前全球造纸业转型机遇，调整贸易方式，积极参与全球造纸及纸制品价值链分工，实现由价值链低端向价值链高端位置攀升，促进贸易利益由量的扩张转向质的提升，更加注重通过参与价值链分工带来的技术进步、制度变革等动态贸易利益。为此应该加大造纸科技与资金投入力度，提高企业的自主创新能力，积极参与垂直专业化分工以促进产业结构升级，提升产业贸易获利能力，并通过产业的整体技术溢出效应和产业关联效应带动其他企业发展，促进整个产业在价值链上的全面升级，获取更多的贸易利益。

## 第三节　全球价值链下中国木材产业隐含碳排放分析

木材产业中的造纸业是污染型行业，而造纸厂最大的污染是废气污染。根据已有研究，造纸业出口隐含碳约占中国造纸产业碳排放总额的20%（陈建铃等，2016）。通过出口隐含碳的计算能够较好地掌握中国造纸业在全球价值链中的碳排放情况，因此，本节采用投入产出法，从造纸业生产的能源消耗和生产过程两方面，采用投入产出表计算造纸业生产的隐含碳排放系数。由于只考虑中国的造纸业生产产生的隐含碳排放，所以只计算直接碳排放系数，上游国家产生的间接碳排放量没有进行考虑。隐含碳排放主要是对产品全过程的直接和间接碳排放进行追踪，但现实中的测算则主要集中在能源消耗层面，生产过程的考虑较少。

### 一、测算方法：MRIO 模型

现阶段，对于进出口商品隐含碳量的常用测算方式有两类，分别为生命周期评价法（Life－cycle Assessment Framework）和投入产出模型，它们的本质差别就是测算流程的不同，前者是自下而上进行测算，而后者却恰恰相反。前者是对产品从出生到死亡、从生产到废弃的每个环节都进行综合性评价的一种定量办法（简称 ISO）。然而，使用这种方法时的条件要求较高，数据必须高度完整，因此在整个生产流程中，对材料所需要的数据进行收集，操作难度较高，在这种情况下，难以核算碳排放量，不具有实用性。而投入产出模型则对数据的要求更为宽松，为此，我国对于商品进出口交易的隐含碳排放量基本都选用该模型进行测算。该模型以某国的投入产出表为基础，分析较为全面，运算结果也具有很高的可信度，是现阶段最为常用的一种测算商品进出口隐含碳排放量的手段。

根据测算的范畴，投入产出模型可以分为多区域和单区域两类。前者对某国的进口隐含碳进行测算时会考虑进口源头的因素，也就是说会将国内商品与不同来源的进口商进行技术等级的划分。但是，卢平平和龚唯平（2015）认为由于数据的采集、相关系数等具有很大的不确定性，所测算的最终结果的可信度和稳定性也大大降低。后者以不同国家编制好的投入产出表为基础，对某国的商品出口隐含碳进行测算，数据便于获得，测算过程较为简单，是国内学者季春艺和杨红强（2011）主要采用的商品出口隐含碳测算方式。朱启荣（2010）、赵玉焕和刘月（2011）以是否有竞争性假设为区分，将其具体实现过程分为基于竞争性假设和非基于竞争性假设两类。当前，商品加工的全球化程度更加深入，该模型对于进口中间商品影响的忽略必然会使得其运算结果的准确性降低。对国内造纸业而言，Su 和 Wang（2013）认为很大程度依靠原料的进口，该模型所测算的商品出口隐含碳值会偏高。因此，对于国内造纸业进出口贸易隐含碳排放的测算应将进口细分为中间品和最终商品，并加入到运算中，进一步提升测算结果的准确度。

本书采用消费碳排放视角，利用国际投入产出表、国家间中间产品和最终产品贸易等更多数据，依据各个国家的投入产出表和国际贸易数据建立相应的数据库，有利于从全球视角全面了解每个国家的温室气体排放。另外，建立以消费者责任为基础的温室气体排放目录还可以帮助解决目前国际气候政策的问题，尤其体现在提高发展中国家参与减排的意愿、减少碳泄漏、解决竞争力等问题上，有利于形成低碳产品的比较优势，促进清洁技术转移。

**表 3-6 单区域非竞争投入产出表的基本结构**

| 产出<br>投入 | | | 中间使用 | 最终使用 | | | | 总产出或进口 |
|---|---|---|---|---|---|---|---|---|
| | | | 部门 | 最终消费 | 资本形成 | 出口 | 合计 | |
| 中间投入 | 国内产品 | 部门 | $A^dX$ | $C^d$ | $K^d$ | $EX^d$ | $Y^d$ | $X$ |
| | 进口产品 | 部门 | $A^mX$ | $C^m$ | $K^m$ | 0 | $Y^m$ | $M$ |
| 增加值 | | | $V$ | | | | | |
| 总投入 | | | $X$ | | | | | |

（一）两个国家的情形

假设有两个国家（$s$，$r$），其加工制造的商品既可作为中间品出口也可直接消费；任何国家都可以和其他国家进行中间品和最终商品交易。可将公式（3-11）设为：

$$X_s = A_{ss}X_s + Y_{ss} + A_{sr}X_r + Y_{sr} \qquad s,\ r = 1,\ 2 \tag{3-11}$$

其中，$s$ 国出口总额用$X_s$表示，$s$ 国的本国投入产出系数矩阵用$A_{ss}$表示，该国将生产的产品出口到 $r$ 国时，这个过程中间的投入系数矩阵用$A_{sr}$表示，$s$ 国将生产的商品被本国吸收部分用$Y_{ss}$表示，$s$ 国将本国生产出口到 $r$，并由 $r$ 国消费的最终商品用$Y_{sr}$表示。综上，我们可以用以下矩阵平衡关系来概括表中经济关系。

$$X = A^{d}X + Y^{d} \tag{3-12}$$

式（3－12）矩阵可以写成：

$$\begin{bmatrix} X_s \\ X_r \end{bmatrix} = \begin{bmatrix} A_{ss} & A_{sr} \\ A_{rs} & A_{rr} \end{bmatrix}\begin{bmatrix} X_s \\ X_r \end{bmatrix} + \begin{bmatrix} Y_{ss} + Y_{sr} \\ Y_{rs} + Y_{rr} \end{bmatrix} \tag{3-13}$$

式（3－13）还可以写成：

$$\begin{bmatrix} X_s \\ X_r \end{bmatrix} = \begin{bmatrix} 1 - A_{ss} & -A_{sr} \\ -A_{rs} & 1 - A_{rr} \end{bmatrix} + \begin{bmatrix} Y_{ss} + Y_{sr} \\ Y_{rs} + Y_{rr} \end{bmatrix} = \begin{bmatrix} B_{ss} & B_{sr} \\ B_{rs} & B_{rr} \end{bmatrix} \tag{3-14}$$

式中，存在着一个相当关键的矩阵：$(I - Ad)^{-1}$为里昂惕夫逆矩阵，表示为完全消耗矩阵。由于每个国家有 2 个部门，其中子矩阵 $A^{d} = x_{ij}^{d}/x_{j}$ 是由本国各部门 $i$ 生产投入到本国部门 $j$ 的中间品与总产出相除所得，为本国中间投入品的直接消耗矩阵，可以写成对角矩阵形式：

$$\hat{A} = \begin{bmatrix} A_s^1 & 0 & 0 & 0 \\ 0 & A_s^2 & 0 & 0 \\ 0 & 0 & A_r^1 & 0 \\ 0 & 0 & 0 & A_r^2 \end{bmatrix} \tag{3-15}$$

则两个国家两个部门情形下的完全碳排放系数可以表示为：

$$\hat{A}B\,\hat{Y} = \begin{bmatrix} A_s^1 & 0 & 0 & 0 \\ 0 & A_s^2 & 0 & 0 \\ 0 & 0 & A_r^1 & 0 \\ 0 & 0 & 0 & A_r^2 \end{bmatrix} \begin{bmatrix} B_{ss}^{11} & B_{ss}^{12} & B_{sr}^{11} & B_{sr}^{12} \\ B_{ss}^{21} & B_{ss}^{22} & B_{sr}^{21} & B_{sr}^{22} \\ B_{rs}^{11} & B_{rs}^{12} & B_{rr}^{11} & B_{rr}^{12} \\ B_{rs}^{21} & B_{rs}^{22} & B_{rr}^{21} & B_{rr}^{22} \end{bmatrix} \begin{bmatrix} Y_s^1 & 0 & 0 & 0 \\ 0 & Y_s^2 & 0 & 0 \\ 0 & 0 & Y_r^1 & 0 \\ 0 & 0 & 0 & Y_r^2 \end{bmatrix}$$

$$= \begin{bmatrix} A_s^1 B_{ss}^{11} Y_s^1 & A_s^1 B_{ss}^{12} Y_s^2 & A_s^1 B_{sr}^{11} Y_r^1 & A_s^1 B_{sr}^{12} Y_s^2 \\ A_s^2 B_{ss}^{21} Y_s^1 & A_s^2 B_{ss}^{22} Y_s^2 & A_s^2 B_{sr}^{21} Y_s^1 & A_s^2 B_{ss}^{22} Y_r^2 \\ A_r^1 B_{rs}^{11} Y_s^1 & A_r^1 B_{rs}^{12} Y_s^2 & A_r^1 B_{rr}^{11} Y_s^1 & A_r^1 B_{rr}^{12} Y_r^2 \\ A_r^2 B_{rs}^{21} Y_s^1 & A_r^2 B_{rs}^{22} Y_s^2 & A_r^2 B_{rr}^{21} Y_r^1 & A_r^2 B_{rr}^{22} Y_s^2 \end{bmatrix} \tag{3-16}$$

（二）多国家多部门的情形

假设存在 $G$ 个国家，每个国家有 $N$ 个部门，则完全碳排放系数为：

$$\hat{A}B\,\hat{Y} = \begin{bmatrix} \hat{A}^1 & 0 & \cdots & 0 \\ 0 & \hat{A}^2 & \cdots & 0 \\ \vdots & \vdots & \ddots & 0 \\ 0 & 0 & \cdots & \hat{A}^G \end{bmatrix} \begin{bmatrix} B^{11} & B^{12} & \cdots & B^{1R} \\ B^{21} & B^{22} & \cdots & B^{2R} \\ \vdots & \vdots & \ddots & \vdots \\ B^{G1} & B^{G2} & \cdots & B^{GR} \end{bmatrix} \begin{bmatrix} Y^{11} & Y^{12} & \cdots & Y^{1G} \\ Y^{21} & Y^{22} & \cdots & Y^{2G} \\ \vdots & \vdots & \ddots & 0 \\ Y^{G1} & Y^{G2} & \cdots & Y^{GG} \end{bmatrix}$$

$$
= \begin{bmatrix} \hat{A}^1 \sum_R^G B^{1R} Y^{R1} & \hat{A}^1 \sum_R^G B^{1R} Y^{R2} & \cdots & \hat{A}^1 \sum_R^G B^{1R} Y^{RG} \\ \hat{A}^2 \sum_R^G B^{2R} Y^{R1} & \hat{A}^2 \sum_R^G B^{2R} Y^{R2} & \cdots & \hat{A}^2 \sum_R^G B^{2R} Y^{RG} \\ \vdots & \vdots & \ddots & \vdots \\ \hat{A}^G \sum_R^G B^{GR} Y^{R1} & \hat{A}^G \sum_R^G B^{GR} Y^{R2} & \cdots & \hat{A}^1 \sum_R^G B^{GR} Y^{RG} \end{bmatrix} \quad (3-17)
$$

有 $G$ 个国家，每个国家有 $N$ 个部门，此时完全碳排放主要是指：在式（3－17）中，将任意横行加起来，代表一个国家下属部门在生产中产生的碳排放，其中，每个元素都清晰显示出一个国家碳排放的具体情况，也就是本国生产时产生的碳排放最终由一个或一些国家及其所属部门消费；纵向加起来代表一个国家某个部门的碳排放消费情况。此外，还要分析对角线上的元素，这些元素代表本国的部门生产时的碳排放，但被自身所消费，也就是国内碳排放，横向的非对角线代表国外消费过程中引起本国的碳排放，也就是“国外消费的本国隐含碳”，包括中间品与最终品出口两个部分，结合式（3－12）可以将两个经济体的双边贸易中，出口隐含碳排放量$EXC_r$写成：

$$
EXC_r = C_r(\sum_{s \neq r} A^{rs} X^j) + C_r \sum_{s \neq r} Y^{rs} \quad (3-18)
$$

式中，$C_r(\sum_{s \neq r} A^{rs} X^j)$为中间品出口隐含碳，$C_r \sum_{s \neq r} Y^{rs}$ 为最终品出口隐含碳。

进口贸易隐含碳为：

$$
IXC_r = \sum_{s=1,s\neq r}^{41} c_s IM_{rs} = \sum_{s=1,s\neq r}^{41} c_s A^x{}_{rs} s + \sum_{s=1,s\neq r}^{41} c_s Y_{rs} \quad (3-19)
$$

式中，$\sum_{s=1,s\neq r}^{41} c_s A^x{}_{rs} s$为进口中间产品隐含碳，$\sum_{s=1,s\neq r}^{41} c_s Y_{rs}$为进口最终产品隐含碳。$c_s$为出口国 $s$ 完全碳排放系数向量，$IM_{rs}$为经济体 $r$ 从经济体 $s$ 各行业的进口贸易额，$A_{rs}$为进口来源经济体 $s$ 的国内直接消耗系数矩阵。结合式（3－18）、式（3－19）可得 $r$ 经济体的贸易碳平衡计算公式为：

$$
BEET_r = EXC_r - IMC_r \quad (3-20)
$$

假设$BEET_r>0$，则代表 $r$ 经济体的进、出口贸易相比，后者的隐含碳大于前者，证明进出口商品时，隐含碳赤字，表示隐含碳出现“顺差”，即参与全球价值链对 $r$ 经济体的碳排放降低起着负面作用；反之，表示 $r$ 经济体的商品出口隐含碳比进口的低，就表示进出口商品时隐含碳盈余，证明隐含碳出现“逆差”，即参与全球价值链时，可以对 $r$ 经济体减少碳排放起到有效的作用。

（三）污染贸易条件测算模型

Antweiler（1996）首次提出污染贸易条件（Polution Terms of Trade，PTT），主要是指某个经济主体的单位价值出口和进口这两种隐含碳排放之间的比值，体现出该主体在贸易隐含碳排放中是否拥有竞争优势的对应指标。公式及计算过程如下：

$$PTT_r = \frac{EXC_r / \sum EX^r}{IMC_r / \sum IM^r} \tag{3-21}$$

本书用 $PTT_r$ 代表贸易隐含碳条件，当 $PTT_r > 1$ 时，说明 $r$ 的单位商品出口隐含碳排放比进口的值大，通过商品出口实现了更多的碳排放转移；当 $PTT_r < 1$ 时，说明 $r$ 的单位商品出口隐含碳排放量比进口的值小，将接受更多的碳输入。

## 二、数据来源与说明

本部分测算中国造纸产业贸易隐含碳排放量所用到的造纸业总产值、出口贸易额全部源于欧盟历时3年研发的国家间投入产出数据库（WIOD）的国家投入产出表（National Input – Output Tables）子数据库。最新版的WIOD数据库更新于2016年，其中包括43个国家的世界投入产出表和基本数据，以及2000~2014年世界其他地区的模式，对56个行业的数据根据国际标准工业分类修订版4（ISIC Rev. 4）进行分类，2019年8月，WIOD数据库新增了欧盟委员会联合研究中心（Joint Research Centre of The European Commission）发布的2000~2016年工业和国家能源使用和二氧化碳排放有效数据，与世界发展组织（WIOD）2016年发布的数据完全一致。该数据库可以准确有效地分析各国各产业的贸易隐含碳排放量，并且具有三个要点：一是国家间投入产出表中的数据是以百万美元表示，不同货币的转换按市场汇率，其中的经济交易都是以基本价格计算的，能够更好地表示生产技术结构，这种价格概念适合很多应用，国际贸易流量是采用FOB（Free On Board）表示。二是时间序列的数据表专门用于跟踪随时间变化的增长，以产出、附加值、贸易和消费的国民账户数据为标准。三是根据统计机构官方公布的可得数据建立起来，保证了数据的高质量，其中社会经济附属账户提供了针对某一产品的贸易、运输、服务、劳动报酬等相关数据。造纸业作为数据库中独立的投入产出部门，行业编码为C17、C18，包含纸浆、纸、纸张、印刷和出版等产品。

## 三、中国造纸产业贸易碳排放的测算结果

观察表3-7中 $CO_2$ 排放系数的变动情况可知，国内造纸产业在2000~2015年的碳排放系数呈现下降趋势，先快后慢，出现这种现象主要是因为：将一些落后的产能进行了淘汰、生产过程中节省了在产品、利用资源的效率较高以及使用更多的清洁能源等。

表 3-7 中国造纸产业 $CO_2$ 排放系数

| 年份 | 完全碳排放系数 | 直接碳排放系数 | 完全碳排放系数与直接碳排放系数比值 |
|---|---|---|---|
| 2000 | 2.21 | 0.46 | 4.77 |
| 2001 | 2.04 | 0.44 | 4.62 |
| 2002 | 2.01 | 0.44 | 4.60 |
| 2003 | 2.05 | 0.37 | 5.62 |
| 2004 | 2.06 | 0.40 | 5.19 |
| 2005 | 2.00 | 0.38 | 5.29 |
| 2006 | 1.80 | 0.35 | 5.21 |
| 2007 | 1.62 | 0.32 | 5.13 |
| 2008 | 1.44 | 0.32 | 4.48 |
| 2009 | 1.47 | 0.31 | 4.69 |
| 2010 | 1.34 | 0.30 | 4.43 |
| 2011 | 0.93 | 0.26 | 3.59 |
| 2012 | 0.85 | 0.22 | 3.96 |
| 2013 | 0.79 | 0.18 | 4.32 |
| 2014 | 0.77 | 0.14 | 5.43 |
| 2015 | 0.76 | 0.13 | 5.74 |

在造纸产业中，完全 $CO_2$ 排放和直接 $CO_2$ 排放之间在系数对比上，前者高于后者，在 2003 年，倍数为 5.62，和 2000 年相比，高出 0.85 倍，代表了造纸产业在使用自有材料的同时，越发依赖其他能源（木材以及电力等），间接增加其他行业中隐含的二氧化碳排放量；从 2004 年开始，完全 $CO_2$ 排放和直接 $CO_2$ 排放之间在系数的倍数上明显减少，这和当年前者下降幅度高于后者的下降幅度有关。

造纸产业的环境贸易污染隐含条件 PTT 如图 3-2 所示，2000~2015 年 PTT 数值均大于 1，说明中国造纸产业的单位出口贸易隐含碳大于进口贸易隐含碳，纸制品的出口带来了高碳排放量，给国内造成了较多的环境污染。2000~2005 年污染贸易条件呈现先下降后增长的态势，2005 年后呈现稳定下降的态势，说明中国造纸产业的单位出口贸易隐含碳与进口隐含碳的比值在逐步缩小，纸制品出口更加清洁，竞争优势在逐渐增强。

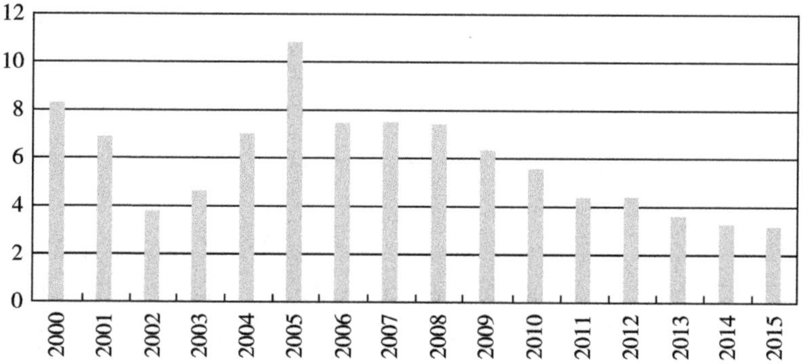


**图3－2　中国造纸产业污染贸易条件（PTT）**

利用多国多部门的投入产出模型，可计算得到2000～2015年我国造纸产业出口贸易隐含碳排放量，如图3－3所示。

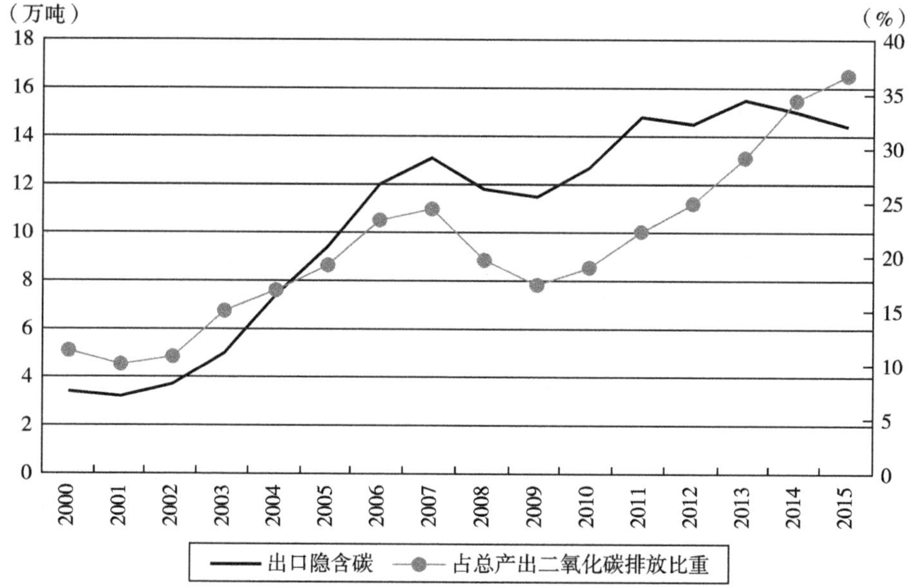


**图3－3　中国造纸产业出口隐含碳及占总产出 $CO_2$ 排放比重**

从出口贸易隐含碳总量来看，中国在2000～2007年，出口贸易隐含碳排放量呈现高速增长态势，年均增长率为25%，由2000年的3.4万吨上升到2007年的13.1万吨，究其原因在于，2001年我国加入WTO，贸易规模和数量的扩大导致中国造纸产业的出口隐含碳随之增加，2007~2009年中国造纸产业出口贸易隐含碳排放量出现短暂的下降，这是因为我国大力推进林纸一体化改革，其间大量造纸技术专利和生产技术涌现，我国造纸产业对能源的消耗以及二氧化碳和污水的排放量有所下降。另外，受世界经济危机的影响，2008年的商品出口量大幅下降，贸易隐含碳随之被动减少；2009~2011年碳排放量有所增加，2011~2015年处于小幅度的波动变化。

从中国造纸产业出口贸易隐含碳占造纸产业总产出$CO_2$排放总量比重来看，2000~2015年占比从11%增长到36%，2007~2009年出口贸易隐含碳比值有所下降，与出口隐含碳变动趋势一致，虽然中国造纸产业制造的大部分产品被用于满足国内需求，但是由其他进口国引起的我国造纸产业的$CO_2$排放量在逐渐增加。

2005~2015年世界各国造纸产业出口隐含碳排放量，如图3-4所示。

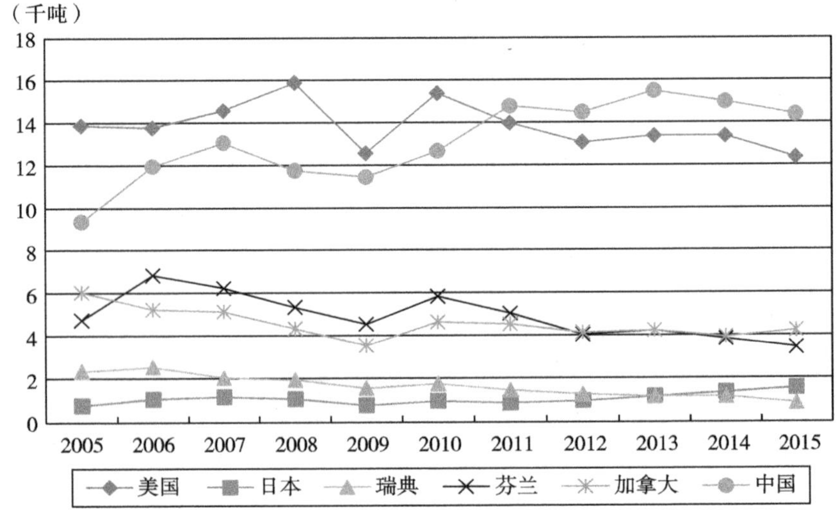


**图3-4 世界造纸产业较发达国家出口贸易隐含碳排放量**

美国和中国为造纸产业出口贸易隐含碳排放量最大的两个国家，且碳排放数量远超其他造纸强国。截止到2015年，中国造纸产业的出口贸易隐含碳排放量位居世界第一，以2011年为节点，2011年之前，美国为造纸产业出口贸易隐含碳排放最多的国家，2009年受世界经济危机的影响，碳排放量大幅下降，2011年恢复贸易体量后，出口隐含碳呈现出平稳下降的趋势，当年中国造纸产业的出口贸易隐含碳排放量超过1.4万吨，成为世界上造纸产业碳排放量最多的国家。由图3-4可以看出，中、美两国的碳排放量大幅度超越日本、瑞典、芬兰、加拿大等造纸技术较为先进的发达国家。结合前文计算的 GVC 地位指数来看，中国造纸产业 GVC 地位指数位列世界第三，仅次于美国、日本，但是出口贸易隐含碳排放量却最大，说明我国造纸产业具有高污染、高耗能的特点，我国应向日本造纸产业学习，调整产业结构，发展低碳生产技术。

由于经济发展的拉动作用，中国造纸产业稳步增长，同时由中国木材、纸、纸制品、印刷与出版这一部门的全球价值链指数的变化可以看出，中国造纸业在全球价值链的地位是逐年攀升的，结合隐含碳系数的变化可以发现，造纸业在全球价值链中地位越高，每一单位的出口额造成 $CO_2$ 排放量越少。

通过流程升级和产品升级，实现低碳突破性创新，提高中国在全球价值链中的地位。未来世界各国势必以“低碳经济”模式为发展目标，在经济发展模式的转变中率先占据优势地位的国家将凭借低碳竞争力在全球价值链中处于上游地位。中国应摆脱低端的劳动和资源密集型产业，推动中国木材产业升级成为技术密集型和资源节约型产业，从而提高中国木材产业在全球价值链中的地位。中国应加大研发投入，引导本土企业到国外市场开展投资并购，构建以中国本土木材企业为主导的全球价值链，占据位于上游的非生产环节，以降低全球价值链分工对中国环境质量的影响。中国应积极促进碳排放系数较高的全球价值链升级到碳排放系数较低的绿色全球价值链，以改善造纸业的碳排放对环境的污染。同时，进一步建立健全环境保护税制体系，有关企业应认真履行纳税义务。《中华人民共和国环境保护税法》于 2016 年 12 月 25 日经全国人大常委会审议通过，于 2018 年 1 月 1 日起施行。国家现依照该法规定征收环境保护税，不再征收排污费。国家应在该税种的实施过程中及时发现问题并进一步建立健全环境保护税制，加大监督力度，绝不允许出现偷税漏税的行为，同时应该对某些积极减排的企业给予奖励。作为企业，应当积极配合税务部门，认真履行纳税义务，承担环保税负责任，并努力减少污染物的排放，发展绿色经济。

## 第四节　参与全球价值链对中国木材产业碳排放的影响分析

### 一、参与全球价值链对出口贸易碳排放的影响机理

本部分从全球价值链的角度出发，结合国际众多学者的研究，同时借鉴贸易对环境影响模型的科学思路，对一国造纸业出口商品隐含碳的影响条件和驱动机

制进行有效的评估。得出的结论是，某国家某行业在出口中的碳排放效应受其在全球价值链中的参与程度、生产并出口产品的规模、结构以及生产技术效率等因素影响。

（一）全球价值链效应

全球价值链效应（Global Value Chain Effect，GE）主要体现因全球价值链表现差异引起的碳排放量差异。部分发达国家由于其生产设备先进，能源和资源利用效率较高，且生产模式主要为技术和资金输出，因此不仅占据全球价值链的上游地位，贸易中的碳排放量也相对较少，而部分全球价值链后向参与度较高的发展中国家及以加工制造业为主的地区，由于生产技术水平较为落后，依靠消耗大量资源提升出口贸易规模，带动经济增长，以来料加工形成最终商品后留在本国使用或销往贸易伙伴国，因此，更多的贸易碳排放被留在本国内。可见，一国的全球价值链地位指数切实地影响了该国的贸易碳排放量。

（二）规模效应

规模效应（Scale Effect，SE）是指由出口值变化引发的生产资源、能源以及碳排放量的变化。如果某国的一个具体产业生产技术和水平总体偏低，位于全球价值链的下游部分，关键驱动力为劳动力和生产资源，进行的业务为组装和加工，一般情况下，出口规模扩大，资源能源和污染物随之增加；反之，则减少。因此，从全球价值链视角考虑，嵌入程度的加深，会促进经济规模的扩张，使得 $CO_2$ 排放量加剧。我国现阶段的很多产业靠消耗资源和大量的劳动力驱动，对外销售的商品以加工制造为主，在耗费大量物质资本的同时也会释放出大量的 $CO_2$，所以对外贸易的增加必然伴随碳排放的上升。造纸产业是一种最为显著的规模驱动型产业，在加工和制造形成最终商品的过程中需要耗费大量的能源，必须依靠规模化生产才能获得较高的收益。

（三）结构效应

结构效应（Composition Effect，CE）是指某个国家根据自身的优势，参与国际分工时，因为和其他国家之间在资源使用上存在差异，导致投入生产并且出口销售商品的结构以及要素比例均存在不同，因此消耗能源以及各类资源的数量也具有一定差异，碳排放量也随之变化，人力资源管理能力越高，使用能源的效率越大，技术能力越发达，投入要素时的结构更完善。

（四）技术效应

技术效应（Technique Effect，TE）是指某国借助对外出口来实现自身的技术升级，达到降低碳排放水平的目的，具体包括：一是对生产手段进行改变；二是降低高污染能源的使用；三是增加投入产出比例，最终使得生产单位产品所消耗的能源和排放的碳更少。一国制造业的整体技术水平是衡量国家实力的重要因素之一，如何提升整个行业的技术水平，是大部分发展中国家所要解决的主要问题之一。如果能够在全球价值链中占据某个关键的环节，则可以促进国内制造行业的技术升级，从而稳定经济发展，完善市场环境。这主要通过学习效应、溢出效应和倒逼效应三种途径发挥作用：一是学习效应，指出口贸易可以帮助国家积累生产经验，提升使用能源的效率，减少碳的排放数量，降低对环境的破坏。国家可以利用参加全球价值链的机会，将先进的生产技术以及理念引入国内，并在其基础上进行深入的学习，以高新技术作为基础，改变原有制造行业的结构，实现产业整体转型。企业可以学习或借鉴先进的低碳技术，获取质量好且价格便宜的生产材料，增强企业的竞争实力。二是中间技术外溢，指出口企业可以学习或借鉴国外先进的降低碳排放的技术。发展中国家可充分发挥模仿能力强的特点，以发达地区的技术手段为基础进行借鉴和改进，在持续的提升中找到符合自身实际的先进技术。国家资源在先进技术的推动下，以全球价值链作为平台可以提高使用以及开发的效率，国内经济也从单纯的经济增长转为知识技能的增长，促进了技术类产业的进步。但是还需要注意，技术快速的进步也会产生一些问题，主要是因为替代性的作用以及过于依赖效应，即碳的排放数量会出现增长，我国正处于全球价值链的最下端，也就是加工环节，因此必须要重视上述出现的问题。三是倒逼效应，指出口贸易的增加自然会促进经济有效的增长，大众收入水平随之提升，对环保的意识以及相关产品的需求也在增加，有人需要就有市场，因此会加大环保产品的研发和生产投入，从而使碳的排放数量得到降低。

## 二、模型的构建

本部分在研究我国嵌入全球价值链程度与碳排放的关系时，根据 Copeland - Taylor 研究国际贸易与环境污染之间联系所用模型，基于全球化视角在已经推导出模型的基础上加入全球价值链因素，建立造纸产业碳排放影响因素模型，借此探讨我国造纸产业嵌入全球价值链程度对贸易隐含碳排放的影响。综上将面板模型设定为：

$$\ln C_{it} = \beta_0 + \beta_1 \ln GVC_{it} + \beta_2 \ln SE_{it} + \beta_3 \ln CE_{it} + \beta_4 \ln TE_{it} + \varepsilon_{it} \quad (3-22)$$

式中：$C$ 是被解释变量，为世界各国纸制品和印刷行业出口贸易隐含碳排放总量，$i$ 为国家，$t$ 为年份，$\ln GVC_{it}$ 为全球价值链效应，$\ln SE_{it}$ 为造纸产业出口隐含碳排放的规模效应，用造纸产业的增加值衡量；$\ln CE_{it}$ 为造纸产业出口隐含碳排放的结构效应，用造纸产业的资本劳动报酬比表示；$\ln TE_{it}$ 为造纸产业出口隐含碳排放的技术效应，用单位产值的能源消耗表示；$\varepsilon_{it}$ 为随机扰动项；$\beta_0$、$\beta_1$、…、$\beta_4$ 为待估计系数。

全球价值链效应（GE）：用上文计算得出的世界各国造纸产业全球价值链地

位指数表示，该指数反映的前向参与与后向参与程度的对比情况，是一国某产业分工地位的体现。本部分选取了纸制品和印刷产业产量、出口量较大的主要贸易国共计 24 个。

贸易规模效应的衡量（SE）：基于王直等（2015）对增加值贸易的计算方法的研究，在衡量中国造纸产业贸易规模时仅将本国的生产服务活动与出口贸易隐含碳排放量关联，将被国外吸收的国内增加值与本国出口总额中的进口中间品成分和重复计算部分分割，仅用前者即被国外吸收的国内增加值作为衡量贸易规模的标准。

产品结构效应的衡量（CE）：结构效应用行业的资本报酬与劳动报酬之比表示。

技术效应的衡量（TE）：用单位产值的能源消耗碳排放强度表示，即“各国造纸行业出口贸易隐含碳排放与出口总额之比”来反映。

## 三、数据的来源及处理

在数据来源上，使用经济合作与发展组织（OECD）在 2018 年 12 月发布的增加值贸易数据库（TiVA），这里介绍的 TiVA 数据库包含一系列主要指标，用于跟踪 2005～2015 年出口、进口和最终需求增加值的来源。出口贸易隐含碳部分数据使用 OECD 在 2019 年 4 月最新发布的国际贸易中的 $CO_2$ 排放量数据库，该数据库由经合组织国家间投入产出（ICIO）数据库中燃料燃烧产生的 $CO_2$ 排放量统计与行业相结合，可用于估算在全球价值链上任何位置上的隐含 $CO_2$ 排放量。2018 年最新版的增加值贸易数据库（TiVA）与 2019 年的国际贸易中的 $CO_2$ 排放量数据库涵盖 64 个经济体（包括所有经合组织国家，欧盟和 20 国集团国家以及大多数东亚和东南亚经济体）以及一些南美国家。根据第 4 版的“国际标准行业分类”，可以为一个等级内的 36 个行业提供指标，因而可以对全球主要贸易活动进行很好的刻画。

由于 WIOD 数据库和 TiVA 数据库均涵盖了 2005～2015 年的连续性数据，本部分从数据库中所涵盖的 64 个主要国家和地区中选取截止到 2016 年纸制品和印刷产业产量、出口量较大的主要贸易国共计 24 个，分别为奥地利、比利时、加拿大、智利、捷克、意大利、日本、韩国、荷兰、波兰、葡萄牙、芬兰、法国、德国、西班牙、瑞典、瑞士、英国、美国、巴西、中国、印度尼西亚、俄罗斯、南非；从 36 个行业中选取 D17T18（纸制品和印刷）行业。

表 3－8 为变量样本数据的描述性统计，表中单个变量的最大样本数为 264，从中可以看出，造纸产业出口贸易隐含碳排放量 BC 和规模效应 SE 两个变量的标准差较大，表明世界各国的纸制品和印刷行业的发展水平、进出口总量和出口

贸易隐含碳存在较大的差异，而全球价值链效应 GE、结构效应 CE 和技术效应 TE 三个变量的标准差都没超过 0.2，说明世界各国的纸制品和印刷行业在这段时间内全球价值链地位指数、结构效应和技术效应的发展总体上是比较平稳的。

**表 3-8 各变量的描述性统计分析**

| 变量 | 样本量 | 平均值 | 标准差 | 最小值 | 中位数 | 最大值 |
|---|---|---|---|---|---|---|
| BC | 264 | 192.460 | 393.304 | 11.300 | 76.650 | 2209.800 |
| GE | 264 | 0.102 | 0.101 | -0.127 | 0.117 | 0.379 |
| SE | 264 | 5325.531 | 5185.218 | 782.900 | 3533.850 | 27553.199 |
| CE | 264 | 0.023 | 0.025 | 0.004 | 0.015 | 0.132 |
| TE | 264 | 0.000 | 0.000 | 0.000 | 0.000 | 0.003 |

在回归分析前，先要确定各变量之间的相关性，本部分给出了两种相关性分析的结果，其中上三角矩阵表示的是斯皮尔曼（Spearman）相关系数，下三角矩阵表示的是皮尔逊（Pearson）相关系数，其中皮尔逊相关系数最常见，但是它只能刻画连续变量的相关性，并且要求数据服从正态分布，而实际过程中通常对数据总体分布是未知的，因此主要采用非参数检验的斯皮尔曼相关结果，皮尔逊仅仅作为参考。

相关系数矩阵的第一个作用：初步考察后续回归分析的因变量和自变量之间的关联程度。从表 3-9 中上三角矩阵可见，LnBC 和 lnSE 的斯皮尔曼相关系数为 0.299，说明在 0.01 水平下显著，BC 和 SE 存在正向的相关性，针对一个样本，规模效应的水平越高，隐含碳排放的水平也越高。同理：LnBC 和 GE、LnTE 的斯皮尔曼相关系数分别为 0.488、0.578，在 0.01 水平下显著，出口隐含碳和 GVC 地位指数、技术效应均存在正向的强相关性，针对一个样本，GE、TE 的水平越高，BC 的水平也越高。LnBC 和 LnCE 的斯皮尔曼相关系数为 -0.514，在 0.01 水平下显著，说明出口隐含碳和结构效应存在反向的相关性。本部分采用皮尔逊（Pearson）相关性检验法检验时，将相关系数 $r$ 的绝对值作为参照，以判断变量间相关性的大小：若有 $0<|r|\leq 0.2$，变量间极低相关；$0.2<|r|\leq 0.4$，变量间低度相关；$0.4<|r|\leq 0.7$，变量间中度相关；$0.7<|r|\leq 0.9$，变量间高度相关；$0.9<|r|\leq l$，变量间极高相关。通常情况下，$r$ 的绝对值不超过 0.7 即可进行回归分析。从表 3-9 中下三角矩阵可以看出，四个解释变量间的相关系数即 $r$ 的绝对值均未超过 0.7，表明四个变量间的独立性较好。

表 3－9　相关系数矩阵

| | LnBC | GE | LnSE | LnCE | LnTE |
|---|---|---|---|---|---|
| LnBC | 1 | 0.488 *** | 0.299 *** | －0.514 *** | 0.578 *** |
| GE | 0.416 *** | 1 | 0.397 *** | －0.000 | 0.397 *** |
| LnSE | 0.281 *** | 0.527 *** | 1 | 0.226 *** | －0.033 |
| LnCE | －0.232 *** | 0.059 | 0.166 *** | 1 | 0.047 |
| LnTE | 0.708 *** | 0.357 *** | －0.007 | －0.092 | 1 |

注：*** 表示 0.01 水平下显著，** 表示 0.05 水平下显著，* 表示 0.1 水平下显著。

相关系数矩阵的第二个作用：考察后续回归分析使用到的自变量（自变量可以划分为核心自变量和控制变量）之间是否存在多重共线性问题（若 A 包含的信息可以由 B 和 C 通过某种组合表示出来，那么就说明 A、B、C 存在共线性问题，会影响回归系数的估计结果，一般要进行规避）。自变量之间的相关系数没有超过 0.9 的高度相关性，说明自变量之间不存在非常明显的信息重叠问题，自变量选取较为合理。

为了更加严谨地考察多重共线性问题，使用 VIF 方差膨胀因子对各个自变量进行检验（见表 3－10），检验表明，各个自变量的 VIF 方差膨胀因子数值均明显小于 10，说明不存在明显的共线性问题，自变量选取合理。

表 3－10　VIF 方差膨胀因子检验

| Variable | VIF | 1/VIF |
|---|---|---|
| GE | 2.25 | 0.445342 |
| SE | 4.77 | 0.209741 |
| CE | 1.43 | 0.699969 |
| TE | 1.30 | 0.767009 |
| Mean VIF | 3.05 | |

## 四、模型回归与结果分析

本部分数据处理软件为 Stata 15.0，每个回归结果的变量均输出了 2 行，第一行表示偏回归系数，第二行表示检验统计量，用于判断回归系数的显著性，但是一般做回归分析时，不直接使用偏回归系数和检验统计量，而是直接使用 P 值。*** 表示 $P<0.01$，最显著；** 表示 $P<0.05$；* 表示 $P<0.1$；没有 * 则表示不显著，自变量对因变量没有显著的影响。

根据前文描述统计的结果，为了避免过大标准差对回归系数的估计产生影响，对所有正数变量（全球价值链效应 GE 除外，原因在于：其一，GE 包含负数值，其二，GE 的标准差较小）做了对数处理。这样做使得数值较大的变量（如出口贸易隐含碳排放量 BC、规模效应 DVA）缩放的幅度更加明显，而数值较小的变量（结构效应 CE 和技术效应 TE）缩放较小。另外，对数处理的优点在于避免了过大标准差的影响，也有利于缓解序列的异方差问题，从而改善回归系数显著性检验的结果。

回归模型的表达式如下：

$$LnBC = 1.0008 - 1.6713GE + 2.4385lnSE + 1.4101lnCE + 1.0005lnTE + e \tag{3-23}$$

表 3 - 11 中输出了 2 个结果，其中结果（1）是 OLS 普通最小二乘估计采用了普通标准误的结果，该结果建立在模型不存在明显的异方差和自相关问题的情况下；为了避免异方差和自相关问题对回归系数显著性检验产生影响，采用了结果（2）稳健标准误估计（稳健标准误下，显著性检验更加可靠）。

**表 3 - 11　模型回归结果**

| | 普通标准误 | 稳健标准误 |
|---|---|---|
| GE | -1.6713 *** <br> (-3.36) | -1.6713 *** <br> (-2.89) |
| lnSE | 2.4385 *** <br> (4.89) | 2.4385 *** <br> (4.22) |
| lnCE | 1.4101 *** <br> (2.86) | 1.4101 ** <br> (2.46) |
| lnTE | 1.0005 *** <br> (39.13) | 1.0005 *** <br> (37.43) |
| _ cons | 1.0008 *** <br> (2.61) | 1.0008 *** <br> (2.83) |
| N | 264 | 264 |
| R - Square | 0.9544 | 0.9544 |

注：*、**、*** 分别表示在 10%、5%、1% 的显著性水平下显著，括号内数值表示统计量 t 值。

从表 3 - 11 的回归结果可以看出回归系数。

全球价值链效应：GE 的回归系数为 -1.6713，在 0.01 水平下显著，由 GE 所表示的全球价值链效应与纸制品和印刷行业出口贸易隐含碳排放总量 BC 呈负相关，全球价值链效应每增加 1 个单位（1%），出口贸易隐含碳随之减少 1.6713%。说明纸制品和印刷行业属于资源密集型和劳动密集型行业，中国造纸产业嵌入全球价值链以及全球价值链效应的提升会降低造纸产业的出口隐含碳排放量。

规模效应：lnSE 的回归系数为 2.4385，在 0.01 水平下显著，由国外吸收的国内增加值（DVA）的规模效应与纸制品和印刷行业出口贸易隐含碳排放总量 BC 呈负相关，规模效应每增加 1 个单位（1%），出口贸易隐含碳随之增加 2.4385%。规模效应的回归系数最大，可见出口贸易规模的变化是牵动世界各国的纸制品和印刷行业出口隐含碳排放变化的重要因素，出口规模的增长拉动了贸易隐含碳的迅速增长。

结构效应：lnCE 的回归系数为 1.4101，在 0.01 水平下显著，由纸制品和印刷行业出口在总出口中的占比表示的结构效应与纸制品和印刷行业出口贸易隐含碳排放总量 BC 呈正相关，结构效应每增加 1 个单位（1%），出口贸易隐含碳随之增加 1.4101%。由此可见，结构效应对中国造纸产业出口隐含碳排放的增加起到一定的作用，随着资本和劳动报酬之比的提升，生产所需的能源和资本更多地被用于较为低端的生产加工环节。未来造纸产业仍需不断改进产业结构，转变污染密集型产业的发展模式，提升本国造纸产业竞争力。

技术效应：lnTE 的回归系数为 1.0005，在 0.01 水平下显著，由碳排放强度，即各国纸制品和印刷行业出口贸易隐含碳排放与出口总额之比所表示，结果显示技术效应与纸制品和印刷行业出口贸易隐含碳排放总量 BC 呈正相关，技术效应每增加 1 个单位（1%），出口贸易隐含碳随之增加 1.0005%。由于技术效应由行业出口贸易隐含碳排放量和出口总额两部分因素衡量，因此，造纸产业低碳化可以有效地减少该产业在出口贸易总额中所占的比例，可见生产工艺和效率的提升以及清洁化生产对碳减排尤为重要。

# 第四章　全球价值链中中国木材产业发展的影响因素分析

近年来，中国木材产业贸易持续发展，稳居世界木材产品加工与贸易第一大国的位置，贸易条件逐渐改善，贸易结构不断优化。但是中国木材产业在全球价值链中的地位及参与度不高，其原因在于中国仍处于价值链的下游位置，生产技术较为落后，产品附加值低。因此，需要通过产业转型升级，加大技术、资本投入，提高中国木材产品附加值，延长产业链，提高从业人员素质等方式为中国木材产业创造良好条件，促进中国木材产业在全球价值链下国际竞争力的提升。

根据黎峰（2015）的研究，一国在全球价值链中的地位，取决于该国对全球价值链的控制能力以及从产品出口中所能获得的增加值。增加值高低又有赖于国内要素投入结构，即各种要素投入的多寡以及对国内经济带动作用的大小。中国木材产业已经嵌入全球价值链，需要从全球价值链的治理入手实现产业升级，但现有研究大多就木材产业本身分析其升级与转型，忽视了木材产业升级的全球化背景，未能将中国木材产业聚焦在全球价值链上，也未考虑影响木材产业价值链地位提升的各种影响因素。

目前测度国际分工地位的指标各有利弊，很难完全准确地度量一国参与全球价值链的地位或者位置，而这些指标却从不同角度反映一国出口结构和产业结构；国内外学者对于影响因素的分析涉及技术创新、外商投资等多个方面。本章将比较全面地从竞争力、位置及贸易利益多个方面分析中国木材产业在全球价值链中地位的影响因素，分别进行实证分析。

# 第一节　全球价值链中木材产业发展影响因素的理论分析

## 一、瀑布效应和低端锁定效应

随着国际分工的不断深入，全球价值链（Global Value Chain，GVC）已成为世界经济的一大特征，木材产业已形成以全球林产品链为纽带的生产网络模式，俄罗斯、东南亚等国家或地区提供原材料，在中国加工成成品，再将大部分木材产品出口至欧美发达国家。发达国家拥有研发、技术等方面的比较优势，处于全球价值链的高端，而中国大多数林产品借助国外厂商品牌与销售渠道等方式间接进入国际市场。

这种分工是不平等的，产业链上存在一些具有系统集成能力的企业，它们一般是总部设在发达国家的跨国公司。这些企业紧紧把握价值链中最体现其核心竞争力（如核心技术、全球品牌等）的部分，而将能够标准化的价值链低端环节转移到具有比较优势的发展中国家去生产。发达国家掌握产业价值链的高端，被剥离、外包的是一系列非核心（Non - core）业务。在这种情况下，中国并非真正的“世界工厂”，只是“世界组装车间”。中国企业在这种情况之下面临战略的困局：第一，依托一般要素条件带来的比较优势，如低成本劳动力优势，会随着自身劳动力成本的上升和更低成本的国家加入到“加工”、“组装”环节的竞争逐渐失去。第二，发达国家的系统集成企业在不断提高市场的集中度，提高市场的进入门槛。这一方面，使得新兴市场国家的企业难以进入价值链核心环节；另一方面，高集中度又增加了对上下游的讨价还价能力，使得产业链利润更多地向自己转移。系统集成公司在产业集中方面的爆发式进步对产业结构产生了巨大的影响，这被称为瀑布效应（Cascade Effect）。在价值链的分工格局下，发展中国家的企业从事的是标准化的生产环节，而发达国家的企业（以跨国公司为代表）控制整个价值网络的演进方向。发达国家的企业成为产业链的集成者，通过瀑布效应控制整个产业链，完成利益的转移。发展中国家处于微笑曲线底端的企业不掌握终端的需求信息，也不掌握影响产业发展的核心技术，只是被动地参与全球分工，导致发展中国家的价值链被“俘获”，并被锁定于价值链的低端。

全球价值链对全球市场和经济生活进行了深刻的改造。经过多年发展后可以发现，市场往往并不能换来前沿、核心的技术。在众多产业领域中，中国企业沦为了跨国公司的代加工工厂，只能从事技术水平较低的生产制造或组装、原料加工，在价值链中只能获取整体利润的较少份额，而具有高附加值的功能环节（如研发、设计、售后等）被发达国家的跨国公司占据。一个商品的生产可以被分解为众多生产和加工环节，分散在全球不同的国家或地区完成。价值链不同环节所创造的附加值以及获得的“经济租”是不同的。靠近微笑曲线中间的环节在价值链中创造的附加值较低，对应着较低的“经济租”，靠近微笑曲线两端的环节在价值链中创造的附加值较高，因而获得了更多的“经济租”。低端锁定对于发展中国家及其所处全球价值链中低端的企业来说是十分沉重的发展枷锁，“除让领导企业赚取超额的收益外，还会严重压低本国以及企业核心竞争力的塑造，成为发达国家经济上的附庸”。重要的是，这种关系会受到市场的自发性加固。因此，低端锁定将严重压抑发展中国家产业链升级的动力，锁定其在全球价值链中的地位。

## 二、全球价值链中木材产业发展的博弈分析

中国木材产业增加值主要源于对进口中间品的再加工，且木材中间品出口多，产成品出口比例低。大进大出式的贸易模式使得木材产业处于全球价值链的中间，与上游原木出口国家和下游木材高技术精加工国家间相互贸易形成了以资源禀赋比较优势为基础的全球价值链系统。

全球林产品生产网络仍然由发达国家所主导，在这个新的国际分工体系中，很多发展中国家对这种分工的依附性更强。那么在嵌入全球价值链和不嵌入全球价值链的选择中，我们如何选择才能实现最大化利益？下面用博弈论展开分析。

在发达国家企业占据全球价值链主导地位的情况下，发展中国家企业作出自己是否参与全球价值链的决策。

发达国家企业与发展中国家企业在博弈时的策略有两种：合作与不合作。合作即双方通过谈判方式达成协议，然后一致行动；不合作即双方不能达成谈判协议。下面构造一个简单的博弈模型，假定全球价值链上有发达国家企业（player 1）和发展中国家企业（player 2），博弈分两阶段进行。在博弈的第一阶段，发达国家企业可以选择与发展中国家企业合作，也可以不与发展中国家企业合作。如果发达国家企业选择不合作，则交易过程结束，双方各得 0 单位的收益（Pay-off）；如果发达国家企业选择合作，则博弈进入第二阶段，由发展中国家企业进行决策。发展中国家企业可以选择合作，也可以选择不合作。如果发展中国家企业选择进入全球价值链或者被“俘获”，双方各得 4 个单位的收益；如果发展中国家企业不合作，则发达国家的企业得 -1 个单位的收益，发展中国家企业得 7 个单位的收益（见图 4-1）。

如图 4 -1 所示的博弈树中，括号中第一个数字代表发达国家企业的收益，第二个数字代表发展中国家企业的收益。

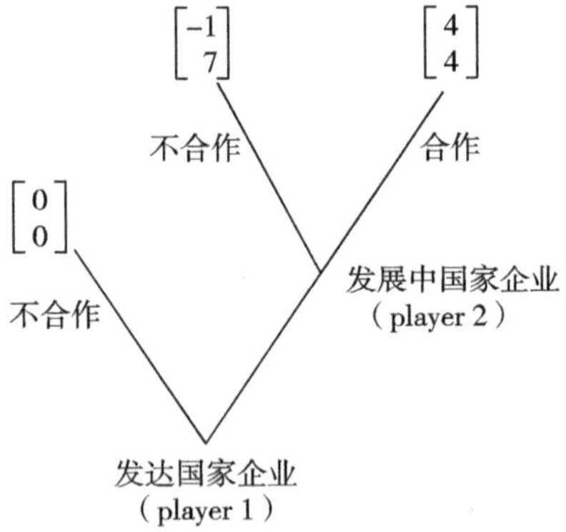


**图 4 -1　发展中国家企业是否参与全球价值链的博弈分析**

方框中的数字分别表示在合作与不合作的各种组合情况下的结果（Payoff）。首先，如果发达国家企业与发展中国家企业之间的交易只进行一次，并且现在双方具备的信息完全，依据博弈理论的经济人假设，双方都理性地从各自利益出发，那么发达国家企业与发展中国家企业均不会选择“合作，合作”的策略组合，而会选择“不合作，不合作”策略组合。因为发达国家企业选择合作时，发展中国家企业如果选择合作，得到 4 个单位的收入，选择不合作，得到 7 个单位的收入，所以理性的发展中国家企业的最优选择是不合作。回到博弈的第一阶段，如果发达国家的企业可以理性地预期发展中国家企业会选择不合作，发达国家企业选择不合作得 0 个单位的收益，选择合作得 -1 个单位的收益，所以发达国家企业的最优选择是不合作。纳什均衡是：发达国家的企业选择不合作，发展中国家的企业选择不合作。尽管这一策略组合是纳什均衡，但并未达到帕累托最优，这样的结果对双方都是不利的。显然，假设得出了与实际情况不符的结论。

在现实的全球价值链管理中应当修订上面的一些假设。假设经济人是有限理性，而且发达国家企业与发展中国家企业不可能完全了解对方信息。所以，不完全信息存在，博弈也由一次博弈变为无限重复博弈。如果博弈能够在发达国家企业与发展中国家企业之间反复进行，则双方的博弈结果大不相同。在无限次重复博弈中，每个参与者都要着眼长期，放弃短期的既得利益。因为长期合作中的利益可以克服谋取短期利益的动机。在激烈的市场竞争环境中，为占据主体的发达国家大企业提供服务是某些发展中国家企业获得稳定利润的来源。发展中国家企业往往愿意参与由发达国家的大企业主导的全球价值链，降低市场竞争的不确定性以及相应的市场风险，因此，参与国际大公司主导的全球价值链就成为发展中国家企业经营策略上的主要选择。在全球价值链上，发达国家企业与发展中国家企业之间相互协作相互依赖的程度越来越大。在长期的博弈中，双方都采取合作的策略相互协调，不仅有利于全球价值链管理效率的提高，也可以使参与全球价值链的双方长期利润最大化。所以，尽管短期双方仍然有利己的动机，但利己的行为方式表现得更加自律，双方会考虑长期的利益而采取相应的策略，即合作伙伴关系的战略同盟策略。这样可使“合作，合作”的纳什均衡得以实现。这时发展中国家企业经过与发达国家企业的博弈，双方就合作事宜达成一致，发展中国家企业进入由发达国家大企业主导的全球价值链，成为参与全球价值链的成员。

随着博弈双方在重复的博弈过程中信息掌握量的增加，发达国家企业与发展中国家企业双方都有机会或意愿树立合作的信誉，并想以此鼓励对方也树立合作的信誉。因此，如果发达国家企业只是与发展中国家企业进行短期合作，在发达国家企业与发展中国家企业之间的交易仅限于一次或有限次时，双方都着眼于各自的最大化利益，利益目标的差异性占主导地位，但是，当交易次数较多，利益目标的一致性占主导地位时，双方都希望通过长期合作使交易成本下降，从而增加利润。这进一步奠定了发达国家企业在全球价值链中的主导地位。

### 三、全球价值链中木材产业发展的影响因素

根据全球价值链理论，一国企业的要素禀赋优势决定了其赖以生存的竞争力优势，进而帮助自身参与全球价值链的分工节点。随着国家对外开放趋势不断增强，越来越多的企业跻身全球价值链分工体系中进行加工生产。中国以劳动资源优势嵌入木材产业全球价值分工体系，是世界木质林产品第一贸易大国，而非强国。近年来，中国的劳动力优势在逐渐丧失，迫使木材行业进行转型，以此来增强国际竞争力，提升其全球价值链地位。

Humphrey 和 Schmitz（2002）提出价值链四层次升级理论，即第一层次是工艺流程升级，通过引进高技术含量的先进工艺或者整合现有的生产体系来实现产业升级；第二层次是产品升级，通过改进现有产品的品质或开发生产新产品来实现升级；第三层次是功能升级，通过在同一价值链条上从低增加值价值生产环节过渡到高增加值价值生产环节来获取竞争优势；第四层次是链条升级，也就是在产业价值链条间的转换升级。这四个层次的升级路径涉及技术、产品、营销管理、产业发展等内外多种因素。

另外，一国全球价值链地位的提升也意味着该国国际竞争力的增强。反之，一国竞争力的增强有助于该国在全球价值链中处于优势地位。Porter（1990）提

出了著名的钻石模型理论来分析一国产业竞争力的影响因素，即产业竞争力多方因素的影响，包括生产要素，需求条件，相关与支持性产业，企业战略、结构和同业竞争，机会和政府政策，需要全面地进行分析和探讨。生产要素是指人、物、知识等资源的投入和基础设施建设等；需求条件是指国内市场能够及时发现的、可以促进产业发展的需求；相关与支持性产业是指与主体产业处于相互关联的网络中，会带动上、下游产业的创新发展及国际化的辅助性产业；企业战略、结构和同业竞争指的是企业要选用适合国情的经营管理模式和组织形态，同时善于运用国内市场上竞争对手的推动力；机会一般指世界金融市场环境变化、世界市场需求变化以及战争、东道国政策等因素；政府提出的政策对企业竞争力具有较为直接并且复杂的影响。

木材产业全球价值链地位的提升是内外多方因素共同作用的结果，且所有因素之间相互关联和依存。因此，综合考虑价值链四层次升级理论和竞争力钻石理论，本书得出了木材产业全球价值链地位提升的影响因素框架，如图 4－2 所示。

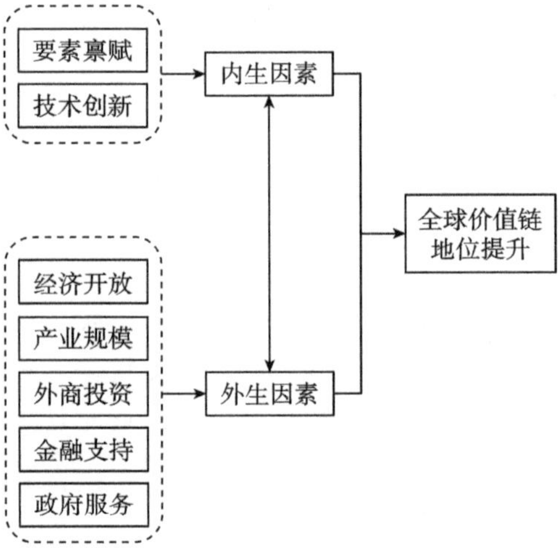


**图 4－2　全球价值链地位提升影响因素框架**

框架中的影响因素类型大致分为内生因素和外生因素两部分：内生因素是指存在于产业发展内部影响其竞争力的因素，如要素禀赋和技术创新；外生因素则是存在于产业外部影响其生存发展环境的因素，如经济开放、产业规模、外商投资、金融支持和政府服务等。内生因素和外生因素之间相互依存、彼此强化，两者共同作用对全球价值链地位提升产生影响。接下来将具体分析各影响因素对全球价值链地位提升的作用机制。

要素禀赋是一国产业是否能参与全球价值链分工及参与何种分工节点的基础。根据传统要素禀赋理论，一国应生产和出口密集使用该国相对丰裕的生产要素的比较优势产品，而且资本密集型产业的出口增加值高于劳动密集型产业。所以，当一国具有丰裕的技术资本要素或信息管理要素，就可以参与全球价值链上增加值高的技术研发环节和营销流通环节；而当该国具有丰富的劳动要素，就不得不参与增加值较低的加工制造环节。

技术创新源于研发投入，主要通过创造或增加市场需求和溢出效应来影响产业升级。一方面，当现有产品或服务无法满足市场需求时，需求就会刺激创新活动的开展，进而产生具有较高增加值的新产品、新功能、新品牌来创造或增加市场需求，推动价值链升级。另一方面，先进技术拥有者需要有意识或无意识地传播这些先进技术，从而帮助接受者提高产品的生产效率，以此来实现四层次升级。

经济开放程度表明了一国参与国际贸易和分工体系的意愿，它可以促进国内外资源和要素的优化配置，进而影响产业全球价值链地位提升。首先，参与全球价值链低增加值环节的发展中国家可以通过跨国公司或非股权参与等形式，承接发达国家具有较高增加值的价值链环节，实现链条升级。其次，发展中国家通过引进外资和先进技术来推动产业发展，促使产业结构优化。但经济开放的过程中也存在一定风险，如金融危机的冲击、与其他国家的贸易摩擦等，这些风险也会影响一国产业竞争力的发展，对提升价值链地位产生阻碍作用。

产业规模的扩大会产生规模经济效应，可以降低整个产业内各公司、企业的生产成本，使之获得相应收益。而且，规模大的产业的研发创新意愿更为强烈，也更有利于品牌培养及营销网络构建，可以帮助产业在开发设计和营销流通等高增加值的环节占据优势地位。另外，随着产业规模的扩大，全球范围内的产业布局随之展开，且形成后短期内难以改变，进而导致了各国专业化分工和分工锁定现象的出现，所以该因素对全球价值链分工地位也具有十分重要的影响。

外商投资是指跨国资本对东道国的直接投资，为其带来资本、技术和先进设备，弥补产业发展缺少经营资金、技术落后等不足。东道国的企业可以通过干中学吸收先进技术，提高技术水平；也可以引进有管理经验的专业人才提升企业管理水平；还可以接收掌握先进技术和经验的熟练劳动力提高生产效率。总之，外商投资主要是通过作用于其他影响因素来提升产业的全球价值链地位。

金融支持的主要作用是为产业发展营造便利的外部金融环境，可以提供资金支持，降低融资成本，促进技术和知识的溢出，进而在短期内帮助改善产业的发展状况，提高生产效率和出口产品的竞争力。

政府服务主要是指基础设施质量和公共服务质量的状况，这两者的提升有助于营造良好的生产条件和环境。首先，完善的基础服务设施可以增加对外商投资的吸引力。其次，公共服务质量的提高可以加速企业的生产经营活动，减少不必要的时间精力的投入，使企业能更多地关注产品的创新和技术研发。政府服务与金融支持相同，都是从外部对提升产业全球价值链地位产生影响。

## 第二节 中国木材产业全球价值链地位的影响因素分析

根据已有研究和全球价值链地位影响因素的理论分析，要素禀赋、技术创新、经济开放、产业规模、外商投资、金融支持和政府服务是影响一国产业全球价值链地位提升的重要因素。本部分选取了木材资源等8个指标作为解释变量来代表上述影响因素，其中木材资源、人力资源、研发投入作为内生因素的衡量指标，而政府服务水平、信贷、外商直接投资、产业规模和经济开放程度作为外生因素的衡量指标，另选取全球价值链地位作为被解释变量，各变量汇总如表4－1所示。

**表4－1 变量汇总表**

| 变量类型 | 变量名称 | 变量含义 | 变量符号 |
|---|---|---|---|
| 解释变量 | 木材资源 | 森林面积（占土地面积的比例） | FOREST |
| | 人力资源 | 工业就业人员（占就业总数的比例） | LABOR |
| | 研发投入 | 研发支出（占GDP的比例） | RD |
| | 政府服务水平 | 一般政府最终消费支出（占GDP的比例） | GOV |
| | 信贷 | 金融部门提供的国内信贷（占GDP的比例） | CREDIT |
| | 外商直接投资 | 外国直接投资净流入（占GDP的比例） | FDI |
| | 产业规模 | 工业增加值（占GDP的比例） | INDUSTRY |
| | 经济开放程度 | 贸易额（占GDP比例）（对外贸易依存度） | FTD |
| 被解释变量 | GVC地位指数 | 全球价值链地位的高低程度 | GVC |

由于表4－1所列的变量存在数量量级的差异，所以本书对模型左边所有的解释变量进行对数处理，降低量级差异对模型回归结果的干扰，处理后的模型（4－1）如下：

$$GVC_{it} = \alpha_0 + \alpha_1 \ln FOREST_{it} + \alpha_2 \ln LABOR_{it} + \alpha_3 \ln RD_{it} + \alpha_4 \ln GOV_{it} +$$

$$\alpha_5 \ln CREDIT_{it} + \alpha_6 \ln FDI_{it} + \alpha_7 \ln INDUSTRY_{it} + \alpha_8 \ln FTD_{it} + \varepsilon_{it} \quad (4-1)$$

式中，$i$ 表示国家，$i=1, 2, \cdots, 33$；$t$ 表示年份，$t=2005, 2006, \cdots, 2015$。等号左边是被解释变量，即 $i$ 国 $t$ 年的木材产业全球价值链地位指数；等号右边是解释变量，分别为 $i$ 国 $r$ 年的木材资源、人力资源、研发投入、政府服务水平、信贷、外商直接投资、产业规模和经济开放程度指标数据。

$\alpha_0$表示截距项，反映截面的个体影响，可以分为固定影响和随机影响两种。当截距项是只随截面变化而变化的未知常数时，模型为固定效应模型；当截距项分为常数项和随截面变化而变化的随机变量项时，模型为随机效应模型。

$\varepsilon_{it}$表示随机误差项，代表模型中被忽略的随时间和截面变化的其他因素的影响。

## 一、研究假设

木材资源作为木材产业的生产原料是影响产业生产的基础要素，也是重要制约因素，这里所说的木材资源是指可采伐的用于木材产业生产加工的森林资源。所以，当一国木材资源充足，木材产业才得以形成和发展，而资源匮乏则会成为产业发展的瓶颈。本书选取一国森林面积占土地面积的比例作为木材资源指标，由此得到第一个研究假设：

H4－1：FOREST 对于推动木材产业 GVC 地位指数提升呈现正相关影响。

中国制造业的起步和经济的发展很大程度上得益于劳动力优势。而木材产业是以加工制造为主的劳动密集型产业，所以在研究影响因素时必然要考虑劳动力的影响。根据传统要素禀赋理论，当一国拥有丰裕的劳动力资源时，该国的劳动力价格相对较低，能降低劳动密集型产业的生产成本，增强其产业竞争力。如果该国的木材产业发现了这一要素优势，就能更容易得到发展。本书选取一国工业就业人数占总就业人数的比例作为人力资源指标，由此得到第二个研究假设：

H4－2：LABOR 对于推动木材产业 GVC 地位指数提升呈现正相关影响。

科学技术是产业发展升级的重要推动力，从全球价值链角度来看，科研投入可以促进产业四层次升级，从而转换到价值链上的高增加值环节，提升全球价值链地位。木材产业技术的发展可以分为多个方面，即生产设备的进步，森林种植培育的机械化，生产生化技术的进步以及木材产品加工的复杂化、多样化。所以，技术进步可以促使木材产业从劳动密集型向技术、资本密集型产业转型。科研投入包括经费投入和人才投入，考虑到数据的可得性和实用性，本书选取一国研发支出占 GDP 的比例作为衡量指标，由此得到第三个研究假设：

H4－3：RD 对于推动木材产业 GVC 地位指数提升呈现正相关影响。

一国政府的治理和支持与产业的发展紧密相关。一方面，当一国产业嵌入全球价值链前期，其劳动力资源和技术水平等各方面处于较低水平，只能参与价值链上的加工制造环节，获取的增加值较低，且受到处于高增加值环节国家的管理和压迫。在这种情况下，产业价值链地位的提升需要政府投入各种资源、制定相关政策进行外部扶持。另一方面，政府通过完善基础设施建设，制定符合产业发展的政策措施，以此来吸引外商投资，从而吸引人才技术的流入和管理经验的传授。当政府的服务水平得到提升时，木材产业的生产经营条件得到改善，进而降低生产成本。企业可以分配更多的资金到技术改进和产品创新中，从而提高中国木材产业全球价值链的竞争地位，长此以往坚持下去，形成良性循环。本书选取一般政府最终消费支出占 GDP 的比例作为政府服务质量指标，由此得到第四个研究假设：

H4 -4：GOV 对于推动木材产业 GVC 地位指数提升呈现正相关影响。

金融信贷是企业融资的重要来源之一。首先，与科研项目相关的直接信贷扶持和对木材产业中高新技术产品的出口信贷优惠为企业进行技术创新提供了资金保障。其次，许多国家也会制定金融扶持政策来提供融资渠道。所以，金融信贷对木材产业价值链地位的提升同样具有重要作用。本书选取金融部门提供的国内信贷占 GDP 的比例作为信贷指标，由此得到第五个研究假设：

H4 -5：CREDIT 对于推动木材产业 GVC 地位指数提升呈现正相关影响。

改革开放的背景下，中国大力引入外资进入国内市场，极大地促进中国制造业发展。外商投资不仅带来了资金、技术和经验，而且转移了全球价值链环节。当投资国因为国内产业结构调整进行部分产业资本转移时，东道国不仅接受这样的产业资本，同时也接受了与该产业资本相符的价值链环节。因此，完成上述的环节就需要东道国相关的产业进行配合。所以，在全球价值链的环节中，东道国参与程度会不断加深，相应地其全球价值链地位随之提升。本书选取外国直接投资净流入占 GDP 的比例作为外商直接投资指标，由此得到第五个研究假设：

H4 -6：FDI 对于推动木材产业 GVC 地位指数提升呈现正相关影响。

当产业规模发展到规模经济时，产业的生产成本在内外部经济效益的影响下降低。另外，产业规模的扩大也会给企业带来竞争效益、创新效益和人才磁场效益，这些效益有利于产业竞争力的形成，能促进全球价值链的提升。本书采用工业增加值占 GDP 的比例作为衡量产业规模的指标，由此得到第七个研究假设：

H4 -7：INDUSTRY 对于推动木材产业 GVC 地位指数提升呈现正相关影响。

一个国家的出口优势和其开放程度有着密切的联系，国家的开放程度越高，就证明其产业的出口能力越强，在国际市场的占有率逐渐上升。但是，开放的经济环境也容易受到国际市场上不利变动的冲击，众多的变化因素难以预测和掌控。尽管如此，中国加入 WTO 20 多年和中国改革开放 40 多年的实践证明，中国"引进来，走出去"发展道路是正确的。本书选取对外贸易依存度作为衡量经济开放程度指标，由此得到第八个研究假设：

H4－8：FTD 对于推动木材产业 GVC 地位指数提升呈现正相关影响。

下文是针对模型变量的描述性统计和相关性检验，为进一步的实证分析做准备。

## 二、描述性统计

表 4－2 为变量样本数据的描述性统计，表中单个变量的最大样本数为 363，由于部分国家的数据无法获取，所以个别变量的样本数低于 363，缺失数据对应的部分在后续的检验中会合理地进行剔除。表中最后一列为变异系数，该系数用于衡量各变量的离散程度。在 8 个变量中，地位指数、研发投入和外商直接投资三者的变异系数大于 1，表明选取的样本国家之间存在较为明显的差距；而木材资源、人力资源、政府服务水平、信贷、产业规模和经济开放程度的变异系数小于 1，各国差别较小。究其原因，选取的样本国家中既有发展中国家，又有发达国家，其政治、经济、自然环境存在较大差异，所以表中变异系数结果显示了不同的离散程度也属正常现象。

**表 4－2 各变量的描述性统计分析**

| 变量 | 样本数 | 平均值 | 标准差 | 最小值 | 最大值 | 变异系数 |
|---|---|---|---|---|---|---|
| GVC | 363 | 0.1107054 | 0.1128141 | －0.2083821 | 0.3675476 | 1.019048 |
| lnFOREST | 363 | 3.47712 | 0.5219188 | 2.311171 | 4.291992 | 0.150101 |
| lnLABOR | 363 | 3.159779 | 0.1893919 | 2.67594 | 3.701944 | 0.059938 |
| lnRD | 312 | 0.3134161 | 0.7626643 | －2.547719 | 1.455993 | 2.433392 |
| lnGOV | 363 | 2.786574 | 0.3303423 | 1.698401 | 3.276435 | 0.118548 |
| lnCREDIT | 354 | 4.747803 | 0.5630781 | 3.035635 | 5.850718 | 0.118598 |
| lnFDI | 346 | 0.9932373 | 1.199888 | －6.389286 | 4.470983 | 1.208058 |
| lnINDUSTRY | 360 | 3.311465 | 0.2511691 | 2.872416 | 3.872466 | 0.075848 |
| lnFTD | 363 | 4.276463 | 0.5096358 | 3.095848 | 5.376143 | 0.119172 |

## 三、变量相关性检验

在进行回归分析前采用 Pearson 相关性检验法的 $r$ 的绝对值的大小对各变量之间的相关性进行衡量。通常来说，$|r|$ 越接近 1 时，两变量之间的相关性越强；$|r|$ 低于 0.2 时，两变量相关性极弱；$|r|$ 介于 0.4 和 0.7 之间时，两变量

相关性一般；|r|介于0.7和0.9之间时，两变量之间的相关性较强，要进行相应的处理来降低高相关性对回归结果的影响。

表4-3的结果表明，8个解释变量之间的|r|均没有超过0.7，因此各变量具有较好的独立性，并不会产生共线性问题。由于本书选取的数据为大N小T的短面板数据且数据年份不连续，因此不需要做单位根检验和协整检验。

**表4-3 解释变量的Pearson相关性分析结果**

| | lnFOR | lnLAB | lnRD | lnGOV | lnCRE | lnFDI | lnIND | lnFTD |
|---|---|---|---|---|---|---|---|---|
| lnFOR | 1.0000 | | | | | | | |
| lnLAB | 0.2100*** | 1.0000 | | | | | | |
| lnRD | 0.2268*** | 0.0791 | 1.0000 | | | | | |
| lnGOV | -0.0247 | 0.1568* | 0.6319*** | 1.0000 | | | | |
| lnCRE | -0.0670 | -0.1450 | 0.5592*** | 0.4144*** | 1.0000 | | | |
| lnFDI | -0.3966*** | -0.0872 | -0.1123 | -0.0012 | -0.0318 | 1.0000 | | |
| lnIND | 0.2340*** | 0.2424*** | -0.3789*** | -0.6410*** | -0.4497*** | -0.0114 | 1.0000 | |
| lnFTD | -0.1362 | 0.0509 | -0.0426 | -0.0680 | 0.0285 | 0.4024*** | 0.2106*** | 1.0000 |

注：***表示0.01水平下显著；**表示0.05水平下显著；*表示0.1水平下显著。

## 四、模型回归与结果分析

由上述分析可知，不同国家的木材资源、人力资源、研发投入、政府服务质量、信贷、外商直接投资、产业规模和经济开放程度之间存在不同程度的差异。为了进一步选定面板模型来研究上述因素对木材产业全球价值链地位的影响效应，下文分别进行了F检验、LM检验和Hausman检验，根据检验结果在混合效应模型、固定效应模型和随机效应模型三者中确定本书所使用的回归模型。各检验结果如表4-4所示。

**表4-4 F检验、LM检验和Hausman检验**

| | | | |
|---|---|---|---|
| F检验 | F值 | P值 | 模型选择 |
| | 80.53 | 0.0000 | 固定效应模型 |
| LM检验 | F值 | P值 | 模型选择 |
| | 922.45 | 0.0000 | 随机效应模型 |
| Hausman检验 | H值 | P值 | 模型选择 |
| | 5.23 | 0.8134 | 随机效应模型 |

F 检验和 LM 检验的 P 值均为 0.0000，通过 1% 的显著性检验，表明固定效应模型和随机效应模型均优于混合效应模型。而 Hasuman 检验的 P 值为 0.8134，没有通过 5% 的显著性检验，表明随机效应模型优于固定效应模型，故下文选取随机效应模型进行回归分析。随机效应模型回归结果如表 4-5 所示。

**表 4-5　模型随机效应回归结果**

| 变量 | 回归系数 | 标准差 | 系数 P 值 |
|---|---|---|---|
| lnFOREST | 0.0189733 | 0.0208266 | 0.362 |
| lnLABOR | -0.0898899 | 0.0203112 | 0.000 |
| lnRD | -0.0081743 | 0.0084074 | 0.331 |
| lnGOV | 0.0510288 | 0.0249723 | 0.041 |
| lnCREDIT | 0.0020919 | 0.0096429 | 0.828 |
| lnFDI | 0.0011353 | 0.0013963 | 0.416 |
| lnINDUSTRY | 0.0922734 | 0.0277506 | 0.001 |
| lnFTD | -0.160288 | 0.0118164 | 0.000 |
| | 0.5582584 | 0.1656666 | 0.001 |
| $R^2$ (overall) | 0.6845 | | |
| Prob | 0.0000 | | |

从上述随机效应模型的回归结果来看，木材资源、政府服务水平以及外商直接投资都会对木材产业全球价值链地位产生正向影响，符合预期假设；而人力资源、研发投入和经济开放程度则产生了负向作用，与预期假设不符。下面对各影响因素指标的经济意义和回归结果进行具体分析。

木材资源指标没有通过在 5% 的显著性水平下的检验，但符号为正，符合研究预期假设，即木材资源每增长 1 个单位，GVC 地位指数能提升 0.019 个单位，但在 5% 的水平上显著性不强。丰富的木材资源是木材产业发展的必要基础，可以为企业的加工生产提供原材料，加强对森林资源的保护和培育十分重要。

人力资源指标通过了 5% 的显著性水平下的检验，但符号为负，与研究预期假设相反，即人力资源每增加 1 个单位，GVC 地位指数下降 0.090 个单位，表明单纯依靠增加劳动力数量并不能对木材产业价值链地位的提升产生积极影响，还需要从专业素质角度出发，以培养高素质专业性人才为主，提高劳动力的质量优势。另一种可能性是根据要素禀赋逆转理论，要素之间可有一定的替代作用，故生产中劳动与资本的结合比例也会发生变化，这种替代达到一定比例后，就会促使某一产业从劳动密集型转变为资源密集型，这也可能是人力资源系数符号为负的原因。

研发投入指标没有通过5%的显著性水平下的检验且符号为负，与研究预期假设相反，即研发投入每增加1个单位，木材产业GVC地位指数约下降0.008个单位，说明研发投入的增加对木材产业GVC地位指数的提升没有促进作用。其原因在于：一方面，木材产业的生产技术较为简单，产业本身并非科研技术密集型，对智力的投入需求明显低于设备研究，而且大量中小企业的重复研究加重了科研的重复浪费。因此，增加研发投入作用不大。另一方面，在科研成果转化为生产力的过程中需要经历多个环节，其中存在许多不确定性的风险，即投入并不一定有产出，产出并不一定能转化使用。

政府服务水平指标在5%的显著性水平下通过了检验且符号为正，与研究预期假设相符，即政府支出每增加1个单位，GVC地位指数提升0.051个单位。一个国家的木材产业想要得到稳定快速的发展，就需要这个国家政府出台政策和法律法规给予大力支持，还有在资金、物料方面也需要全力支持，如为社会提供更优质的公共服务，将社区和贫困地区的基础设施进行建设完善，为木材产业的发展提供良好的社会环境。

信贷指标没有通过5%的显著性水平下的检验，但符号为正，与研究预期假设相符，即信贷每增加1个单位，GVC地位指数提升0.002个单位。尽管信贷的增加对GVC地位指数提升的影响并不显著，但为了实现木材产业更加长远的稳定发展，国家需要根据如今社会背景制定适合木材产业发展的信贷融资服务，减少木材产业价值链内部各环节的独立性，加强价值链内部的资金周转，提升全球价值链地位。

外商直接投资指标没有通过5%的显著性水平下的检验，但符号为正，与研究预期假设相符，即外商直接投资每增加1个单位，GVC地位指数提升0.001个单位。木材产业企业在该领域主要负责贴牌生产、代工等工艺升级，而外商在利用相对廉价的劳动力生产产品的同时，也会带来产品式样的设计、环保规则的制定等的产品升级。中国的木材产业企业在与外商洽谈合作商议时，需要不断地向外商学习，吸取外商在企业管理体制、生产效率和品牌宣传等方面的经验，再结合中国木材产业企业自身的发展特征、科研实力和人才培养，提高中国木材产业人员的综合素质，加强企业的管理制度，从而促进中国木材产业的发展，实现木材产业全球价值链的功能升级。

产业规模指标在5%的显著性水平下通过了检验且符号为正，与研究预期假设相符，即产业规模每增加1个单位，GVC地位指数提升0.092个单位。这主要是因为工业总产值的增加，整个行业规模会扩大，产生规模效应，除此之外，工业总产值的增加意味着销售收入增加，相应的研发投入经费在比例不变的情况下具体数额会增加，有助于中国加入以数字化、网络化、智能化制造为标志的新一轮科技革命和产业变革，推动制造大国向制造强国转变。

经济开放程度指数通过了5%的显著性水平下的检验，但符号为负，与研究预期假设相反，即经济开发程度每增加1个单位，GVC地位指数下降0.160个单位。经济开放程度的提高说明一国的外贸依存度提高，即进出口总值在GDP中所占比例也会跟着提高，表明产业发展受到全球经济周期性波动影响越大，面对国际市场变化所产生的风险时的抵御能力越弱。

随机效应模型回归结果的整体P值为0.0000，结果十分显著，且整体R方值为0.6845，表明该模型的回归结果较为理想。

## 第三节　全球价值链中中国木材产业的竞争力影响因素分析

现有文献大多借助波特钻石模型及双钻石模型分析木材产业国际竞争力的影响因素，并选取国际市场占有率、显性比较优势指数、产业内贸易指数等任一指标作为国际竞争力的替代指标构建计量模型，探究影响因素。严谨（2010）在钻石模型基础上提出劳动力数量、森林面积、城市化率、名义汇率、人均国内生产总值是影响中国刨花板产业国际竞争力的重要因素。林伟明（2014）利用双钻石模型提出森林面积、劳动力资源禀赋、外商直接投资、国内生产总值、木工机械产业国际竞争力等是影响木质家具产业国际竞争力的因素。

### 一、模型设定与变量选取

综合以上分析，本书借助波特钻石模型构建计量经济模型，对影响中国木材产业国际竞争力的因素进行实证分析。选取中国木材产业显性比较优势指数为因变量，作为中国木材产业国际竞争力的替代指标；选取劳动力资源禀赋、森林资源总量、人均国内生产总值、城市化率、建筑业产值、木材产业在全球价值链中的参与度、木材产业在全球价值链中的地位、名义汇率作为自变量，构建计量模型如下：

$$Y=\beta_1X_1+\beta_2X_2+\beta_3X_3+\beta_4X_4+\beta_5X_5+\beta_6X_6+\beta_7X_7+\beta_8X_8 \tag{4-2}$$

变量具体解释如表4-6所示。

表 4 –6　变量解释

| 变量 | 含义 | 解释 |
| --- | --- | --- |
| Y | 中国木材产业国际竞争力 | 以广为使用的显性比较优势指数作为产业国际竞争力的替代指标 |
| $X_1$ | 劳动力资源禀赋 | 作为钻石模型中的生产要素 |
| $X_2$ | 森林资源总量 | 作为钻石模型中的生产要素 |
| $X_3$ | 人均国内生产总值 | 作为钻石模型中的需求条件 |
| $X_4$ | 城市化率 | 作为钻石模型中的需求条件 |
| $X_5$ | 建筑业产值 | 作为钻石模型中的相关与支持性产业 |
| $X_6$ | 木材产业在全球价值链中的参与度 | 作为钻石模型中的企业战略、结构 |
| $X_7$ | 木材产业在全球价值链中的地位 | 作为钻石模型中的企业战略、结构 |
| $X_8$ | 名义汇率 | 作为钻石模型中的机会和政策 |

以上自变量对因变量的影响预期均为正向相关。

## 二、数据来源

本部分的数据来源如表 4 –7 所示。

表 4 –7　数据来源

| 变量 | 来源 |
| --- | --- |
| 中国木材产业国际竞争力 | TiVA |
| 劳动力资源禀赋 | WB |
| 森林资源总量 | FAO |
| 人均国内生产总值 | WB |
| 城市化率 | WB |
| 建筑业产值 | TiVA |
| 木材产业在全球价值链中的参与度 | TiVA |
| 木材产业在全球价值链中的地位 | TiVA |
| 名义汇率 | IMF |

## 三、模型检验

使用逐步回归法，由于 X3、X8 相关性较差，故第一轮将其剔除。具体结果如表 4 –8 所示。

表 4-8 回归结果 I

| Variable | Coefficient | Std. Error | t-Statistic | Prob. |
|---|---|---|---|---|
| X3 | 1.34E-14 | 7.75E-15 | 1.729287 | 0.0966 |
| R-squared | 0.110796 | Mean dependent var | | 0.993811 |
| Adjusted R-squared | 0.073746 | S.D. dependent var | | 0.106208 |
| S.E. of regression | 0.102217 | Akaike info criterion | | -1.649631 |
| Sum squared resid | 0.250760 | Schwarz criterion | | -1.552854 |
| Log likelihood | 23.44520 | Hannan-Quinn criter. | | -1.621763 |
| F-statistic | 2.990434 | Durbin-Watson stat | | 2.051659 |
| Prob (F-statistic) | 0.096602 | | | |
| X8 | 6.90E-06 | 1.21E-05 | 0.569300 | 0.5744 |
| R-squared | 0.013324 | Mean dependent var | | 0.993811 |
| Adjusted R-squared | -0.027787 | S.D. dependent var | | 0.106208 |
| S.E. of regression | 0.107674 | Akaike info criterion | | -1.545616 |
| Sum squared resid | 0.278248 | Schwarz criterion | | -1.448839 |
| Log likelihood | 22.09301 | Hannan-Quinn criter. | | -1.517748 |
| F-statistic | 0.324103 | Durbin-Watson stat | | 1.837534 |
| Prob (F-statistic) | 0.574442 | | | |

给定显著性水平 α=0.1，对剩余六个变量 X1、X2、X4、X5、X6、X7 进行第二轮回归，其中 X6 不显著，其余五个变量均通过检验，具体回归结果如表 4-9 所示。

表 4-9 回归结果 II

| Variable | Coefficient | Std. Error | t-Statistic | Prob. * |
|---|---|---|---|---|
| X4 | 0.000734 | 0.000386 | 1.899370 | 0.0713 |
| X7 | 7.979466 | 0.241242 | 33.07656 | 0.0000 |
| X2 | 0.000156 | 4.65E-06 | 33.44430 | 0.0000 |
| X5 | 5.18E-07 | 3.95E-07 | 1.312563 | 0.0435 |
| X1 | 0.001702 | 0.001516 | 1.122919 | 0.0841 |
| R-squared | 0.791058 | Mean dependent var | | 0.993811 |
| Adjusted R-squared | 0.789355 | S.D. dependent var | | 0.106208 |
| S.E. of regression | 0.010958 | Akaike info criterion | | -6.018460 |
| Sum squared resid | 0.002522 | Schwarz criterion | | -5.776518 |
| Log likelihood | 83.23997 | Hannan-Quinn criter. | | -5.948789 |
| Durbin-Watson stat | 2.122672 | | | |

根据表4－9得到回归方程如下：

$$Y = 0.001702X1 + 0.000156X2 + 0.000734X4 + 0.00000518X5 + 7.979466X7 \quad (4-3)$$

### 四、结果分析

在中国木材产业在全球价值链中竞争力的影响因素中，按对其起作用的影响大小排序为全球价值链地位指数、劳动力资源禀赋、城市化率、森林资源总量、建筑业产值。

全球价值链地位指数与一国木材产业显性比较优势指数具有显著的正相关性，地位指数每增加1个单位，显性比较优势指数增加7.979466个单位，说明提高木材产品在全球价值链中的地位对于提高木材产品国际竞争力具有十分重要的意义。

一国劳动力资源禀赋与一国木材产业显性比较优势具有较为显著的正相关性，劳动力资源禀赋每增加1个单位，显性比较优势指数增加0.001702个单位，表明提高劳动者素质对于提高一国木材产业在全球价值链中的地位具有较为重要的意义。

一国城市化率与一国木材产业显性比较优势具有较为显著的正相关性，城市化率每增加1个单位，显性比较优势指数增加0.000734个单位，表明城市化水平高的国家对于木材产品的需求相应较高，在一定程度上促进木材产业的发展，提高一国木材产业在全球价值链中的竞争力。

一国森林资源总量与一国木材产业显性比较优势具有较为显著的正相关性，森林资源总量每增加1个单位，显性比较优势指数增加0.000156个单位，表明森林资源禀赋高，会为木材产业带来较为充裕的生产要素，促进一国木材产业国际竞争力的提高。

一国建筑业产值与一国木材产业显性比较优势指数具有较为显著的正相关性，建筑业产值每增加1个单位，显性比较优势指数增加0.000000518个单位，说明相关产业的发展对于提高木材产品国际竞争力具有一定的意义。

## 第四节　中国林业产业在全球价值链中的贸易利益的影响因素

造纸及纸制品产业作为木材产业中重要的基础性产业之一，对于研究中国木材产业在全球价值链中的影响因素具有重要意义。中国加入世界贸易组织以后得到快速发展，中国已成为世界造纸及纸制品生产、消费及贸易大国。近年来中国造纸及纸制品产业取得了快速发展，产品国际市场占有率从2000年的1.10%上升至2014年的8.21%，成为仅次于德国和美国的世界第三大造纸及纸制品出口贸易大国，已经嵌入全球造纸及纸制品价值链中。本部分结合经济学及国际贸易学中的基本理论，从要素禀赋优势、规模经济、外商直接投资、垂直专业化分工等方面进行相关因素的理论分析，在此基础之上综合采用多元回归分析与通径分析法对贸易利益影响因素进行实证分析。

## 一、模型设定

### （一）主要影响因素定性分析

根据对国内外有关国际贸易利益影响因素文献的梳理，能够对国际贸易直接利益产生显著性影响的因素主要包括比较优势因素、外商直接投资因素、汇率因素、规模经济因素、垂直专业化因素及企业成本投入因素等。

1. 比较优势因素

众所周知，根据古典贸易理论及新古典贸易理论，国际贸易的产生源自各国要素禀赋的差别，从而拥有相对而言具有比较优势的产品或者资源，相较于自给自足的封闭状态，通过国际贸易可以实现更多的社会福利，因此从理论上，以比较优势为基础的国际贸易可以使贸易双方都从中获得相应的贸易利益。劳动作为生产活动中最基本的要素之一，在其他要素不变的情况下，大量低水平低技术的非熟练劳动力的投入会使该产业生产效率降低并阻碍行业的发展，从而在一定程度上对该国商品出口及获利能力产生负面影响。而高水平的熟练技术则会提高该产业的生产效率，从而促进产业的不断发展与转型升级。就中国的实际状况来说，梁君（2014）、赵春明和李宏兵（2013）认为整体而言制造业劳动力要素相对丰裕一些，提高劳动生产率可以提升相应产品的国际竞争力，开展国际贸易吸收外资，带动国内相对稀缺的资本及技术要素，反过来可以进一步促进劳动生产率的提高，带动其在全球价值链中的地位，获得较多的贸易利益。

2. 外商直接投资因素

在当前经济全球化背景下，产品内分工深度发展，从产品最初的设计到销售可能经过不同的国家获取分工合作。在此过程中，外商直接投资已经成为国际资本流动的主要形式之一。一方面，外商投资对于资本输入国来说，不断流入的资本可以促进产业技术水平的更新，提高劳动生产率，提升产品的国际竞争力，在出口中获取更多的贸易利益；另一方面，资本的不断流入也会给资本输入国带来相应的外部经济效应，如由于外资企业与内资企业在技术方面可能存在一定的差距，外资企业不仅将新设备、新技术引入国内市场，而且还连带企业的管理、产品销售等非物化的理念，内资企业可以据此学习、模仿，提高生产力水平。

具体到中国造纸和纸制品产业来说，在20世纪90年代以前，中国造纸主要以技术含量较低的产品为主，中高档产品大量依赖进口。随着外资在造纸和纸制品行业的迅速扩张，产品结构逐渐得到提升，进口量逐渐减少，出口量与日俱增，由此获得更多的贸易利益。史常亮和王忠平（2013）研究了外商直接投资于中国造纸业出口额的动态关系，研究表明外商直接投资对中国造纸业出口的影响主要体现在溢出效应方面；田文美和郭秀君（2012）从资金补给、技术溢出效应、产业升级效应等方面分析了外商直接投资对中国造纸业竞争力的影响，通过实证分析证明了外商直接投资对中国造纸业的出口竞争力具有积极的促进作用。由于外商直接统计数据里没有细分造纸业的外商投资额度，所以本书参照田美文等人的做法，采用中国造纸企业中外商资本总额近似代替外商直接投资额。

3. 汇率因素

从国际经济学的角度来看，汇率是两国之间的货币兑换比率，是一种重要的调节一国经济内外均衡的工具，同时也是调节国际经济关系最直接、最有效的手段之一。汇率波动导致国内外商品的相对价格发生变化，从而影响一国的进出口贸易，调节国际收支，对一国的经济发展产生深刻的影响。关于汇率波动对进出口贸易的影响，国内学者进行了大量的研究。不管是早期的价格—货币—流动机制，还是后来的弹性理论及汇率与贸易平衡理论等，都表明了汇率的变动对一国的进出口贸易有着重要的影响。在经济全球化不断加深、国际分工日益深化细化的背景下，汇率成为企业从事进出口贸易必须考虑的重要金融成本，汇率的变动通过影响企业进出口收益水平，从而影响贸易利益。本书采用的汇率数据来自世界银行公布的美元兑人民币汇率。

4. 规模经济因素

新贸易理论的代表人物克鲁格曼从规模经济及不完全市场竞争两个角度研究了当代国际贸易问题，不管是内部规模经济还是外部规模经济都可以对行业内的企业竞争力及效率等方面产生积极的影响。在全球价值链分工形式下，同一产品被分割成多个生产步骤与流程，不同国家和地区生产价值链上某一流程的产品，这种生产模式有利于企业生产规模的扩大。生产规模扩大后，一方面，可以对行业产生相应的规模效应，降低生产成本，影响出口产品的销售价格，在国际竞争上获得更多的价格优势；另一方面，规模扩大产生规模经济效应后，可以吸引更多的资金与技术投入该行业生产中，促进产业结构的优化与转型升级，优化生产要素的配置，从而能够在国际贸易中获取更多的贸易利益。

关于反映规模经济的指标，不同的学者采用了不同的衡量标准。总体来看有以下几个方面的衡量标准：彭支伟和刘钧霆（2008）以行业产出值代表规模经济进行研究；臧新和李菡（2008）以各国的国内生产总值来代替规模经济指标；吕婕等（2013）用每个行业大中型企业的销售收入与行业的企业总数之比来代替规模经济指标，不同的代理类型反映的规模经济类型不同，本书研究的是中国制造纸及纸制品业规模经济因素对于贸易利益的影响，选用该行业大中型企业的销售收入与企业总数之比来表示相应的规模经济指标。

5. 垂直专业化因素

垂直专业化作为一种崭新的国际分工方式，是当代经济全球化在国际分工领域的显著特点。垂直专业化分工的出现使经济资源在全球范围内更为灵活多样地进行配置，也将越来越多的经济体纳入全球生产网络体系中。具体来讲，垂直专业化指的是一国或者地区生产与出口的最终产品中所包含的来自其他国的中间产品价值占其出口的比重，反映了一国或者地区参与国际化分工的程度以及在全球价值链中的贸易利益状况。宋玉华和朱思敏（2008）对垂直专业化贸易利益分配机制进行了研究。陈明月（2009）研究了垂直专业化对中国分工利益的影响，指出中国通过参与垂直专业化分工能够扩大本国的比较优势，使中国制造业产业结构得到提升，同时也能够吸引外商直接投资、减少贸易摩擦等。但是其研究也表明中国企业大多数在垂直专业化分工过程中，主要从事的是低附加值的加工装配环节，获取的实际收益较低，并且跨国公司对自身技术等核心竞争力的控制，会对国内产业发展产生一定的影响。本书以中国造纸及纸制品业的垂直专业化指数来代表其参与国际分工的状况，垂直专业化指数采用出口中包含的国外价值部分与总出口之比表示。

6. 企业资本投入因素

劳动与资本作为生产过程中投入的两种基本生产要素，对于经济的增长十分重要。从产业的角度来看，产业是一个资金不断循环运动的大系统（印中华和宋维明，2011），维持一个产业长期存在与发展的基本动力就是资金的不断投入与循环运动，即必须具备较强的资本投入能力。李冉（2013）在对中国林业产业发展的影响因素研究中指出，源源不断的资本投入是林业产业持续发展的重要推动力。造纸及纸制品产业兼有资源密集型和资金密集型的特点，特别是对于现代大型造纸企业来说更是如此。因此在造纸及纸制品产业发展过程中，企业的融资能力及资本投入力度十分重要，二者是产业具备竞争优势的重要内在因素。本书选取资本投入占总产出的比重作为资本投入因素的衡量标准，资本投入数据源于《中国工业经济统计年鉴》。

（二）计量模型设定

根据当前全球价值分工形式下影响国际贸易利益因素的定性分析，构建了如下中国造纸及纸制品国际贸易影响利益因素模型：

$$\ln EV_{it} = \beta_0 + \beta_1 \ln LD_{it} + \beta_2 \ln FDI_{it} + \beta_3 \ln EXR_{it} + \beta_4 \ln GM_{it} + \beta_5 \ln VSS_{it} + \beta_6 \ln CAP_{it} + \varepsilon_{it} \quad (4-4)$$

式中，$EV_{it}$是被解释变量，表示中国造纸及纸制品从国际贸易中获取的真实贸易利益，即前文所述的静态贸易利益。为剔除出口数量扩张的影响，更准确地反映从贸易中获得的真实贸易利益，本书采用中国造纸及纸制品增加值出口贸易数据。$LD_{it}$是反映比较优势因素的自变量，采用的是中国造纸及纸制品劳动生产率；$FDI_{it}$是反映国际直接投资调整的自变量，采用中国造纸企业中外商资本总额近似代替外商直接投资额；$EXR_{it}$是反映汇率的自变量，采用世界银行公布的美元兑人民币汇率；$GM_{it}$是反映规模经济的自变量，采用该行业大中型企业的销售收入与企业总数之比来表示；$VSS_{it}$是反映垂直专业化分工的自变量，采用本书计算结果；$CAP_{it}$是反映资本投入状况的自变量，用该行业资本投入占总产出的比重表示。模型中对解释变量取对数后表示各变量在其他变量一定的情况下每变动百分之一，出口贸易利益变动的百分比。

前文对于影响中国造纸及纸制品贸易利益相关因素进行了全面的分析，本部分主要针对上述影响因素建立相应的计量经济学模型进行实证分析。在分析之前，所选取的贸易利益影响因素的变量含义、预期符号、数据来源如表4-10所示。

**表4-10　贸易利益影响因素相关变量信息**

| 变量 | 含义 | 预测符号 | 数据来源 |
|---|---|---|---|
| *EV* | 造纸及纸质品业出口增加值 | / | 本书计算结果 |
| *LD* | 劳动生产率 | + | 《中国工业经济统计年鉴》 |
| *FDI* | 外商直接投资 | + | 《中国工业经济统计年鉴》 |
| *EXR* | 人民币兑汇率 | - | 世界银行 |
| *GM* | 规模经济 | + | 《中国工业经济统计年鉴》 |
| *VSS* | 垂直专业化 | + | 本书计算结果 |
| *CAP* | 资本投入占比 | + | 《中国工业经济统计年鉴》 |

注：出口增加值是一个净值概念，它扣除了传统总值出口中包含的国外价值增值及价值回流等的贡献，真实反映一国出口中由本国实际完成的部分，更能反映一国从全球价值链分工中获得的贸易利益。因此用中国造纸及纸制品出口增加值作为贸易利益的衡量指标。由于《中国工业经济统计年鉴（2004）》数据缺失，相应数据源于《中国经济普查年鉴（2004）》。

## 二、回归分析和通径分析

国内学者对于贸易利益影响因素方面已经进行了一些有益的研究，多是从分工水平状况、比较优势因素、规模经济因素等方面入手，探讨其与贸易利益之间的均衡关系，所用方法主要是多元线性回归以及向量自回归模型等。根据经济学常识我们知道，经济变量之间往往也是相互联系相互影响的，一个经济变量可能对另一个经济变量波动产生直接影响，但是也可能通过其他经济变量间接对另一个经济变量产生相应的影响。例如，外商直接投资一方面会对贸易利益产生直接的影响，另一方面对于资本输入国来说，资本的不断流入可以促进技术革新，提高劳动生产率，通过劳动生产率的提升对贸易利益产生间接的影响。即在分析贸易利益影响因素时，应当同时考虑影响因素对贸易利益的直接作用和间接作用。通径分析法可以通过对相关系数的分解，清楚地说明相关因素对于被解释变量的直接作用以及间接作用，因此本书主要从多元线性回归及通径分析法两个方面对贸易利益影响因素进行实证分析。

（一）多元线性回归分析

在研究某一变量的影响因素时，往往会有多个变量对其产生不同程度的影响，多元统计分析因其具有的实用性及有效性，成为经济学影响因素研究中常用的方法。因此本书利用多元线性回归方法测算各因素对贸易利益的影响程度以及各变量之间的相关关系，为后文采用通径分析法来具体分析各因素对贸易利益的直接作用与间接作用奠定基础。故以贸易附加值为解释变量，以劳动生产率、外商直接投资、汇率、规模经济、垂直专业化指数、资本投入占比为被解释变量，通过 Stata MP13 进行逐步多元回归，剔除了不显著的解释变量后，分析得到的结果如表 4 - 11 所示。

**表 4 - 11　中国造纸及纸制品贸易利益影响因素多元线性回归结果**

| 自变量 | 回归系数 | 标准差 | t 检验值 |
|---|---|---|---|
| ln*LD* | 0. 7458 | 0. 1875 | 3. 78 |
| ln*FDI* | 0. 3601 | 0. 1451 | 2. 48 |
| ln*GM* | 0. 7731 | 0. 1934 | 4. 01 |
| ln*VSS* | 0. 4259 | 0. 1702 | 2. 50 |
| - *cons* | 3. 2043 | 0. 7388 | 4. 34 |

回归方程的 $R^2$ 为 0. 9660，调整的 $R^2$ 为 0. 9567，*F* 检验统计量为 104. 08，四个解释变量的符号与预测结果一致，计量模型总体拟合度很好。劳动生产率、外商直接投资、规模经济、垂直专业化对造纸及纸制品贸易利益有着显著的影响。

在分析社会经济现象之间的依存关系时，多元回归分析作为一种最基本的分析工具和方法，具有基础性的作用。多元回归分析可以挑选出对被解释变量有着显著影响的因素，但是却无法解释影响是直接对被解释变量产生作用或者是通过其他因素间接对被解释变量产生作用。社会经济现象间存在错综复杂的关系，某一因素对另一因素的作用有直接的也有间接的。例如，外商直接投资与劳动生产率、规模经济、垂直专业化之间的相关系数分别为 0.8923、0.5656、0.4109，说明外商直接投资与其他解释变量之间存在着较为显著的相关关系。外商直接投资除直接影响贸易利益外，有可能通过其他的途径间接影响贸易利益。通径分析法可以很好地衡量各影响因素对被解释变量的直接作用和间接作用的大小。

（二）通径分析

1. 通径分析法原理

1921 年，数量遗传学家休厄尔·赖特提出了著名的通径分析法（Path Coefficient），用于分析各变量之间的直接作用效果与间接作用效果。通径分析实际上是多元回归分析中相关分析的延续，通过对变量之间相关系数的分解来考察各个解释变量对于被解释变量的直接作用及间接作用。通径分析是多变量线性分析的拓展，不要求变量间相互独立，可以通过一定的算法分离某一自变量对因变量的直接作用效果、其他变量对因变量的间接作用效果及总的作用效果，适合分析含有间接影响关系的多变量依存性问题。

假设解释变量与被解释变量分别为 $X_k$ 与 $Y$，其中 $k=1, 2, \cdots, n$。如果解释变量 $X_i$ 与 $X_j$ 存在相关关系，那么解释变量 $X_i$ 除直接影响被解释变量 $Y$ 外，还会通过 $X_j$ 对 $Y$ 施加间接影响。同理，解释变量 $X_j$ 除直接被解释变量 $Y$ 外，也会通过 $X_i$ 对 $Y$ 施加间接影响。解释变量 $X_i$ 和 $X_j$ 对 $Y$ 影响途径的图解如图 4－3 所示。

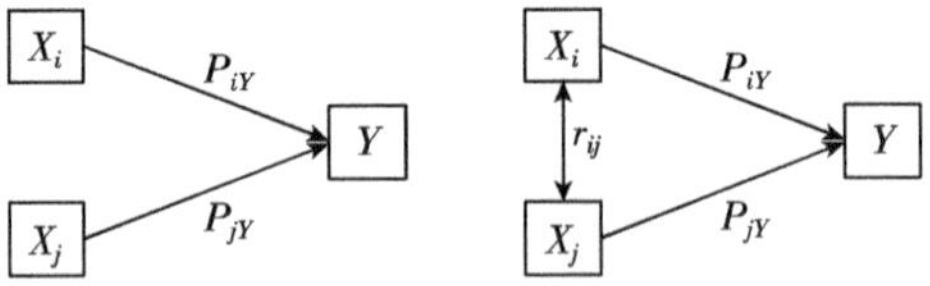


**图 4－3　解释变量对被解释变量的影响图解**

在图 4－3 中，$r_{ij}$表示解释变量 $X_i$ 与 $X_j$ 之间的相关系数，解释变量 $X_i$ 和 $X_j$ 指向被解释变量 $Y$ 的连接线 $X_i \rightarrow Y$ 及 $X_j \rightarrow Y$ 为直接通径，表示解释变量对被解释变量的直接影响效应，表示被解释变量 $Y$ 随着解释变量 $X_i$ 和 $X_j$ 取值增加 1 个单位标准差时所变化的标准差单位数，即直接通径系数，分别用 $P_{iY}$和 $P_{jY}$表示。直接通径系数绝对值的大小反映了解释变量对被解释变量的标准影响力。将 $X_i \rightarrow X_j \rightarrow Y$ 和 $X_j \rightarrow X_i \rightarrow Y$ 称为间接影响通径，表示 $X_i$ 通过 $X_j$ 对 $Y$ 施加的间接影响，相应的通径系数称为间接通径系数 $P_{ij}$，且 $P_{ij} = r_{ij} \times P_{jY}$，$P_{ji} = r_{ij} \times P_{iY}$。通过计算相应的正规方程组可以得到直接通径系数与间接通径系数。此时解释变量 $X_i$ 对被解释变量 $Y$ 的总效应为直接影响效应与间接影响效应之和，即 $P_{iY} + r_{ij} \times P_{jY}$，$i, j = 1, 2, 3, \cdots, k$，$i \neq j$。解释变量 $X_i$ 对被解释变量 $Y$ 的决定系数如下：

$$R^2_{(i)} = P^2_{iY} + 2\sum_{i \neq j} P_{iY} r_{ij} P_{jY} = 2r_{iY}P_{iY} - P^2_{iY} \quad (4-5)$$

2. 中国造纸及纸制品业贸易利益影响因素通径分析

通径分析中的决定系数可以用来说明解释变量对被解释变量的决定程度，按照决定系数的大小可以将各个解释变量对被解释变量的综合作用由小到大进行排序，反映了各个解释变量对被解释变量的综合作用的大小。按照上述决定系数计算公式，可以计算主要解释变量对被解释变量的决定系数。结果如表 4－12 所示。

**表 4－12　中国造纸及纸制品贸易利益影响因素决定系数**

| 自变量 | 决定系数 | 排序 |
|---|---|---|
| ln*GM* | 0.4951 | 1 |
| ln*VSS* | 0.4394 | 2 |
| ln*LD* | 0.3874 | 3 |
| ln*FDI* | 0.3644 | 4 |

由表 4－12 可以看出，中国造纸及纸制品贸易利益的主要影响因素中，规模经济和垂直专业化水平对贸易利益的决定系数较大，即二者对造纸及纸制品贸易利益影响程度较大，这从侧面反映了当前中国造纸及纸制品产业一方面要调整产业结构，实现规模经济，另一方面应该积极参与全球价值链分工，找准自身在全球造纸及纸制品产业链中的位置，以更有效的资源配置和更精准的规模进行生产，以便获取与贸易规模相适应的贸易利益。

表 4－13 显示的是中国造纸及纸制品贸易利益与其影响因素的通径系数，表中数据由 Amos 软件通过求解通径正规方程组而得。从中可以看到，解释变量与被解释变量之间的相关系数都在 0.87 以上，说明解释变量彼此之间存在着明显的相关关系。从直接通径系数来看，规模经济和垂直专业化的直接通径系数要高于劳动生产率和外商直接投资的直接通径系数，表明前两者对被解释变量（贸易利益）的直接作用效果要大于后两者。同时还可以发现四个解释变量的间接通径

系数均在0.5以上，即规模经济、外商直接投资、劳动生产率及垂直专业化分工等因素除直接对造纸及纸制品贸易利益产生作用外，在很大程度上通过相互之间的影响间接对贸易利益产生作用。

**表4－13　中国造纸及纸制品贸易利益影响因素通径分析**

| 自变量 | 自变量与因变量简单相关系数 | 直接通径系数 | 间接通径系数 | | | | |
|---|---|---|---|---|---|---|---|
| | | | 合计 | ln*GM* | ln*VSS* | ln*LD* | ln*FDI* |
| ln*GM* | 0.9319 | 0.3209 | 0.6110 | — | 0.0896 | 0.2879 | 0.2335 |
| ln*VSS* | 0.9132 | 0.2851 | 0.6281 | 0.1032 | — | 0.3286 | 0.1963 |
| ln*LD* | 0.8727 | 0.2610 | 0.5817 | 0.1731 | 0.2041 | — | 0.2345 |
| ln*FDI* | 0.9067 | 0.2302 | 0.6765 | 0.2062 | 0.1938 | 0.2765 | — |

3. 各主要解释变量对中国造纸及纸质品贸易利益影响通径分析

（1）规模经济因素对中国造纸及纸制品贸易利益的影响。规模经济和造纸及纸制品贸易利益的直接通径系数为0.3209，间接通径系数为0.6110。规模经济因素每变动1个标准差单位，贸易利益将变动0.3209个标准差单位，通过垂直专业化、劳动生产率及外商直接投资等间接影响造纸及纸制品贸易利益分别为0.0896、0.2879、0.2335，即规模经济对贸易利益的间接作用在很大程度上是通过劳动生产率及外商直接投资实现的。

造纸及纸制品规模经济的形成有助于产业集聚效应的产生，从而降低平均生产成本，能够直接带动贸易利益的增长。除此之外，行业规模越大，竞争越激烈，企业就越能在知识分享及信息交流中获利，提高劳动生产率，从而提高产品的国际竞争力，在国际市场中处于有利的位置，不断提升产业在全球价值链中的分工地位，增强贸易获利能力。从中国造纸及纸制品也发展现状来看，平均规模偏小，行业集中程度较低。例如，根据《中国工业经济统计年鉴（2015）》，中国造纸及纸制品企业约有9214家，但是大中型造纸及纸制品企业只有995家，仅占全部企业总数的10.79%左右。可见中国造纸及纸制品产业集中程度还相当低，产业结构调整任务比较艰巨。对比世界发达国家造纸及纸制品产业来看，中国造纸及纸制品产业应该尽快整合资源，提高产业集中度，提高企业的规模经济效应，从而增强国际竞争力，促进贸易利益的提升。

（2）垂直专业化因素对中国造纸及纸质品贸易利益的影响。垂直专业化和造纸及纸制品贸易利益的直接通径系数是0.2851，间接通径系数是0.6281，垂直专业化因素每增加1个标准差单位，将导致贸易利益增加0.2851个标准差单位。它通过规模经济、劳动生产率、外商直接投资等间接影响造纸及纸制品贸易利益的间接通径系数分别为0.1032、0.3286、0.1963。在其间接效应中，垂直专业化通过劳动生产率对造纸及纸制品贸易利益的间接作用最为明显，其次是通过外商直接投资对贸易利益产生相应的间接效应。

中国造纸及纸质品产业作为国内开放时间较早、开放程度较高的行业，在20世纪90年代，就已经参与全球造纸业垂直化分工生产过程。2001年中国加入世界贸易组织后，造纸及纸制品产业不再属于保护行业，一方面，外资纷纷进入中国造纸业，借助中国相对低成本的劳动力，进行垂直专业化生产；另一方面，通过垂直专业化，跨国公司带来了相对先进的生产设备、产品制造技术和管理经验，能够促进加速国内造纸企业与国际市场一体化的进程，促进国内造纸企业参与国际竞争，提高本国产业劳动生产率，促进规模经济形成，对于提升造纸及纸制品贸易利益有积极的促进作用。

（3）劳动生产率因素对中国造纸及纸质品贸易利益的影响。劳动生产率和造纸及纸制品贸易利益的直接通径系数为0.2610，间接通径系数为0.5817。劳动生产率每增加1个标准差单位，将导致贸易利益增长0.2610个标准差单位，它通过规模经济、垂直专业化及外商直接投资间接影响贸易利益变化分别为0.1731、0.2041、0.2345。

近年来，中国造纸及纸制品产业发展得益于国际产业向中国的转移，劳动生产率的大小会影响产品在国际上的比较优势的大小。造纸及纸制品劳动生产率的提高可以直接增强相应产品的国际竞争力，影响国际贸易利益；除此之外，也可以更为深入细化地参与全球价值链分工，从附加值较低的生产环节向附加值较高的生产环节转移。中国造纸及纸制品产业劳动生产率较低，呈现产业高产量与低效率并存的现象，低成本的劳动力优势容易被较低的劳动生产率劣势所抵消，限制了贸易利益的提升空间。

（4）外商直接投资因素对中国造纸及纸制品贸易利益的影响。外商直接投资和造纸及纸制品贸易利益的直接通径系数为0.2302，在四个影响因素对贸易利益的直接效应中最小，外商直接投资对造纸及纸质品贸易利益的间接效用为0.6765，它通过规模经济、垂直专业化及劳动生产率间接影响贸易利益变化分别为0.2062、0.1938、0.2765。即外商直接投资在很大程度上是通过间接作用对造纸及纸制品贸易利益产生作用的。

20世纪90年代之前，外资进入中国造纸及纸制品行业程度不高，但是自中国加入世界贸易组织后，中国造纸和纸制品行业外资参与程度逐渐提高。根据有关数据统计，2011年中国造纸及纸制品业大中型企业共7073家，其中，中外合资企业、中外合营企业、外资企业三类外商投资企业有1162家，占16.43%，而到了2015年，这一比例到达了28%左右。一方面，外资企业通过在中国布局生产，能够直接促进纸制品出口的增长；另一方面，造纸及纸制品业也属于资金密集型产业，在其发展过程中，资本积累以及技术进步等都发挥着重要的作用。外商直接投资不仅发挥着资本的作用，而且由于外资企业在技术、管理经验等方面的优势，可以提升中国造纸及纸制品业的劳动生产率、竞争力，促进产业结构调整，逐步实现规模经济效应，提升贸易利益。

# 第五章　环境规制对木材产业参与全球价值链的影响

中国木材产业作为资源依赖性产业，发展受资源与环境约束，还处于价值链低端。对于处在经济转型和倡导绿色可持续的重要时期，木材产业这种集资源与环境于一体的产业参与全球价值链会受到什么影响？从全球价值链视角探析环境规制的原理、效应，研究环境规制对于木材产业全球价值链地位的作用路径具有重要的理论价值。在开放经济的背景下，环境规制究竟是否可以助力中国木材产业参与全球价值链竞争，并减少资源与生态环境的牺牲？这些都是本领域研究亟待回答的问题。

本章以正式和非正式环境规制与木材产业省级出口附加值率之间的关系为基础，明晰环境规制对木材产业参与价值链的影响，为国家及省域平衡环境保护与促进木材产业发展提供理论支持，具有实践指导意义。

## 第一节　理论基础

### 一、环境规制相关理论

规制有时也被称为“管制”，其含义随着社会和历史的不断发展而产生变化，规制作为具体的制度安排，是“政府对经济行为的管理或制约”，是公共政策的一种方式。作为一种有效的社会管理方法，规制存在于各类社会、政府、市场中。关于规制的定义很多，但还没有统一的概念。本书通过文献及相关理论回顾，发现一般意义上的监管主体是政府等行政机关，客体是经济主体，主要是企业，而措施主要是对抗性的立法程序，即相关的政策和制度。随着社会的不断发展，经济规模的扩大，规制的含义进一步提升，公众逐渐加入了规制的主体，对象演变为微观经济个体，主要是生产者和消费者。除法律法规外，贺芒瑶（2017）表明它还包括一些非正式的法规形式，如当地习俗和公众监督。

环境作为一种公共商品，企业在追求自身经济利益时容易“搭便车”，造成对生态环境的过度破坏，因此，政府为防止这种现象的出现，必须采用一定的手段来进行干预。环境规制，通常被认为是政府通过制定一定的政策和措施，对企业的经济活动进行干预，使得经济和环境协调发展。环境规制按照其对经济主体排污行为的约束强硬程度可以分为命令控制型环境规制、以市场为基础的激励性环境规制和自愿型环境规制。关于环境规制方面的措施，一般都采取以政府管制为主、市场管控为辅的手段，主要有制定环境法律法规及标准、收取排污费、设立环境税、污染物排放总量控制、开展排污权交易和环境补贴政策六种措施。目前，对于环境规制没有统一的量化标准，众多学者从不同的角度对政府环境规制进行了量化考核，随着消费者环保意识的增强以及网络媒体技术的发展，公众参与环境保护即非正式环境规制在环境保护方面扮演越来越重要的角色，学者从正式与非正式两个方向考察环境规制，为之后的研究提供了良好的经验。综上所述，环境规制由政府部门相关政策约束与公众自主参与环境保护两个方面组成（见表5－1）。

**表5－1　环境规制主要形式**

| 类别 | 主体 | 具体措施 |
|---|---|---|
| 正式规制 | 政府 | 市场准入、环境标准、禁令、配额 |
| 正式规制 | 政府 | 环境税费、专项补贴、押金返还、执行债券、排污权交易、明晰产权 |
| 非正式 | 政府 | 信息提供、环境标签、环境认可 |
| 非正式 | 政府 | 契约（环境协议） |
| 非正式 | 公众 | 公众的环保意识，非政府环保组织，公众的谈判、游说 |

环境资源的公共属性决定了它具有效用不可分割，以及收益的非排他性和非竞争性的特性，同时，这三个特性在当前经济体的环保认知标准下不可避免地为市场机制带来一些问题。为解决环境公共性带来的环境外部性问题，实现资源有效配置，传统的解决方式是实现环境成本内部化，使得企业承担部分环境成本，进一步约束企业过度消费环境的行为。主要手段有庇古税和产权理论，但是在制定税收标准时存在信息不对称的情况，产权理论对于政府和市场职能无法有明确的界限，因此，只有采取多样化的方法才能解决环境外部性问题。环境规制是能够使市场有效运行的重要辅助手段。规制有利有弊，一方面环境规制可以弥补市场机制的不足，另一方面也可能会对市场交易的自由有所限制。因此，刘岑婕

(2015) 认为在实施环境规制的过程中要协调好政府、企业和个体三者间的关系，从而达到实现经济可持续发展的目标。

## 二、环境规制影响木材产业参与全球价值链的机制分析

在当前的自然与社会背景下，可持续发展是全球一致的目标，协调贸易与环境之间的关系是各国可持续的重要课题。环境规制对于国际贸易之间的关系有“污染避难所”、“波特假说”、“拐点假说”等不同的解释，国内外学者通过实证检验的结果也不一致，在贸易自由化的背景下，环境规制强度在生产成本、技术创新、产业结构等方面对参与全球分工程度既有积极的影响，也有消极的影响，最终影响效果取决于正负影响抵消后的平衡和对比。图 5 –1 显示了环境规制对于木材加工全球价值链地位的影响机制。

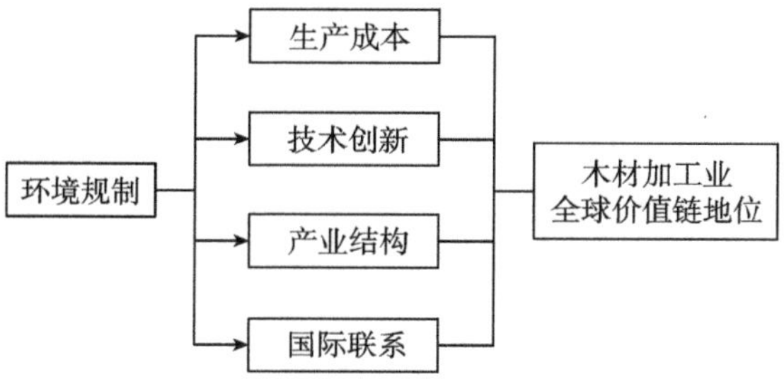


**图 5 –1　环境规制的经济效应影响机制**

### (一) 环境规制的成本效应

政府执行严格的环境监管政策，公众通过监督和举报参与环境保护，这对公司的生产过程和最终产品质量有更高的要求。为了达到环境规制政策的要求，该行业需要承担更多的污染治理费用。刘岑婕 (2015) 认为对于公司而言，从购买生产设备和原材料到改进生产工艺流程，费用增加了，导致生产成本上升。同时，公司还必须承担排污费、环境税、污染许可证费用、环境认证费用等，进一步增加了公司的经营成本，可能导致比较优势的转变。各国对于企业生产过程没有统一的环境标准，它们拥有自主制定权，环境标准作为一种要素禀赋将会直接影响出口国的比较优势，实施较为宽松的环境监管的国家在污染密集型产品的生产中具有比较优势，这与发达国家将污染密集型产业转移到环境标准较为宽松的发展中国家，使发展中国家成为“污染避难所”的现实状况符合。

根据要素禀赋理论的观点，环境要素相对丰富的国家应出口污染密集型商品，而环境要素相对稀缺的国家则倾向于进口这些商品。政府的环境政策会影响

环境资源的使用。实施严格环境控制的国家，环境要素相对稀缺，而实施宽松环境政策的国家，环境要素相对丰富。假设经济体系中有两个国家 $A$ 与 $B$，它们生产两种产品 $X$ 和 $Y$，且只有 $X$ 在生产过程中会产生污染。$X$ 的生产过程用到资本 $K$、劳动 $L$ 和环境 $E$。产品 $Y$ 在生产过程中只使用资本 $K$ 和劳动 $L$。任何企业产生的污染对消费者都存在不利影响，但并不影响其他企业的生产效率；消费过程中不会产生污染；两种产品的规模报酬不变，产品 $X$ 和 $Y$ 的生产函数都是递增且严格凹函数，如下：

$$X = F(K_x, L_x, E) \tag{5-1}$$

$$Y = F(K_y, L_y) \tag{5-2}$$

假设企业每产生一单位污染物所要付出的代价是 $i$，$i$ 值越大，则代表环境管制越严格。资本和劳动的价格分别表示为 $r$ 和 $w$，产出 $x$ 的单位成本为 $c$（$r$，$w$，$i$），假定生产要素是不完全流动的，单位成本函数如下：

$$c(r, w, i) = f(i)g(r, w) + h(i)$$

$$K = \frac{\partial c(r, w, \tau)}{\partial r} = f(\tau)\frac{\partial g}{\partial r}$$

$$L = \frac{\partial c(r, w, \tau)}{\partial w} = f(\tau)\frac{\partial g}{\partial w} \tag{5-3}$$

从式（5-3）可以看出，资本和劳动比值只与资本和劳动力的要素价格有关系，而与环境规制程度没有关系。也就是说，对于相同的劳动力和资本投入，环境规制相当于负的中性技术进步，如果产生污染的行业遵守环境规制政策，那么其产品产量就会减少。如果环境政策较为宽松，则这个行业的产出将增加，因此可以 $X = f(i)F(K, L)$ 表示产出，生产的变化会改变产品的相对价格和相应的交易方式。如图 5-2 所示，$I$ 曲线是 $A$ 国环境政策的环境规制较为宽松时的生产可能性曲线。生产点为 $Q$，消费点为 $C$，在污染密集型商品 $X$ 上具有比较优势，出口 $X$ 产品和进口 $Y$ 产品。$II$ 曲线是环境规制也严格时的生产可能性曲线，在该曲线上，$X$ 产品产量下降，生产可能性曲线向内移动，生产变为 $Q^*$，消费点变为 $C^*$，此时 $A$ 国将出口 $Y$，在清洁商品 $Y$ 上具有比较优势。

要素禀赋假说认为，污染密集型产业一般是资本密集型产业，劳动密集型产业往往是干净类产业，林业第二产业以加工制造为主，也即木材产业以资本密集型产品为主。环境规制使污染密集型产品出口下降，而清洁型产品出口上升，因此木材产业总体的出口附加值下降。从在价值链所处的地位来看，环境规制强度的增加不利于木材产业的发展。由于贸易成本效应主要靠污染型和清洁型产品的相对价格优势决定，环境规制的增强会伴随相对价格优势的逐渐减弱，所以环境规制的贸易成本效应存在边际递减规律，随着环境规制的增强而逐渐变小。

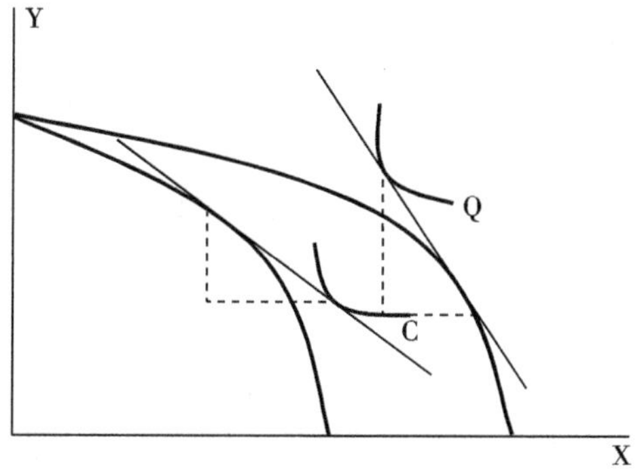


图 5－2　生产可能性曲线

（二）环境规制的技术创新效应

在新古典经济学的静态分析框架中，企业可以获得完整的市场信息，并以成本最小化为目标进行理性决策。由于环境规制产生的成本内部化增加了企业的生产成本，如果企业资金受限，则环境治理成本将会挤占企业在研发和创新上的投入，产生挤出效应。

在分析企业创新机制时，波特打破了这种静态分析框架，用动态的视角进行了分析，指出环境规制通过产生创新补偿效应和先动优势效应，作用于一国的比较优势和其出口贸易模式。在市场经济条件下，环境规制将增加企业的生产成本。企业为了实现利润最大化的目标，从长远发展着手，在环境法规政策的长期作用下，企业将寻求其他对冲的途径。因此，童伟伟（2013）认为企业会进行技术创新以改善生产工艺，提高生产效率，降低污染治理费用，由此产生创新补偿效应。另外，环境规制通过促使企业进行清洁生产的过程会触发先动者优势效应，一个国家率先进行技术创新可以开拓新市场，获得收益，进而在外部环境中获得竞争优势。同时，甚至可以借助这种环境规制给企业带来的先动优势，设置行业进入壁垒，持续占有市场，维持可持续的竞争优势。

此外，部分研究表明，环境规制与技术创新之间的关系并非简单的线性相关。有学者指出，短期内在外部规制的压力下，企业为满足环保要求将被动地增加生产成本，进行末端污染控制，治污成本增加挤占技术创新资源，不利于提升产业全球价值链地位。但是立足企业的长期发展，为了提高单位的污染治理支出的治理效果，企业将增加研发支出，进行技术创新，进而提高产出水平和生产效率。因此，环境规制与产业发展之间可能存在 U 形关系。只有环境监管强度超过一定阈值，工业技术进步才能得到促进。较弱的环境规制会增加生产成本，不利于形成产业竞争优势。但是，当环境监管强度提高到一定程度时，创新补偿的效果将大于遵循成本效应，环境监管对产业创新发展产生积极影响，促进各个国家各个行业的技术创新，影响比较优势和贸易及行业参与全球价值链。

（三）环境规制的产业升级效应

环境监管可以影响污染型生产的要素投入价格，而企业之间的竞争往往受到环境成本的制约，因此该行业将淘汰落后产能，促进产业结构升级，有利于贸易产品结构的优化，从而影响产业参与全球价值链。首先，在环境法规的约束下，为了追求利益的最大化，企业会将污染控制的成本转移给消费者，消费者为此付出更高的代价，这将减少此类产品的消费，消费者需求的变化最终影响产业结构。其次，在国际分工合作，生产全球布局的价值链分工背景下，发展中国家处于发展初期，环境监管标准较为宽松，发达国家将大量低附加值高污染的生产环节转移至发展中国家，由此，发展中国家嵌入全球价值链，迅速进入全球生产体系。但与此同时，这些国家付出了高昂的环境成本，只获得了有限的附加值，面临边缘化和处于“低端锁定”的风险。同时，环境规制将在一定程度上导致产业结构扭曲，引起工业产品价格的变化，进而影响部门的产出，并通过价格链条的传递影响其他行业。行业之间的相关性越高，这些行业之间的影响就越明显。环保法规使企业增加了生产成本，减小了投资规模，通过投资乘数效应造成了相关行业份额的减少，导致整个产业结构的变化。因此，环境规制能够促使污染密集型行业向清洁型行业转变，优化产业结构，促使行业向全球价值链高端攀升。同时，环境规制也可能导致产业结构的扭曲，不利于木材产业参与全球价值链。

（四）环境规制影响国际联系

全球环保意识逐渐增强，当前的国际竞争环境复杂多变，绿色贸易壁垒在国际贸易关系中扮演的角色更加重要。绿色贸易壁垒主要包括环保公约、环保法规和标准、环境成本内在化等，是进口国为了保护自然资源、生态环境和人类健康制定的一系列限制进口的措施。国内环境规制的实施使出口企业生产的产品更多地符合国际的环境标准，满足进口国标准，更容易进入目标市场，先进入者优势以及市场规模在一定程度上成为出口企业的竞争优势，提升产业全球价值链地位。

## 第二节　我国环境规制现状及指标体系构建

中国的环境规制形式多样，在环境保护方面取得了重大成就。随着中国公众环保意识的增强，非政府环保组织数量增多，且木材产业是公众参与环境保护涉及较为全面的行业，基于此，本部分综合评价正式环境规制强度，并纳入非正式环境规制因素，以期全面分析环境规制对于木材加工贸易的影响；从木材产业涉及的污染环节和污染物出发，分析木材产业所受环境规制现状，并且基于现状分析，构建环境规制指标体系。

## 一、中国环境规制情况

基于环境规制的相关理论回顾，环境规制方面的措施一般都采取以政府管制为主，市场管控为辅的手段，主要有制定环境法律法规及标准、收取排污费、设立环境税、污染物排放总量控制、开展排污权交易和环境补贴政策等措施。全球的环境规制经历了以下阶段：①以命令与控制政策为主的环境规制阶段，主要靠政府进行强制性管制，通过制定环境法律法规和标准并强制实施进行环境规制；②以经济激励政策为基础的环境规制阶段，主要通过引导企业在追逐利润最大化的过程中实现环境规制效果，主要手段有环境税费、补贴、押金和可交易许可证；③以信息披露政策为基础的环境规制阶段，主要通过公开企业和产品信息，通过引导产品市场、资本市场、劳动力市场、立法执法体系以及其他相关利益集团参与环境规制政策的制定、执行与监督，来达到减轻规制机构负担和提高规制效率的目的。

中国高度重视环境保护问题，提出了一系列关于环境保护方面的法律法规，在环境保护方面取得了卓越的成就。中国首部具有法律效应的环境保护文件颁布于 1973 年，标志着中国环保事业的起步。此后中国颁布了多项决定、实施了多项政策，进行国内的环境规制。中国的环境规制经历了以下阶段：①预防为主、谁污染谁治理和加强环境管理，把环境保护提高到国策阶段（《国务院关于在国民经济调整时期加强环境保护工作的决定》、《关于环境保护工作的决定》和《关于进一步加强环境保护工作的决定》）；②要求环境质量实施行政领导负责制，进一步明确环保责任阶段（《国务院关于环境保护若干问题的决定》）；③把环保纳入政府领导和经济转型发展是否有效的考核阶段（《国务院关于落实科学发展观加强环境保护的决定》、《国务院关于加强环境保护重点工作的意见》）。党的十八大以来，提出以改善环境质量为目标，加强生态文明建设，要构建政府为主导、企业为主体、社会组织和公众共同参与的环境治理体系（《关于加快推进生态文明建设的意见》、《生态文明体制改革总体方案》、《"十三五"生态环境保护规划》）。可以看到，中国的环境规制形式以政府为主，市场为辅，在新时代背景下，也突出强调了社会组织和公众参与的重要性。

由图 5－3 和图 5－4 看出，从 2000 年开始，中国在环境污染治理方面的投资一直在增加，表明了中国对于环境问题治理的决心。全国废水排放总量从 2016

年开始回落，废气的排放量基本在下降状态，二氧化硫排放量从 2014 年开始加快下降速度，2017 年二氧化硫排放量仅为 2013 年排放量的 43%，反映出中国环境治理的成果显著。

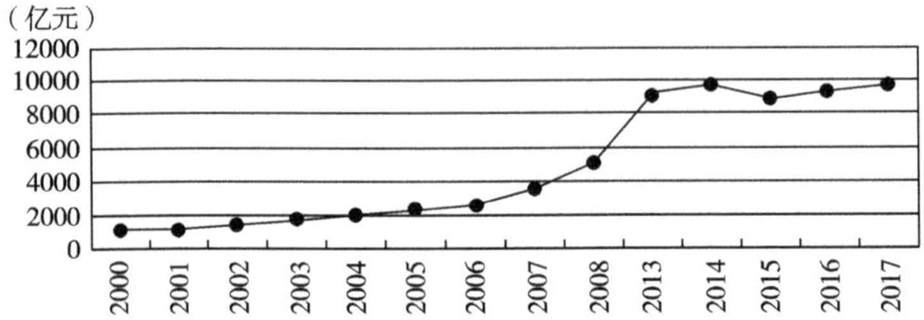


**图 5-3　环境污染治理投资总额**

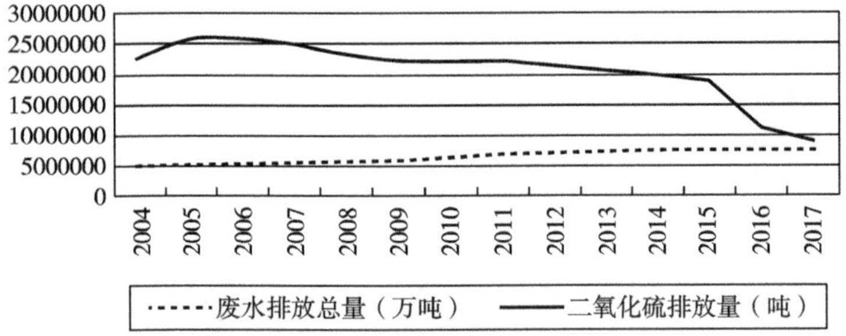


**图 5-4　2004~2017 年废水、废气主要污染物排放**

## 二、木材产业环境规制现状

（一）木材产业环境污染问题

木材加工工业包括人造板制造、人造板装饰处理、木材物理及化学处理、制材及木制品制造工艺，在加工过程中会产生不同程度、不同性质的污染，主要涉及生产性粉尘、废水、废气和废渣及噪声污染等。这些污染对人类的身体健康有很大危害，有的甚至造成生态环境的严重破坏。因此，随着木材产业的迅速发展，加强木材工业污染防治工作显得尤为重要。木材产业受到的环境规制主要和其涉及的污染物相关，木材产业的主要污染如下：

1. 加工生产性粉尘污染

加工生产性粉尘主要来源包括原木的初加工剩余物（森林采伐、运输剩余物和枝、叶、树皮等）、加工中产生的实体剩余物（刨花、锯屑、细木粉等）。木材工业的固体废弃物还包括化工废渣、废水处理泥渣、燃料废渣等。刨花在刨切过程中快速堆积占据了大量空间，不仅给行走带来不便，也是引起火灾的隐患。此外，刨花还会对产品质量产生影响。锯屑在工作场所的散逸与分布更加广泛；细木粉主要源于砂削过程产生的砂光粉，砂光粉具有易燃性，由于尺寸更小，化学活性更强，易爆炸。砂光粉中有相当数量的粉尘飘浮在空气中，可能落到木制品油漆表面，影响漆膜质量，更多情况下，砂光颗粒会对工人的呼吸系统造成危害。

2. 木材工业废气污染

木材工业化学废气种类繁多，归纳起来主要有苯、氨基、硝基等有机溶剂，铅、汞、铬及其金属类有毒物，氯、氯化氢、二氧化硫、甲醛等刺激性有害气体，一氧化碳、氰化物、硫化氢等窒息性有毒气体，这些废气直接危害人体健康，污染大气环境。一般来说，木材工业中产生化学废气的生产过程和工序可概括为以下几个方面：①家具油漆和人造板装饰工艺过程挥发的溶剂蒸气；②在人造板车间中采用脲醛树脂、酚醛树脂等甲醛类树脂作胶粘剂时，在热压工序中将逸出大量具有刺激性的游离甲醛、游离苯酚等有毒气体，污染车间和大气环境，危害人体健康；③木材，单板，木片，刨花，纤维在加热干燥、热压等加工过程中由热分解产生的气体，都含有相当数量的挥发性有机化合物，主要是有机酸和醛类化合物；④动力车间，物质燃烧产生大量烟雾；⑤在刨花、纤维的气流干燥过程中偶有爆炸现象产生，也会产生有害气体；⑥大气中物理和化学反应而生成的气态污染物。

3. 木材加工废水污染

木材产业和其他工业一样也存在严重的水污染问题，木材产业不但用水量大，并且使用的化学药剂种类和数量多，毒性大，容易造成水污染。胶合板、刨花板、纤维板生产、木材防腐、染色和漂白处理等生产过程是主要的废水污染源。除此之外，在合成树脂制造、家具电镀处理等生产环节也会产生严重的水污染问题。

在以上行业中，均使用大量的水作为溶剂，稀释水和纤维运载体，产生的废水中含有大量的有机物、有毒物质和其他废弃物等。

（二）木材产业环境规制情况

木材产业受到的直接环境规制主要有：①政府对木材产业的环保监管以直接管制为主，也即通过污染控制法律法规直接对污染物排放进行规定，如 GB 18580－2017 所规定的甲醛释放限量，根据这些法律法规对每一个木材加工厂商和消费者确定污染物排放种类、数量、方式以及人造板产品和生产工艺相关污染指标。②征收环境税，木材加工企业的行为是受利益机制驱动的，因此政府通过征收环境税这种经济手段刺激木材加工企业主动削减排污量。③排污许可证，在满足环境质量目标的前提下，利用市场调控机制使得排污许可证指标在排污单位之间进行转让，可以实现对环境容量资源的合理利用。对木材加工企业而言，当排污许可证价格高于边际控制成本时，选择自己治理污染，反之，将选择购买排污许可证。④政府也会通过产品收费和补贴进行木材加工流程环保监管，如对木材加工企业中的甲醛释放量高的产品收费，使得产品价格上升，通过市场供需情况，促进企业改进生产工艺，降低污染。再如，对清洁生产项目、污染治理项目、绿色产品进行补贴，激励企业绿色创新。

除以上主要手段外，还存在其他一些形式的环境规制手段。例如，中国环境保护协会的环境污染曝光台会不定期公告企业环境污染行为，促使市场对这些企业进行筛选，加强监督；自然之友等民间环境保护组织、陕西青年与环境互助网络等当地环保组织以及消费者自发的对于木材加工行业的市场监督等非正式环境规制形式。

（三）环境规制强度

基于我国环境规制背景和木材产业环境规制情况分析，本书构建正式和非正式环境规制指标对木材产业环境规制进行准确衡量。

1. 正式环境规制

根据木材产业工艺流程特点，同时参考姚蕾和宁俊（2013）的环境规制强度指标构建体系，从环境的保护效果和保护过程出发，选取指标基础数据来源，最终确定的国内环境规制强度指数综合评价指标体系中包含 6 个单项指标，分别是废水（受数据可得行及连续性考虑，以化学需氧量及氨氮排放量之和替代废水排放总量）排放总量、废气排放量、固体废物排放量、固体废物综合利用率、生态建设与保护本年完成投资额、环境污染治理投资占 GDP 比重，数据源于历年《中国统计年鉴》及《中国环境统计年鉴》，指标体系如表 5－2 所示。

**表 5－2　正式环境规制指标体系**

| 环境保护效果 | 环境保护过程 |
|---|---|
| “三废”排放量占 GDP 比重 | 林业生态建设与保护本年完成投资额 |
| 固体废物综合利用率 | 环境污染治理投资占 GDP 比重 |

在正式环境规制强度 FER 的指标构造中，考虑到各项指标之间的相关性，借助 Stata 进行因子分析，以期得到综合变量来表征正式环境规制强度。因子分析作为主成分分析的推广和发展，通过找出能综合原始变量的少数因子，将多个相关变量综合为少数几个因子，且可以消除因子之间的相关性，进行因子分析的

前提是原始变量之间具有较强的相关性。因此，在对数据预处理（“三废”排放为逆指标，故转为其倒数）之后进行因子分析适用性检验。对6个指标变量（林业生态建设与保护本年完成投资额X1，环境污染治理投资占GDP比重X2，固体废物综合利用率X3，废水排放量占GDP比重X4，废气排放量占GDP比重X5，废物排放量占GDP比重X6），唯有X6方差与其他数据相差较大，并且其提取值低于0.5，可能导致信息损失，故只对其他5个变量进行KMO和Bartlett检验，结果如表5－3所示。

**表5－3　KMO和Bartlett的检验结果**

| Kaiser－Meyer－Olkin 抽样充分性的检验 | | 0.522 |
|---|---|---|
| Bartlett 的球形度检验 | 卡方检验 | 534.007 |
| | 自由度 | 10 |
| | p值 | 0.000 |

在统计学上，一般认为KMO值小于0.5，Bartlett球形检验概率大于显著性水平0.01就不适合进行主成分分析，由表5－3可以看出，巴特利特球度统计量的观测值为534.007，相应的概率接近0，认为相关系数矩阵与单位阵有显著差异。同时，KMO值为0.522，认为上述5个变量适合进行因子分析。通过主因子分析（factor），得到主成分因子如表5－4所示。

**表5－4　主成分分析结果**

| 因子 | 特征值 | 差异 | 贡献率 | 累计贡献率 |
|---|---|---|---|---|
| Factor1 | 1.65536 | 1.25798 | 0.9407 | 0.9407 |
| Factor2 | 0.39737 | 0.32622 | 0.2258 | 1.1665 |
| Factor3 | 0.07115 | 0.22008 | 0.0404 | 1.2069 |
| Factor4 | －0.14893 | 0.06631 | －0.0846 | 1.1223 |
| Factor5 | －0.21524 | 0.00000 | －0.1223 | 1.0000 |

根据最小特征值标准，取大于1的特征值第一个因子的特征值为1.65，因此，保留第一个因子。第一个成分几乎全部解释了6个变量，方差贡献率达到94.07%。计算因子得分系数，进而以因子得分系数代替正式环境规制强度。

2. 非正式环境规制

非正式环境规制是指民众对环境保护行为的参与活动，是消费者环保意识的集中体现。综合考虑当前公众参与社会监督的模式，包括网络途径的环保意识体现。网络监督具有高度的直接性、匿名性和互动性等特点，在降低政治参与成本的同时，也可以提升参与的效率，借助其优势得到地方政府的关注。我们以“污染”作为关键词进行谷歌趋势搜索，并进行地区分类，可以得到所有省份的指数值，以反映该地区民众对环境问题的网络关注密度。

由表5－5可以看出我国26个地区在2004～2013年的正式环境规制强度排名变化情况。黑龙江、安徽、陕西、广西、海南等地区在不同年份的环境规制强度排名差距相对较大；不同年份的环境规制强度排名差距相对较小的有北京、上海、天津、浙江等地区。同时，我国经济发展状况较好的地区，对环境保护重视程度更高，这与发达国家的环境规制强度更高有着相似的内涵。表5－5和图5－5中环境规制强度的结果显示，各省份的正式和非正式环境规制强度均存在较大差异，上海、浙江、山东、江苏等木材加工产业较为发达的省份，政府更加注重环保倡议和对企业的环境监管，这些地区的民众也相对更加积极地参与环境保护，进行环保监督。从总体来看，近些年，随着我国经济由高速向高质量的发展转变、国际鼓励低碳经济、公民环保意识提升，不管是国家政府出台的环境监管政策，还是民众自发组织参与环境保护都更加高效、频繁，我国总体的环境规制强度在逐年加大。

**表5－5　2004～2013年各地区正式环境规制强度排名**

| 地区 | 2004 | 2005 | 2006 | 2007 | 2008 | 2009 | 2010 | 2011 | 2012 | 2013 | 排名变化 |
|---|---|---|---|---|---|---|---|---|---|---|---|
| 北京 | 1 | 1 | 1 | 1 | 1 | 1 | 1 | 1 | 1 | 1 | 0 |
| 上海 | 2 | 2 | 2 | 2 | 2 | 2 | 2 | 2 | 2 | 2 | 0 |
| 天津 | 3 | 3 | 3 | 3 | 3 | 3 | 3 | 3 | 3 | 3 | 0 |
| 广东 | 4 | 5 | 4 | 5 | 6 | 5 | 6 | 6 | 6 | 6 | 2 |
| 浙江 | 5 | 4 | 5 | 4 | 4 | 7 | 4 | 5 | 5 | 5 | 0 |
| 江苏 | 6 | 7 | 7 | 7 | 5 | 4 | 5 | 4 | 4 | 4 | －2 |
| 山东 | 7 | 6 | 6 | 6 | 7 | 6 | 7 | 8 | 8 | 8 | 1 |
| 海南 | 8 | 8 | 8 | 8 | 8 | 8 | 8 | 17 | 18 | 16 | 8 |
| 福建 | 9 | 9 | 9 | 9 | 9 | 9 | 9 | 7 | 7 | 7 | －2 |
| 安徽 | 10 | 11 | 12 | 15 | 15 | 15 | 15 | 18 | 19 | 15 | 5 |
| 黑龙江 | 11 | 12 | 15 | 16 | 18 | 21 | 20 | 25 | 26 | 26 | 16 |
| 河南 | 12 | 10 | 10 | 10 | 10 | 10 | 10 | 11 | 12 | 13 | 1 |
| 重庆 | 13 | 14 | 13 | 14 | 13 | 13 | 14 | 9 | 9 | 9 | －4 |
| 湖北 | 14 | 15 | 14 | 12 | 14 | 14 | 11 | 10 | 10 | 10 | －4 |

续表

| 地区 | 2004 | 2005 | 2006 | 2007 | 2008 | 2009 | 2010 | 2011 | 2012 | 2013 | 排名变化 |
|---|---|---|---|---|---|---|---|---|---|---|---|
| 河北 | 15 | 13 | 11 | 11 | 11 | 11 | 13 | 22 | 25 | 25 | 10 |
| 辽宁 | 16 | 18 | 20 | 20 | 17 | 16 | 16 | 19 | 17 | 18 | 2 |
| 云南 | 17 | 17 | 17 | 18 | 19 | 20 | 21 | 23 | 21 | 21 | 4 |
| 吉林 | 18 | 20 | 19 | 19 | 21 | 19 | 18 | 24 | 20 | 21 | 3 |
| 四川 | 19 | 16 | 18 | 17 | 16 | 18 | 19 | 14 | 14 | 17 | -2 |
| 湖南 | 20 | 21 | 21 | 22 | 23 | 23 | 22 | 15 | 13 | 12 | -8 |
| 内蒙古 | 21 | 19 | 16 | 13 | 12 | 12 | 12 | 20 | 24 | 23 | 2 |
| 山西 | 22 | 22 | 23 | 23 | 22 | 22 | 23 | 16 | 16 | 19 | -3 |
| 陕西 | 23 | 23 | 22 | 21 | 20 | 17 | 17 | 13 | 11 | 11 | -12 |
| 贵州 | 24 | 25 | 25 | 25 | 25 | 25 | 25 | 26 | 23 | 24 | 0 |
| 江西 | 25 | 24 | 24 | 24 | 24 | 24 | 24 | 21 | 22 | 22 | -3 |
| 广西 | 26 | 26 | 26 | 26 | 26 | 26 | 26 | 12 | 15 | 14 | -12 |

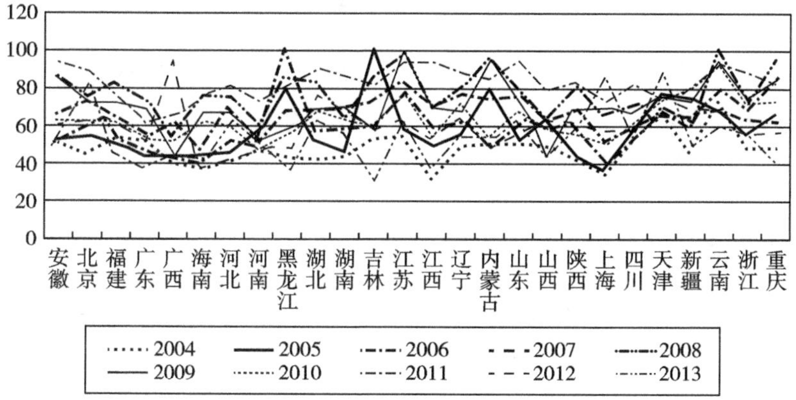


**图 5-5　2004~2013 年非正式环境规制强度**

# 第三节　木材加工企业参与全球价值链分工的状况分析：基于省际数据

现有的对于全球价值链研究的方法尽管可以得出较为合理的结论，但在详细研究中还存在不足。首先，利用投入产出表进行宏观测算的方法，对于投入产出表产出系数的设定忽视了价格变化等外部冲击对于企业决策的影响。其次，投入产出表以产业整体性质为基础，无法体现企业异质性问题，在当前中国加工贸易高速发展的背景下企业异质性问题较为关键。也正是投入产出表的数据局限性，导致国内附加值的研究还停留在行业层面，且分析比较笼统。最后，受投入产出数据编制限制，无法进行时间变化趋势的计量分析，对环境规制对于国内附加值率基于时间趋势的影响无法进行验证。相比而言，出口国内附加值的微观测算更加可取，因此，本部分以微观企业的出口国内附加值率来衡量木材加工行业在全球价值链中的地位。

## 一、国内附加值及国内附加值率

根据企业总收入会计恒等式，企业总收入 $PY$ 可以表示如下：

$$PY_i \equiv \pi_i + \omega L_i + rK_i + DC_i + FC_i \tag{5-4}$$

等式右边分别为利润$\pi$、工资 $\omega L$、资本成本 $rK$、国内材料成本 $DC$、进口材料成本 $FC$。在全球价值链分工背景下，一国进行生产所用的国内材料有可能包含进口投入部分，同时进口材料中也可能包含国内出口价值增值，因此国内材料成本可表示为国内材料中国外成分 $D^F$ 与纯国内部分 $D^D$ 之和，国外材料成本表示为进口材料中国内成分 $F^D$ 和纯国外成分 $F^F$ 之和。因此，材料成本可表示为 $DC_i \equiv D_i^F + D_i^D$，$FC_i \equiv F_i^D + F_i^F$，定义企业的出口国内附加值（DVA）等于企业产出中国内产品和服务的价值之和，等于利润、工资、资本成本、直接和间接的国内材料消耗部分，即：

$$DVA_i \equiv \pi_i + \omega L_i + rK_i + D_i^D + F_i^D \tag{5-5}$$

对于加工贸易企业而言，出口所有的生产产出，进口中间投入品与资本，加工贸易企业的出口（$EXP$）与其总收入（$PY$）相等，进口（$IMP$）等于进口材料成本加进口资本（$F^K$）。因此，

$$EXP_i \equiv \pi_i + \omega L_i + rK_i + D_i^D + F_i^D + D_i^F + F_i^F \tag{5-6}$$

$$IMP_i \equiv F_i^F + F_i^D + F_i^K \tag{5-7}$$

$$DVA_i \equiv (EXP_i - IMP_i) + (F_i^D - D_i^F + F_i^K) \tag{5-8}$$

对于一般贸易企业而言，假设企业对于出口产品的投入和企业出口占企业总收入的份额成比例，得到出口 DVA 如下：

$$DVA_i^0 \equiv EXP_i - (IMP_i - D_i^K + \delta_i^F)\left(\frac{EXP_i}{PY_i}\right) \tag{5-9}$$

由以上公式可以总结出，企业出口国内附加值（$DVA_{it}$）的表达式如下：

$$DVA_{it} = EXP_{it} - \frac{EXP_{it}}{Y_{it}} IMP_{it} \tag{5-10}$$

其中，$EXP_{it}=\exp_{it}^{0}+\exp_{it}^{p}$，$IMP_{it}=imp_{it}^{0}+imp_{it}^{p}$。$i$ 和 $t$ 分别代表企业和年份；$\exp_{it}^{0}$和 $\exp_{it}^{p}$分别表示从事一般贸易活动和从事加工贸易活动的出口额，出口总额为二者之和 $EXP_{it}$。类似的 $imp_{it}^{0}$和 $imp_{it}^{p}$分别表示企业 $i$ 从事一般贸易活动和加工贸易活动对应的中间品进口额，二者之和为企业 $i$ 的中间品进口总额 $IMP_{it}$。$Y_{it}$表示企业的工业总产值。企业出口国内附加值率表示如下：

$$DVAR_{it}=\frac{DVA_{it}}{EXP_{it}}=1-\frac{IMP_{it}}{Y_{it}} \tag{5-11}$$

其中，企业中间品进口额数据来源为海关数据库，企业工业总产值数据来源为工业数据库。

## 二、木材企业出口国内附加值率

本部分测算的数据源于中国工业企业数据库和中国海关进统计数据库。2018 年 12 月 11 日，中国工业企业数据查询系统更名为中国微观经济数据查询系统。该查询系统的收录内容、数据结构等与原来的中国工业企业数据查询系统一致。中国工业企业数据是全部国有及规模以上［企业每年主营业务收入（销售额）在 500 万元以上，2011 年起为 2000 万元以上］非国有工业企业数据，统计来源为国家统计局。数据指标涉及工业总产值、工业销售产值、工业增加值等。中国海关进出口数据库源于海关总署记录的企业进出口数据，统计范围涵盖进出口企业、进出口港口、进出口货物类型及价值等数据信息。

为准确对接两大微观数据库并得到更为准确的测算结果，借鉴高翔等（2018）的方法，对可能导致误差的贸易中间代理商进口、中间投入品、中间品间接进口以及资本品进口等问题进行相关处理。需要说明的是，由于工业数据库和海关数据库中的单位标准不同，工业数据库的单位标准为千元（人民币），海关数据库的单位标准为美元，因此，对两个库的单位进行换算统一，将企业中间品进口额根据当年的人民币对美元汇率统一为人民币单位标准进行测算。

### （一）对贸易中间代理商进行识别

加入世界贸易组织前，我国对企业的进出口经营权有所限制，而且很多企业自身资金和能力有限，只能依靠中间贸易商参与进出口活动。张杰（2013）研究表明企业所用的进口资本品和中间投入品有可能是由专门的贸易代理商代为申报进口的。2001 年我国正式加入世界贸易组织以后，对于进出口经营权的审批权逐步放开，在一定程度上刺激进出口规模增长。但是在历史习惯以及市场变化速度较慢的情况下，即使是 2004 年以后，这种依靠中间代理商的进出口数量占比仍然很大。所以，如果在进行木材产业真实的附加值出口测算时，忽视中间代理商的中间品和资本品贸易额，则测算结果必定高估我国出口企业的 DVA 和

DVAR。

企业在生产中实际利用的进口中间产品额源于两部门，包括海关记录的企业自身进口的中间产品额和企业购买的由中间贸易代理商所间接进口的中间产品额。关键问题在于对可能从中间贸易代理商购买的间接进口的中间产品额的估算，这一问题可转化为对代理进口产品比例的估算。因此需要识别贸易中间代理商企业。部分学者直接采取删除贸易代理商的进口额的方法，或是对企业实际进口额进行调整。以上方法对于具体行业的贸易代理商的进口代理率估算误差较大。本书对该问题进行了修正，借鉴 Ahn 等（2010）的方法，将海关数据库中企业名称包含“进出口”、“经贸”、“贸易”、“外经”和“科贸”等字样的企业识别为贸易中间代理商，计算贸易中间代理商企业的进口额所占木材产业总进口额的份额（$ratio_t$），再根据公式 $IMP_{it}^{adj}=IMP_{it}/(1-ratio_t)$ 对木材产业的实际进口额进行调整。其中，$IMP_{it}$是海关数据库记录的企业中间派进口额。

（二）关于中间投入品的间接进口问题

我国对于企业经营权的审批流程较为严格，一些获取到进口经营权的企业会从事进口代理商的角色，造成海关统计的贸易数据中，企业的中间投入品进口额大于企业总的中间投入品使用量的现象。因此剔除中间品进口额大于中间品投入额的“过度进口”企业。此外，在国内市场中，企业间进行产品的交换交易活动也可以引起间接进口。例如，甲企业从乙企业进口材料 A，作为甲企业生产投入品，该材料 A 为乙企业从国外进口原材料生产的产成品，那么就相当于甲企业通过 A 的交易实现了间接进口原材料，但是这种情况是无法在海关数据中反映出来的。基于这个问题，结合 Koopman 等（2012）测算得到国内材料中的国外成分结果显示，中国加工贸易企业投入的国内原材料中会包括 5% ~10% 的国外产品份额，本书在计算企业层面的中间品间接进口系数（$\sigma$）时，假定 $\lambda$ 等于5%。dom 表示企业总的中间要素投入中除去进口的国外中间要素投入部分。对进口的国外中间要素投入根据当年的人民币对美元汇率换算为人民币计价。则

$$\sigma_{mit}=\frac{\lambda dom_{it}}{Y_{it}} \tag{5-12}$$

（三）企业使用的进口资本品折旧所得

企业使用的进口资本品折旧所得也可能是中国企业出口 DVAR 的来源（唐东波，2012）。从中国的基本国情出发来看，企业获得出口竞争能力的一个重要途径就是资本品的进口。所以，如果在核算我国木材产业出口国内附加值时将进口资本品的折旧所得一起算进去，就可能导致测算的企业出口 DVA 和 DVAR 结果偏高。单豪杰（2008）的研究较为准确地估算了中国制造业的固定资产折旧率（$\delta=10.96\%$），$K_{it}$表示企业进口的资本品额，资本品的鉴识方法和中间品较为相似，利用 BEC 代码“41”和“521”来识别进口资本品。在估算企业出口

DVA 和 DVAR 过程中需要除去资本品的折旧，本书的方法是计算企业层面的国外进口资本品折旧系数（$\sigma_{kit}$），具体计算公式如下：

$$\sigma_{kit} = \frac{\delta K_{it}}{Y_{it}} \tag{5-13}$$

综上所述，企业出口 DVAR 的最终表达式如下：

$$DVAR_{it} = \frac{DVA_{it}}{EXP_{it}} = 1 - \frac{IMP_{it}^{adj}}{Y_{it}} - \sigma_{mit} - \sigma_{kit} \tag{5-14}$$

在中国持续贸易自由化的刺激下，普通进口商的净进口可能增加体现更多外国内容的中间投入的供应。每个省份所有企业国内附加值的加权平均和就是省级国内附加值，而权重是木材加工企业出口占该地区木材产业总出口的百分比。

数据处理最为根本和关键的步骤就是两个数据库的合并。两个数据库的合并结果取决于能否找到企业唯一识别码。其他研究者最普遍的做法是，根据数据库中企业的代码、名字、法人代表、地址、邮编、电话、行业代码、主要产品名称、开业时间等基础信息来识别不同的样本点是否一样。但由于工业企业和进出口数据在统计时，对于基本信息没有制定申报的统一标准，所以，难以实现精确匹配。在只有进行模糊匹配的情况下，选择企业识别代码和企业名称两个普遍来说较为准确的信息，作为进行匹配所参考的主要凭据。例如 Brandt 等（2012）会先根据相同的企业代码辨识是否为同一家企业，再根据企业名称是否相同进行辨识，最后将其他关联信息作为参考依据。这种辨识方法的假定前提是企业代码的准确性最高，企业名称的准确性次高。由于两个数据库的企业代码编码方式不同，本书采用企业的中文名称进行合并，这样做的理由是企业在当地工商管理部门注册登记时不会同意重复名称的出现。这种方法的好处在于其合并耗时较低，因为企业名称一般不会出现缺失或统计错误的问题（Upward et al.，2012）。但企业名称这一变量也有存在一些问题的可能性。很多企业在重组、改制或者扩张时会变更其名称。例如，中国有些企业的名称在不同年份和数据库中可能是“某某厂”、“某某有限责任公司”、“某某股份有限公司”。还有一些企业名称中的地理位置不同年份和数据库也会出现差别，如“某某市机电厂”和“某某机电厂”。仅按照企业名称进行匹配，就会导致匹配度不高，因此，需要对企业名称进行初步处理，再利用企业名称进行精确匹配。另外，将未匹配成功的样本根据其邮编和电话号码进一步匹配，对前两次未匹配成功的样本进行企业名称模糊匹配，取三次匹配结果的并集。处理过程如下：

首先对两个数据库的数据进行预处理：

将海关数据月份合并为年份数据，统一两个数据库的变量名，用英文命名；

剔除无效样本：剔除一些违背会计常识的样本和关键变量观测值缺失的

样本；

保留用于匹配的变量和计算指标的变量；

统一企业名称中的括号格式；

删除企业名称中的乱码、空格及“省”、“市”、“县”、“有限公司”字符；

修改变量的存储格式：用于匹配的变量保存为字符串格式，用于计算指标的变量保存为数值型格式；

两库匹配，由于海关数据库数据量庞大，研究对象为木材加工行业，因此通过 hs 编码识别，仅保留木材加工行业海关交易数据，以便提高数据处理效率。

第一步：利用企业名称和年份对两库数据进行匹配。

第二步：对第一步未匹配成功样本，利用邮编前 6 位加电话后 7 位进行匹配［不同年份中统计录入的电话号码格式不同。电话号码的位数不完全相同。一些公司还会使用个人手机号码代替电话号码。有些公司只有 7 位数字（不包括长途区号），而有些公司的电话号码（不包括长途区号）有 8 位。为了便于匹配并确保电话号码与公司一一对应，使用“电话号码的七位数 + 邮政编码的前六位数”来构造新的匹配码］。

第三步：对第一、二步未匹配成功的样本，借助 Excel 进行企业名称模糊匹配，手动识别企业简称或是上市更名的情况。

第四步：取以上三步匹配结果的并集。

匹配结果如表 5 - 6 所示。

**表 5 - 6 海关数据库和工业企业数据库匹配结果** 单位：%

| 年份 | 2004 | 2005 | 2006 | 2007 | 2008 | 2009 | 2010 | 2011 | 2012 | 2013 |
|---|---|---|---|---|---|---|---|---|---|---|
| 匹配程度 | 34 | 32 | 29 | 28 | 29 | 28 | 36 | 22 | 22 | 24 |

（四）木材企业参与全球价值链分工情况

从整体来看，中国木材加工企业 DVAR 在整个观察期内呈现明显上升趋势。图 5 - 6 可分为两段，2004 ~ 2010 年，木材加工企业 DVAR 年度均值呈下降趋势，尽管 2007 年有所回升，受金融危机影响，2008 年之后再一次进入下降轨道。这一阶段内，越南、柬埔寨等发展中国家慢慢地通过加工贸易的方式参与全球价值链，因自然资源和劳动力重组，这些国家在资源密集型和低端劳动密集型产业上有比较优势。这些国家初级产品的成本较低，中国的初级产品不再继续占有优势。这在一定程度上加大了中国对外贸易结构转型的压力。由此，中国公司在市场驱动下进行高科技、资本密集型等产品的出口。2010 ~ 2013 年，最终产品在出口中所占的份额持续增加，加速了中国公司 DVAR 的增长。年度平均 DVAR 从

2010 年的 0.77 增加到 2013 年的 0.87，增长了约 13%。

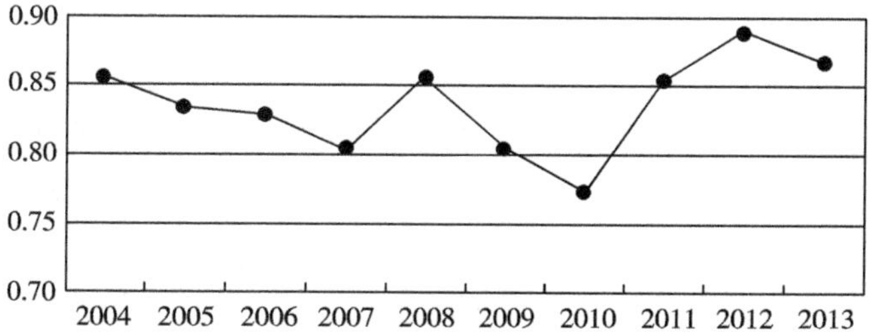


**图 5-6 木材企业出口国内附加值率年度均值**

分区域来看（见图 5-7），木材加工企业 DVAR 呈现东高西低态势，东部沿海地区发展历程较久，基础设施建设和资源优势更加容易吸引外资，沿海地区木材加工企业的竞争优势更加明显。DVAR 在中西部地区的增长速度更快，这主要是因为中西部地区近年来加速发展，且一些地区和东盟国家具有地理上的优势和更紧密的经贸往来。

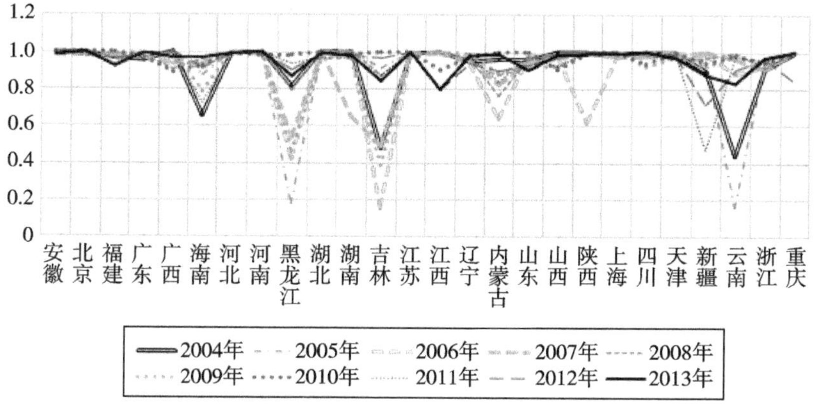


**图 5-7 各省份木材产业出口国内附加值率**

## 三、环境规制对木材加工企业参与全球价值链的影响

基于环境规制对木材加工企业参与全球价值链的影响机制，本部分构建计量模型进行实证分析。由于政府管理者常常进行区域政策横向比较以及环境规制的外部效应，政府间政策存在极大的模仿性，相邻地区的环境保护实施和经济发展

既受到本地区政策的影响，同样也会受到空间相邻地区的相关政策影响，因此选取空间计量模型，进一步衡量环境规制对于邻接地区木材产业的影响。

（一）变量选取及说明

通过收集、整理，选取2004～2013年全国省级层面的包括26个省级行政区的木材产业企业数据，限于数据可获得性，不包括西藏自治区以及港澳台地区。各变量原始数据源于中国工业企业数据库、中国海关贸易数据库、历年统计年鉴。有关变量指标及数据说明如下：

主要研究变量为省级木材产业出口国内附加值率，用以衡量木材产业参与全球价值链的程度。出口贸易的国内增加值（Domestic Value Added，DVA）衡量的是一个国家或地区所出口的产品或者服务中包含的本国产生的价值增值。对木材产业出口国内附加值率进行合理计算测度，有助于把握在新形势背景下，中国木材产业与国际市场的关联和嵌入全球价值链的地位以及程度。国内附加值率越高，则参与全球价值链程度越深，也即全球价值链地位越高。借鉴 Hummels 等（2001）的定义，得到国内附加值 DVA =（1 - VS），其中，VS 为出口国外附加值。

1. 变量选取

（1）核心解释变量：环境规制。由于环境规制涉及较多政策及主观内容，相关数据难以获得，并且学术界使用的数据指标质量不足，对研究有所限制。如何构造环境规制强度变量对相关研究的结果有很大的影响，对于环境规制强度的衡量，国内外学者进行了多种方法的设计与测算，但尚未有统一的衡量方法。在对相关研究方法和文献进行综述的基础上，本书对正式环境规制与非正式环境规制进行了区分。同时，在设计正式的环境规制指标时，要结合环境规制过程和效果的相关指标进行因子分析，以确定正式环境规制强度的替代指标。

（2）控制变量：可以从国内和国外两个方向划分影响产业参与全球价值链分工的主要因素。

1）国内影响因素。全球价值链地位的提升主要依靠核心竞争力的变化。核心竞争优势是一项相对独特、难以模仿的能力，因此很容易形成市场进入壁垒。同时，分工状态的更新是由动态能力的变化而引起。因此，公司在全球价值链中的任何改进行为都与创新和改进因素有关。近年来，制度系统、生产者服务以及国家价值链在影响产业参与价值链中的作用引起学者的关注。改善制度的质量有利于降低交易成本，提高参与分工的水平。另外，良好的制度环境也可以减少企业研发的不确定性，促进高科技的开发和应用，促进价值链的地位持续攀升。具体而言，改善参与价值链的主要制度有产业政策、贸易自由化和自由贸易协定等。生产性服务业为制造业创造正面外部性，包括知识溢出、劳动力池和中间投入品共享。生产性服务业为木材产业参与全球价值链提供了服务外包帮助，以促进制造业核心竞争力的形成和促进制造业规模效益的增加。

2）国外影响因素。发展中国家进行学习和获得技术的重要途径之一是参与国际联系。参与并且嵌入全球价值链是发展中国家进行产业升级的必要步骤。一些学者认为，外资企业将先进技术带入东道国，发挥了良好的示范作用。由于存在竞争，东道国企业为了避免被淘汰，通过“干中学”或增加对技术研发的投入来促进自己的技术进步。但也有一些研究表明，外国直接投资对价值链升级的影响明显为负面。例如，平新乔和周艺艺（2007）的研究表明，外国直接投资的流入在一定程度上阻碍了国内企业进行技术创新的努力。这可能是由于外国直接投资进入市场后，挤压了东道国企业的市场份额，减少了内资企业的产量，最终降低了内资企业的生产率；也可能是因为东道国的研发未能发挥吸收作用。此外，外国直接投资有助于提高投资国的产业竞争力，在实施外国直接投资的行业中形成大规模的结构升级，进而影响行业对全球价值链的参与。

2. 变量说明

木材产业全球价值链地位受多种外在因素的影响，从环境规制强度去解释国内附加值率存在很大的偏差。在回顾全球价值链地位影响因素相关研究的基础上，本书纳入控制变量，变量说明如表5－7所示。

**表5－7　变量说明**

| | | 变量名 | 含义 | 说明 | 数据来源 |
|---|---|---|---|---|---|
| 研究变量 | | DVAR | 省级木材产业出口国内附加值率 | 国内附加值率越高，则参与全球价值链程度越深 | 工业企业海关合并数据，计算而得 |
| 主要解释变量 | | FER | 正式环境规制 | 政府行政规制 | 中国国家统计局 |
| | | IER | 非正式环境规制 | 公众参与环境保护 | 谷歌趋势 |
| 控制变量 | 成本效应 | PGDP | 人均地区生产总值（地区经济发展水平） | 反映当地的综合经济发展规模 | 中国国家统计局 |
| | | PCSS | 人均活立木蓄积量 | 区域木材加工行业的发展状况与该地区森林资源高度相关，人均活立木蓄积量越高，进行木材加工的成本越低 | 中国国家统计局 |
| | | LAB | 城镇就业人员年末人数（万人） | 劳动力禀赋影响生产成本 | 中国国家统计局 |

续表

| | | 变量名 | 含义 | 说明 | 数据来源 |
|---|---|---|---|---|---|
| 控制变量 | 成本效应 | LSI_ P | 交通运输业、仓储和邮政业以及金融业的产值占地区生产总值的比重 | 生产性服务业体现该地区综合经济发展水平，也影响其他行业运营成本 | 中国国家统计局 |
| | 技术创新 | IN_ P | 当地 R&D 占地区生产总值比重（创新发展水平） | 反映一个地区通过科技创新发展，是否会带动相关产业技术水平提升，从而提高国内附加值率 | 中国国家统计局 |
| | | FDI | 外商直接投资 | 国际联系对获取技术、提高学习和创新能力的影响 | 中国国家统计局、中国商务部 |
| | 产业升级 | FTI_ P | 涉林及非林产值占地区生产总值的比重（基础产业的发展水平） | 林业第三产业，包括涉林产业（湿地产业、林业旅游与休闲服务、林业生态服务、林业专业技术服务、林业公共管理及其他组织服务、林业生产服务）和林业系统非林产业 | 中国国家统计局 |
| | | FRI_ P | 木工机械、电机、胶粘、林业机械和涂料的产值占地区生产总值的比重 | 相关及上游产业的发展会对木材产业升级产生影响 | 工业企业数据库 |
| | 国际联系 | OFDI | 对外直接投资 | 对外直接投资 | 中国国家统计局、中国商务部 |
| | | ER | 汇率 | 汇率直接关系中国出口企业产品的海外市场价格，决定了产品的国际竞争力，因此，汇率变化对出口国内附加值率乃至利润都会造成重大的影响 | 国家外汇管理局 |
| | | FT_ P | 地区进出口额占地区生产总值的比重（对外贸易水平） | 反映在外向型经济背景下通过对外贸易的扩大，对产业贸易竞争力产生影响 | 中国国家统计局 |

3. 空间计量模型构建

空间权重矩阵主要用于度量单元之间的空间距离，矩阵元素的大小反映了单元之间的空间依赖性。距离越大，空间相关性越低，距离越小，空间相关性越高。空间权重矩阵的合理设置是空间度量分析的前提，本书选取空间邻接矩阵进行分析。关于全局空间关联性检验，用 Stata 15 软件来实现。检验结果为 2004 ~ 2013 年 DVAR 均值的全局 Moran's I 指数为 0.361，P 值为 0，即通过了显著性检验，表明木材加工各省份出口附加值率存在着空间效应。另外，正式环境规制的全局 Moran's I 指数为 0.362，P 值为 0，非正式环境规制的全局 Moran's I 指数为 0.212，P 值为 0.022，即均可视为通过显著性检验，表明各省份环境规制存在空间效应。构建基准模型如下：

$$DVAR_{it} = \beta_0 + \rho W \times DVAR_{it} + \beta_1 FER_{it} + \beta_2 W \times FER_{it} + \beta_3 IER_{it} + \beta_4 W \times IER_{it} + \eta Y + \varepsilon_{it} \tag{5-15}$$

式中，DVAR 为因变量，表示省级出口国内附加值率，即省级木材产业参与全球价值链程度；$i$ 表示地区，$t$ 表示时间；$\rho$ 为滞后系数；$W$ 为空间权重矩阵；$FER$、$IER$ 为主要解释变量；$\beta$ 为待估系数；$Y$ 为控制变量合集；$\varepsilon$ 为随机误差项。对于空间权重矩阵 $W$，采用 0 - 1 法。设 $W_{ij}$是 $W$ 中的元素，地区 $i$ 和 $j$ 存在公共边界，则 $W_{ij}=1$，否则为 0，特别地，约定 $W_{ii}=1$，假设海南省与广东省有公共边界。

类似经济发展与环境之间存在 U 形相关关系，环境规制强度对木材产业的出口附加值率影响可能也存在 U 形特征。为了从经验上佐证这一点，引入二次项变量，拓展为以下模型：

$$DVAR_{it} = \beta_0 + \rho W \times DVAR_{it} + \beta_1 FER_{it} + \beta_{11}(FER_{it})^2 + \beta_2 W \times FER_{it} + \beta_{21} W \times (FER_{it})^2 + \beta_3 IER_{it} + \beta_{31}(IER_{it})^2 + \beta_4 W \times IER_{it} + \beta_{41} W \times (IER_{it})^2 + \eta Y + \varepsilon_{it} \tag{5-16}$$

（1）数据分析。首先检查异方差、自相关及多重共线性，其次检查单位根检验数据的平稳性，最后进行协整检验或模型修正。

本书所选数据为时间跨度从 2004 年到 2013 年的平衡面板数据，具体为 $n$ 为 26、$t$ 为 10 的大 $n$ 小 $t$ 短面板数据。对具有指数增长趋势的变量取对数。对于短面板数据，由于时间量少且每个个体的信息少，因此无法探究是否存在干扰项的自相关，故对短面板回归系数的标准误在省级层面进行 Cluster 处理，进一步检验多重共线性，结果如表 5 - 8 所示，lnPGDP 和 FTI_ P 的 Vif 大于 10，说明存在多重共线性，删除该变量。

为了避免由非平稳经济时间序列引起的错误回归或伪回归，并确保估计结果的有效性，对每个面板序列的平稳性进行了单位根检验。在面板序列上绘制时间序列图。粗略观察时间序列图中表示变量的折线是否包含趋势项和/或截距项。进一步准备单位根测试。单位根测试通常从水平系列开始。如果存在单位根，则序列是一阶差分，然后继续测试。如果单位根仍然存在，则检查二阶甚至更高阶的差，直到序列稳定为止。根据面板单元根检验，对变量 IN_ P、FRI_ P 和 lnLAB进行一阶差分校正。

表 5-8　多重共线性检验结果

| 变量 | FER | IER | LnPGDP | PCSS | LnLAB | LSI_ P | IN_ P | FDI | FTI_ P | FRI_ P | LnOFDI | ER | FT_ P |
|---|---|---|---|---|---|---|---|---|---|---|---|---|---|
| VIF | 4.68 | 3.29 | 10.87 | 1.28 | 3.21 | 3.60 | 3.20 | 6.16 | 10.51 | 2.54 | 4.47 | 8.42 | 6.71 |

根据单位根检验的结果，证明变量之间是同阶单整的，因此，可进行面板协整检验，结果如表 5-9 所示。

表 5-9　面板协整检验结果

| Kao 协整检验 | 统计值 | P 值 |
|---|---|---|
| Modified Dickey - Fuller t | -3.8547 | 0.0001 |
| Dickey - Fuller t | -8.1118 | 0.0000 |
| Augmented Dickey - Fuller t | -3.1065 | 0.0009 |
| Unadjusted modified Dickey - Fuller t | -5.7815 | 0.0000 |
| Unadjusted Dickey - Fuller t | -8.8192 | 0.0000 |

表 5-9 报告了 5 种不同的检验统计量，对应的 P 值均小于 0.01，可以视为通过协整检验。因此，可以在 1% 的水平上强烈拒绝最初“不存在协整关系”的假设。表 5-9 的结果还表明所选变量之间存在长期稳定的平衡关系。因此，可以在此基础上直接对方程进行回归，此时的回归结果应该是准确的。然后，使用 Xtgcause 对面板数据进行格兰杰检验，显示检验通过。

（2）模型回归。通过模型的适配性检验确定采用 SDM 模型。基于霍斯曼检验结果确定使用随机效应。计量结果如表 5-10 所示。

正式环境规制 FER 的系数值在 5% 的水平下显著，值为 0.386，非正式环境规制强度变量的系数为 0.212，在 1% 的水平下显著。由此可见，省级环境规制强度与当地木材产业出口国内附加值率之间存在显著的正相关关系，环境规制强度的提高有利于当地木材产业提升参与全球价值链程度。这表明一个地区实行环境规制策略可以在一定程度上增强本区域的木材产业国际竞争力，并且正式环境规制强度的作用更加显著。

表 5－10　模型回归结果

| 基准模型回归 | | | 拓展模型回归 | | |
|---|---|---|---|---|---|
| 变量 | Liner | SDM | 变量 | Liner | SDM |
| FER | 0.196** | 0.386** | FER | 0.243 | 0.334* |
| | | | FER2 | -0.068 | 0.182 |
| IER | 0.239*** | 0.212*** | IER | 0.594*** | 0.328* |
| | | | IER2 | -0.376*** | -0.095 |
| lnPCSS | 0.113*** | 0.094* | lnPCSS | 0.099*** | 0.094* |
| lnLAB | 0.263*** | 0.187* | lnLAB | 0.234*** | 0.154* |
| LSI_ P | 0.132*** | 0.099* | LSI_ P | 0.116** | 0.090* |
| IN_ P | -0.224*** | -0.202*** | IN_ P | -0.202*** | -0.198*** |
| lnFDI | -0.290*** | -0.488*** | lnFDI | -0.337*** | -0.440*** |
| FRI_ P | -0.119*** | -0.241*** | FRI_ P | -0.111** | -0.237*** |
| lnOFDI | -0.231*** | -0.062 | lnOFDI | -0.223*** | 0.057 |
| ER | -0.232*** | -0.073 | ER | -0.229*** | -0.064*** |
| FT_ P | 0.135** | 0.062 | FT_ P | 0.148*** | 0.033 |
| _ cons | 0.971*** | 0.603*** | _ cons | 0.943*** | 0.622*** |
| W * FER | | -0.486* | W * FER | | 0.608 |
| W * IER | | -0.176* | W * IER | | -0.450** |
| W * FRI_ P | | 0.314*** | W * FRI_ P | | 0.350*** |
| W * LnFDI | | 0.426*** | W * LnFDI | | 0.349** |
| | | | W * FER2 | | -0.826*** |
| | | | W * IER2 | | 0.295* |
| Spatial rho | | 0.242** | Spatial rho | | 0.226** |

注：*、**、***分别表示在10%、5%和1%水平显著，系数未标星号表示不显著。在变量前面添加空间权重 W 表示该变量的空间滞后项，表示其他地区该变量发生变化时，对本地区各指标的影响。

正式环境规制强度的空间效应变量 W 的系数为 -0.486，在 10% 的水平上显著；非正式环境调节强度的空间效应变量 W 的系数为 -0.176，在 10% 的水平上显著。这表明环境规制对木材产业出口国内附加值率的外部影响具有显著的负外部性，即一个区域实施环境法规政策可以通过空间溢出效应对周边地区的木材产业参与全球价值链有一定的消极影响，对周边地区木材产业深度嵌入全球价值链带来负向外部性。

从表5-10的环境规制变量的系数变化可以看出，一次项FER的系数为0.334，IER的系数为0.328，且都在10%的水平下显著。二次项FER2的系数仅为0.182，IER2的系数为-0.095，且均未通过显著性检验。这说明环境规制对当地木材产业出口国内附加值率的影响不具有U形特征，且似乎更加符合线性特征。从回归结果来看，环境规制强度的提高可以极大地推动当地木材产业参与全球价值链。对于一个地区而言，只要该地区持续实施环境规制，不管规制强度如何，都能够促进该地区的木材产业参与国际贸易中，提升其价值链地位，带动林业发展。即使环境规制强度达到一定程度后，对当地木材产业参与全球价值链的促进作用存在边际效应递减，但是这种促进作用也并不会被打破。

引入环境规制二次项后，非正式环境规制强度的空间作用变量系数符号没变，说明非正式环境规制强度对木材产业参与全球价值链的外部性影响不存在U形特征，表明不管任何阶段，民众或者非政府组织更多地参与环境保护，均不利于周边地区的木材产业发展。正式环境规制强度的空间作用变量系数符号发生改变，由负值变为正值，同时二次项变量W*FER2的系数为-0.826，且在1%的水平下显著，表明一个地区实施正式环境规制对周边地区木材产业参与全球价值链的外部性影响确实存在U形特征。对于这种影响效应，本章给出以下解释：

第一，一个地区周边地区对环境规制的重视程度会受到该地区正式环境规制效果的影响，经过上文研究以及分析可以得知，只要一个地区实施环境规制，对于本地木材产业参与全球价值链就有正向影响。当这个地区正式环境规制强度持续提高，其对于经济发展和环境治理的贡献会引发周边地区的模仿效应，促进周边地区企业进行技术创新，使得木材加工企业的生产流程更加环保，产品质量更高，在国际市场的竞争优势更加明显。因此，一个地区在长期实施有效的环境规制，并且其强度未达到某个临界点时，将对周边地区产生辐射带动效应，有效刺激周边地区实施环境规制，优化环境规制方式，进一步使得该地区木材产业整体技术水平得到提高。从这个角度便能诠释较低强度的环境规制对周边地区木材产业参与全球价值链具有一定的“正外部性”的论断。

第二，当这个地区正式环境规制强度持续提高，达到临界值后，使得不合规企业责令整改、关闭以及迁址。那么，对于这些企业来说，一个比较妥善的做法便是技术改革，或者是迁址到周边地区，特别是在多个地区进行了业务布局的企业，更有意愿将业务迁移到环境监管相对较弱的区域。这样的举动会使迁入区的木材加工产品技术含量整体较低，不管是在国际市场进入门槛还是消费者对其的偏好方面都不存在竞争优势，且会对周边地区的环境造成严重的破坏。较高程度的正式环境规制对于木材产业出口附加值率有一定的抑制作用的结论可以从这个角度进行解释。

实证结果表明，正式环境规制对于促进本地区木材产业参与全球价值链的效果更显著。另外，当地创新发展能力，物流业、仓储业和邮政业以及金融业的发展，林业机械、木工机械、胶粘、电机和涂料的产值，人均活立木蓄积量、城镇就业人员年末人数等诸多因素对出口的国内附加值率都有非常显著的影响。木工机械等相关产业发展以及外商投资对木材产业参与全球价值链具有显著的正外部性。所以，当地政府在制定木材加工行业的发展计划以及环境规制的策略和方式时，须要充分考虑当地及周边地区经济发展水平，加之对服务行业和上游产业的发展情况、外资引入程度以及自然资源的实际情况进行综合考量，才可能在最大程度上使得相关政策的出台满足综合发展的需求。

# 第六章　中国木材产业在全球价值链中地位攀升的路径分析

## 第一节　理论基础

### 一、企业生命周期理论

企业生命周期理论，由美国著名管理学家 Ichak Adizes 于 1989 年在他的著作 *Corporate Lifecycles* 中提出，该理论认为企业如同动植物，其发展历程也符合由弱到兴，再而衰，三而竭的生命规律，可分为发展、成长、成熟、衰退四个阶段。该理论的研究目的在于分析处于不同生命周期阶段的企业特点，并在企业出现问题"生病"面临转型时，帮助企业克服问题继续健康成长。从企业转型升级的角度看，即分析每个企业的不同特点找到与其相适应的经营模式，通过转型升级确保在每个生命周期阶段内，能够充分发挥竞争优势，延长生命周期或进入具有更高增加值的新的生命周期中，达成企业可持续发展的目标。处于生命周期末期的企业可通过转型进入成长期产业，即减少原有产业体量，改变原有的资源投向，从旧产业中退出进入新的业务领域，并逐步累积经验培育新的经济增长点，完成升级提升增加值率，使企业迸发新的经济增长活力，该种转型升级策略如图 6 - 1 所示。

### 二、微笑曲线

周升起（2014）研究表明，伴随全球一体化的发展，越来越多的产品设计、生产组装、营销活动被分割为不同的模块，并按照"成为最优"原则被安排到不同的国家和地区完成，生产过程的国际分散化形成了无国界的生产体系，由原来的一国制造变为世界制造。各参与国之间串起了全球价值链（GVC），但是处于 GVC 不同节点所创造的价值增值并不均匀，相应地，国家分配的贸易利益也不尽相同。

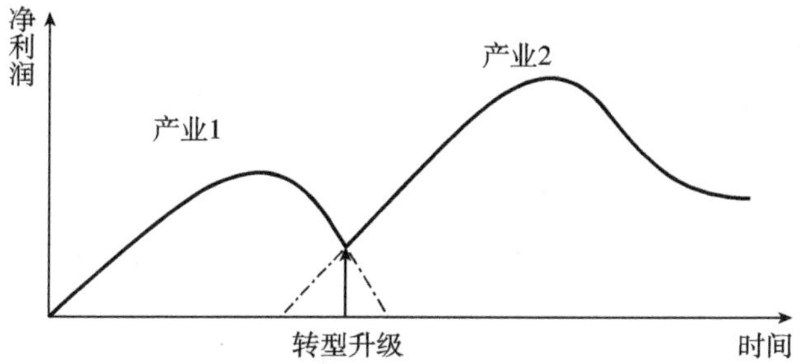


**图 6－1　企业劣势转型过程**

台湾宏基集团创始人施振荣于 1992 年提出了微笑曲线（Smile Curve）理论，揭示了两端环节即研发设计和营销的附加值高，而处于中间环节的加工组装业务附加值低的价值链附加值变化规律，曲线因呈两端朝上中间下凹，形似微笑故名“微笑曲线”，如图 6－2 所示。

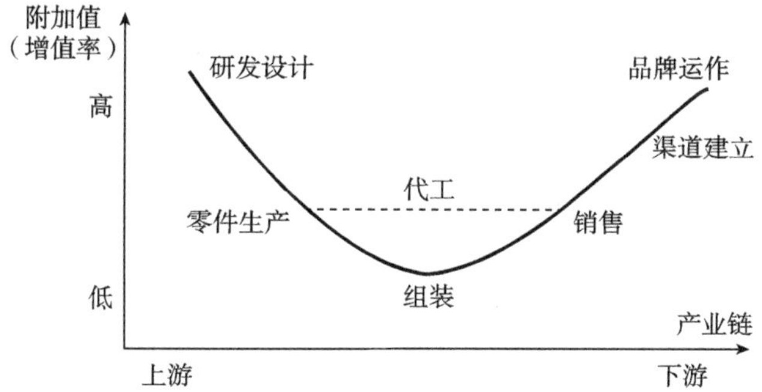


**图 6－2　微笑曲线形态**

由图 6－2 可以看出，企业在专业化生产的分工环节不同，获益能力就会有显著差异：在微笑曲线的最凹处加工、组装和制造等环节是增值率低位，而越向曲线的两端延伸即向着研发、设计、专利和渠道、营销、品牌发展则属于增值率高位。例如，临沂市木材产业的普遍现状是处于微笑曲线中间的初级加工环节，附加值少，增值率低，板材贸易陷入“只赚数字不赚钱”的窘境。未来临沂市木材产业应向微笑曲线的两端研发设计和营销拓展，向左加强自主研发创新提高木材加工产业自动化水平，向右着重渠道建立与品牌运作，提升国内外市场的品牌知名度和美誉度。

### 三、全球价值链升级理论

全球价值链升级指的是尚未参与或已经参与价值链生产的企业，利用价值链的技术优势和市场规模以提高竞争力，从而参与到能获取更多增加值的生产环节中。一国产业获取增加值的多少由该国参与到具体的全球价值链生产环节所决定，全球价值链升级意味着参与更高层次的生产环节和获取更多的增加值。

Gereffi（1999）较早提出全球价值链层次升级理论，将产业升级分为四个层次：一是同类型产品从简单到复杂的升级，即产品层次升级；二是设计、生产和营销等活动能力的提升，即经济活动层次升级；三是部门内向生产更高价值产品和服务的环节转换，即部门内层次升级；四是从劳动密集型产业转变到资本和技术密集型产业，从低增加值产业转变到高增加值产业，即部门间层次升级。

Humphrey 和 Schmitz（2002）借鉴 Gereffi 层次升级的理念，提出了以企业为中心，从低级到高级的价值链四层次升级理论，具体内容如图 6－3 所示。

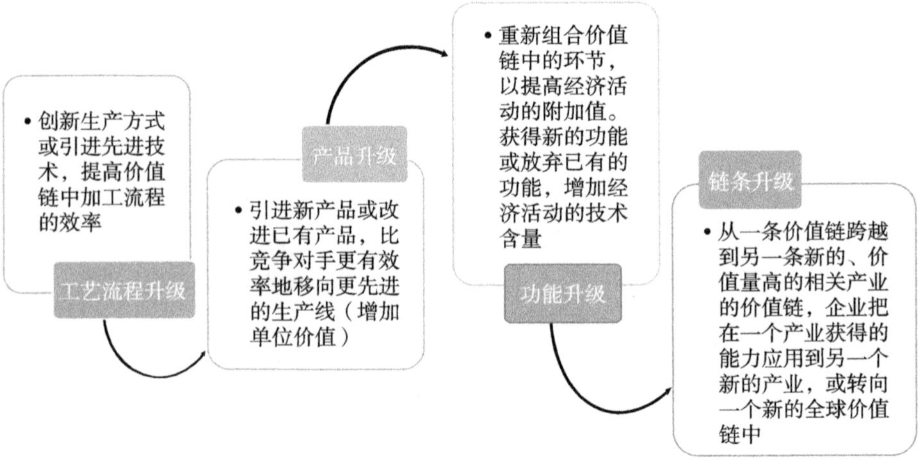


**图 6－3　四层次升级**

众多研究表明，价值链升级一般都遵循着“工艺流程升级—产品升级—产业功能升级—价值链条升级”的规律。该规律主要体现产业从全球价值链上的劳动密集型环节转换到技术密集型和资本密集型等高增加值环节，是资本的深化。升级过程中要素禀赋的比较优势循序渐进，企业在不断用资本代替劳动，进一步实现资源配置效率的提高。

## 四、企业升级的低端锁定效应

（一）企业低端锁定效应

中国企业在改革开放政策实施后，利用低成本劳动力比较优势以加工贸易形式切入全球价值链分工，发达国家将大量生产制造环节转移到中国，中国企业的技术水平和管理方式得到改善。但是长期依赖于资源高消耗、低劳动力价格、以劳动密集型加工业为主的传统粗放式经济增长模式的发展，使中国与跨国公司之间逐渐形成一种俘获型 GVC 治理关系。使全球价值链中附加值较高的环节长期被发达国家的主导企业把持，低端、弱势企业的利润空间被挤压，陷入低价无序的恶性竞争中。

（二）企业低端锁定的负面影响

长期以来，由于没有核心能力，中国企业处于全球价值网络的低端状态。在全球价值网络体系中，跨国公司与中国企业的地位是不对称的，跨国公司通过各种方式来挤压中国企业的利润空间，迫使其长期锁定在价值创造的低端状态。低端锁定的负面影响在于，不仅不利于企业核心竞争力的提升，而且容易导致价值链低端企业所在国产生资源环境的持续恶化和国内福利水平的长期低下，即产生所谓的贫困式增长。

低端锁定对中国的产业升级和转变经济增长方式十分不利：当本土企业试图通过提升自主研发和创新能力、塑造自身全球品牌、构建国内外的销售终端渠道等方式进行价值链升级时，将面临着来自掌握核心技术专利与标准体系、拥有完整与成熟的销售渠道和掌握国际消费市场情况的发达国家跨国公司的强大竞争，其通过技术封锁、渠道封锁以及价值链中的利润压榨等方式竭尽所能地阻碍发展中国家企业通过研发投入进行核心生产力和技术的培育，通过低销售价格竞争、“创新竞争”等行为极大程度地剥夺发展中国家的本土企业通过刻意压低本国劳动力成本和资源价格而产生的比较优势带来的利润，阻止企业将所获利润投入到研发中，发展中国家的企业为了维持其价值链的现有位置不得不被迫追随发达国家跨国公司的竞争战略，产生研发资金短缺、劳动力报酬过低导致国内市场有效需求不足、创新行为无以为继等问题，经济发展放缓又影响企业价值链的升级和发展，形成恶性循环。为了防止这种状况的产生，发展中国家的企业干脆放弃在价值链中升级的打算，与发达国家的跨国公司之间形成一种“俘获型”生产网络，成为发达国家跨国公司特定产品或者零部件的稳定供应商、特定产品的加工和组装工厂，获取作为被俘获的供应商所能获得的一部分微薄的价值链利润。

（三）低端锁定的成因

1. 跨国公司封锁

跨国公司可以在全球范围内进行知识等各种资源整合，成为全球价值分工的主导力量，并在价值分工合作的整个过程中始终控制着企业间的价值分工关系，使得中国企业被锁定于低端状态。主要表现在：

（1）强化核心能力控制，设置中国企业在知识创新上的障碍。跨国公司抓住中国企业知识学习能力弱的特点，把需要转移的知识尽可能物化在设备中，增加知识共享的成本，提高掌握新知识的壁垒，迫使中国企业放弃对关键知识与能力的学习，并在价值分工过程中只是强调技术与知识的引进和使用，缺乏技术与知识创新环节。导致中国企业不断地引进技术，在价值分工的升级换代中形成了对跨国公司能力与知识源的依赖。

（2）强化核心能力价值，缩减中国企业利润空间。在全球价值网络体系中出于追逐高额垄断利润的本能，拥有核心能力的跨国公司具有一种天然地驱使发展中国家的企业长期“锁定”在价值链低端的动力机制。跨国公司寻找各种理由和机会，通过加强核心能力或提高知识壁垒的行为，在提高发展中国家企业参与全球价值分工与合作的成本的同时，提高自身的研发、创新能力，从而保证长期收益最大化。一直以来，中国企业生产的很多产品的大部分利润付给了发达国家的知识产权保护等，等于中国企业为跨国公司赚钱。为了维持对跨国公司的依赖性，中国企业只有长期压低国内工人工资和资源价格，导致国内有效需求特别是高端需求规模难以扩大。与此同时，还导致资源过度消耗，环境污染严重。最终使中国企业自主创新能力形成所需的资金、需求市场、资源条件与环境都受到影响。

（3）跨国公司全球配置资源，强化中国经济粗放式发展，带来环境破坏压力。在中国企业长期处于低端锁定状态下，跨国公司加强了知识、技术与品牌资源等的集中控制，迫使中国经济发展越来越需要以增加物质资源消耗为代价。粗放式经济增长的路径依赖迫使中国不得不注重经济数量扩张，资源消耗大、环境污染严重。

（4）跨国公司提高供应链集中度，提高中国企业进入的门槛。在全球经济一体化的背景下，价值链主导企业根据需要对自身主导的价值链进行重要重组。通过向次级系统集成者、供应商传递压力，使得供应链其他环节的集中度迅速提高，而集中度的迅速提高增加了价值链中的后来者与系统集成者直接竞争的困难性，也大幅度提高后来者进入价值链为系统集成者提供生产和服务的门槛。

2. 代工生产模式产生的低端锁定

尽管全球价值链分工为发展中国家提供了更多的机会参与国际分工，并且参与资本和技术密集型的价值链环节为其工业化和产业升级提供了良好的机遇，但由于发展中国家资源禀赋的比较优势仍然是廉价劳动力或各种自然资源，资本和技术仍然是其缺乏的核心竞争力，因此通常只能以“代工”的模式切入到全球价值链中的低端制造性环节；而发达国家利用其技术创新能力和人力资本积累的比较优势，通常以价值链的主导者身份占据且控制着全球价值链中的核心技术研发、品牌或销售终端等高端环节。在这种国际经济分工格局中，发达国家向发展中国家转移的生产工序或环节往往是技术含量不高的劳动密集型、资源消耗型和环境污染型的部分。而发展中国家只能通过长期压低国内劳动力成本和资源价格的方式在全球价值链中求生存，从而产生了国内有效需求不足、资源过度消耗、价格体系扭曲、自主创新不足和严重的环境问题。

3. 基于路径依赖形成的低端锁定

路径依赖理论源于技术经济学和制度经济学，其概念常用来解释技术和制度为何长期锁定于无效率的状态，导致社会最优结果无法实现。如果企业满足于从事简单的劳动密集型产品的生产，无法获取或掌握核心技术，在技术上易形成路径依赖。中国企业在全球价值链中往往受俘获型价值链治理机制的束缚，在该类型的全球价值链中，跨国公司支持和鼓励代工企业在工艺和产品设计能力方面的升级行为，以满足自身获取低成本、差异化产品的要求，一旦被俘获的企业试图向提升自身核心技术研发能力、培育品牌、销售渠道方向升级，就会对跨国公司的利益形成挑战，跨国公司就会利用截断中国企业下游渠道、抑制企业开发热情等方式使代工企业丧失掌握核心技术的能力和开拓自有品牌的动力，通过严格的产品进口质量、安全、环保进入壁垒及快速变化的产品升级换代要求等方式，既完成了向中国企业出售其淘汰设备获得利润，又能再次剥夺中国企业的加工利润，或者以防止知识泄露为借口，直接威胁终止合作关系的手段，将中国企业控制在代工—微利—自主创新能力缺失的循环路径中。

## 第二节　中国木材产业价值链地位攀升的路径

从产业经济理论、价值链理论及中国制造业发展的广泛实践看，影响和制约行业价值链攀升的因素主要集中在生产性服务业、技术创新、产业集群、国际贸易等方面。为此，本部分通过概述价值链攀升的主要影响因素来阐明中国木材产业价值链地位攀升路径及提出为实现地位攀升可借鉴的政策建议。

### 一、影响因素概述

#### （一）生产性服务业

生产性服务是指那些被其他商品和服务生产者用作中间投入的服务。一般认为生产性服务包括交通运输业、金融服务业、科学研究技术服务、信息服务业和商务服务业等部门。从微笑曲线中可以看出，与生产性密切相关的品牌营销服务位于制造业价值链的高端位置，中国在全球价值链中所处的低端位置与生产性服务业的发展息息相关。欧美国家注重生产性服务业的发展，在做好技术研发的同时，致力于品牌营销、专利营理、售后服务等，而将一些生产加工组装等低端制造环节放在发展中国家进行，从而获得丰厚利润。价值链高端环节的构成主要是研发、设计、物流、营销等生产性服务业。在现代经济中，制造业的中间投入品中服务投入的比重越来越大，如在产品制造过程中作为生产性服务的研发设计、金融服务、信息服务、人力资源培训、销售服务等投入日益增加，生产性服务的质量、规模和价格日益成为影响制造业价值链攀升的重要因素。

生产性服务业可通过构建自主研发平台、采用先进的品牌营销手段、完善的售后服务体系等方式提升产品的附加价值，使中国制造业从产业价值链低端向高端延伸。生产性服务业可通过建立完善的物流运输体系、金融服务系统和专业的生产服务催生一些新产业或新平台的出现，提高生产效率，降低交易成本。服务本身也是产品，大力发展生产性服务业，能够有效拉动中国制造业价值链的提升。

（二）技术创新

科技研发处于价值链的高端环节，价值链从低端到高端的重点在于加强科研创新能力。对企业而言，通过技术创新可以增加产品技术含量，降低生产成本，提高产品附加值，提升品牌知名度，增强企业竞争力。在全球价值链分工体系中，发展中国家和地区经济发展的最大优势在于，在经济增长初期可以通过“干中学”发挥后发优势，模仿和吸收发达国家的先进技术和经验，大大降低创新的成本和风险。因此，从短期看，企业通过“干中学”形成的技术能力有助于提高产品技术的含量和附加值，提升企业产品竞争力。但是，中国吸引外资和对外贸易的实践也表明，在发达国家主导的全球价值链分工体系中，尽管企业可以通过“干中学”实现一定程度的技术创新，推动企业发展从 OEM→ODM→OBM 的转型升级，但由于发达国家的技术垄断和封锁，核心关键技术不能依靠模仿，只能依靠自主创新。因此，在制造业产业规模实力发展到一定程度后，加快由引进、消化吸收、模仿创新向自主创新转变，才能促进制造业向价值链高端攀升，从而获取更大的技术经济效益。

（三）产业集群

产业集群是指在某一特定领域内，大量产业联系密切、关联度较高的企业及相关支撑机构以产业价值链为纽带，在空间上集聚并形成强劲、持续竞争优势的现象。产业价值链是价值链和产业链的有机融合，具有显著的集群效应和自我强化机制，它通过创新效应、品牌效应和联动效应的综合集成，推动集群内企业攀升至价值链高端。相比于发达国家，中国的产业集群普遍相对薄弱，主要依靠低成本参与竞争，如果不升级很容易被其他更有成本优势的区域替代。在全球化背景下，不少产业集群通过嵌入全球价值链的方式寻求升级契机。

产业集群的创新效应表现为价值链环各企业信息资源的交流、汇集，促进技术、产品的联动创新，提高技术创新能力；品牌效应表现为单个企业利用集群内企业的整体力量，加大广告宣传投入力度，发挥群体效应，形成“区位品牌”，使每个企业从中受益；联动效应表现为龙头企业通过产业链延伸带动一批配套企业向价值链高端攀升，增强产业整体竞争力。

多个企业的本地化聚集可以形成产业规模效应，但是并不能直接带来持续的竞争力。通过产业升级提升集群的技术创新能力和市场优势，才能从根本上维持产业集群的竞争力。从知识观的角度来看，产业集群升级的本质是知识结构的更新、强化和跃迁，因此产业升级需要足够的知识积累作为基础，尤其是涉及产业核心技术和管理经验的关键知识。从对国内外相关文献的综述可知，虽然基于集群企业间知识流动的本地学习可以为产业集群的知识共享和技术创新提供支持，但是本地知识在宽度上的有限性和深度上的非前沿性迫使集群企业必须从集群之外获取更新、更先进的知识。经济的全球化以及嵌入全球价值链，为集群企业提供了在全球范围内获取知识和技术的可能。

（四）国际贸易

FDI（外商直接投资）和国际贸易是反映经济对外开放程度的两个主要指标。对外开放是发展中国家或地区在当代经济全球化发展背景下的必然选择，其本质是一种制度创新。当今世界各国的发展都是相互依赖的，对外贸易是中国经济发展的重要组成部分，与中国价值链攀升密切相关。对外贸易一方面通过引进、消化、吸收发达国家的技术、知识、设备、资金等，促进制造业生产效率不断提升、产业竞争力不断增强；另一方面，通过积极鼓励高技术产品出口，减少初级产品或加工贸易产品的比重，努力优化出口结构，带动国内产业结构调整，促进制造产业价值链升级。进口结构能够反映中国产业结构情况。进口对国内产业的影响主要是通过国际资本、技术要素的转移实现的，通过引进国外先进设备、技术，继而模仿、消化、吸收，最终实现技术升级，同时利用外资对一些资金密集型产业进行资金分流，实现升级。但在引进国外产品与资金的同时，要提防西方发达国家对中国制造业的低端锁定陷阱。出口结构的优化能够带动国内产业结构的调整。

对外贸易促使发展中国家按照生产者驱动或购买者驱动凭借其生产要素的低价或地理优势，积极嵌入全球价值链的分工中，但早期发展中国家的嵌入是低端的、粗放的，发展中国家可通过提升科技研发水平、加强对科技人才的培养及政府的引导，利用对外贸易和经济全球化的机遇，重新寻找全球价值链新的、较高端的切入点，实现发展中国家制造业价值链攀升。

## 二、木材产业全球价值链地位攀升路径分析

### （一）发展生产性服务业实现木材产业价值链地位攀升

#### 1. 生产性服务业改变木材产业价值链中低端徘徊格局的三种途径

生产性服务业包含制造业企业外包型和制造业企业内生型两种发展模式，外包型发展模式可通过外部供应商的专业化优势、比较优势、规模经济节约企业成本，但由于服务的无形性，事前评估完成情况也带来一定的外部风险。制造业企业内生型经营的成本较高，企业需要拥有相应的人力、技术资本，多方的经营渠道以及良好的经营管理能力，因此这种发展模式存在着高收益、高风险的特性。两种发展模式的关系是互补共生的，外包型使得企业外部专业化的生产性服务业快速发展，而内生型发展模式引起企业结构的变化，两者互动融合发展，其本质是制造企业与市场对生产性服务相关资源的重新配置，但无论以何种形式发展，可以肯定的是，发展生产性服务业有其不可替代的作用。

（1）发展生产性服务业可以获得专业化优势。深化分工使得独立的、专业化的生产性服务环节形成新的核心竞争力。对于制造企业而言，专注于企业所拥有的核心技术并依托其制造业务及基于核心技术的研发服务，将非核心的服务环节分离出去，不仅可以得到专业企业所提供的专业化技术，还可将原本投资于非核心服务的固定资本转化为可变资本，提高制造企业的效率。

（2）生产性服务业投入的高级生产要素创造了企业的差异化优势。生产性服务业之所以能提高制造业的竞争力，是因为投入到其中的生产者服务包含密集的人力、知识和技术资本，使得制造业的产出中具备了其他企业难以模仿和竞争的要素。制造企业价值链条的延长也更多地依赖具有高附加值的环节，即依赖生产性服务业的有效支撑。生产性服务业在金融服务、管理咨询服务、知识产权服务等方面所提供的专业化服务使得制造企业拥有了进行非价格竞争的资本，对提高企业全产业链的竞争力都起到了重要作用。

（3）生产性服务业的发展可以形成一种新的规模经济，从而降低成本。生产性服务业的重要特征在于其知识密集性，而知识的积累依靠大量的初始投入，在投资达到一定程度后，边际成本会大幅度下降，存在着规模经济效应。而规模经济在单个企业中很难实现，只有当将多个木材企业的某项相同或相似的业务，如品牌形象推广业务外包给同一个企业（如广告商）时，该企业才可以通过集聚效应实现更高的规模经济，而木材企业在营销环节需要投入的搜寻成本以及可

能面临的风险都相应减小。生产性服务企业的专业化和精细化可以作用于制造业的各个环节，无论是价值链上游的木制品加工设计、价值链下游的木材企业的经营销售等还是服务于全过程的金融、保险、信息服务，都可以通过生产性服务业的专业化而获得规模效应，节约企业成本。在木材产业价值链中，中国制造业企业如果能分离于生产性服务企业，那么耗费在服务环节的成本将逐步降低，这也有利于制造业的转型升级。

2. 构建中国木材产业全球价值链升级服务体系，实现价值链功能和链条升级

通过承接国际发包商的外包业务，中国木材制造企业已融入了全球价值链的产业体系。但较多木材制造企业在国际分工中仍然担任着加工组装的角色。若要构建中国木材产业全球价值链升级服务体系，第一步，吸收借鉴先进企业的经营、发展模式，寻找提升自身竞争力的合适路径。将自身的知识和服务能力与发包方的品牌、知识等无形资源相结合，提高木材制造企业生产性服务供给能力和知名度。第二步，借助融入高级生产要素的生产性服务业所提供的专业化、规模化的服务便利，提升制造企业知识创造和产业创新的能力，依托本地区位优势，充分了解本土市场的需求，借助木材制造业企业与国内政府、教育科研机构的功能结合，同时辨识企业在全球木材产业价值链分工协作中所蕴含的机遇，有效地参与全球产业分工体系，并努力向微笑曲线的两端攀升。

（1）从微观层面来看，企业核心竞争力始终是打破低端锁定的基础。因此，科学研究、技术服务型生产性服务业嵌入是促使中国木材制造业知识含量增加、创新力提高的重要因素。以企业资金作为生产性服务业的基础支撑，做到互利互惠，最终实现制造企业能够以更低的价格获得更高效率的科技服务，改善企业内部的生产流程、治理结构及盈利模式，为企业营造良好的发展环境。

（2）从中观层面来看，物流传媒、信息咨询等生产性服务产业为实现国内区域间、产业间协同创新网络提供了途径。各地区可以依托发达的物联网，实现产业间分工、产业内分工和产品内分工。例如：木材生产与加工的专业化分工，结合本地区产业发展特点和在全球生产网络中的位置，充分利用本地区与全球价值链的学习交流、区位条件、产业优势等，选择具有自主创新优势的产业构建产业集群为导向的区域自主创新体系。另外，从战略的高度规划信息服务业，加大对木材产业自身、木材产业与其他相关产业的信息基础设施的投资改造力度，构建信息互动服务平台。将电子商务、电子政务系统引入木材制造业价值链的过程环节中，加大制造业和信息化服务业的契合度，提高资源的整合力度化及创新效率，最终实现企业竞争力和综合实力的增强。

（3）从宏观层面来看，加大生产性服务业发展的市场化革新，提高生产性服务业的嵌入效率。在具有垄断性质或者市场化程度不强的行业，如金融业，引

入市场竞争机制，打破行政垄断，构建合理的市场准入制度。在全球价值链中，一个国家要想提高自主创新能力，就要为创新营造良好的环境，鼓励政府支出和企业进行创新活动；要为国家创新系统形成提供一个更加开放的国际贸易和投资环境，使得创新过程所需要的技术流动、信息扩散更为流畅，创新的投融资更加顺畅，充分利用法律法规、政府财政手段、金融手段以及信息方式，加快生产性服务业发展的国际化进程，在为制造业在价值链中地位攀升服务的基础上，做好承接全球高水平的服务业转移的准备。

## 三、通过技术创新实现木材产业价值链地位攀升

### （一）技术创新对木材产业价值链攀升影响机理分析

#### 1. 影响因素分析

木材产业是中国参与国际竞争的传统优势产业，多年来无论是产量还是贸易量均居世界第一位，但与其他传统林业产业相似，木材产业也面临着在全球价值链中地位攀升的艰巨任务。技术创新处于价值链的高端环节，价值链从低端到高端的重点在于加强技术创新能力。在某些发展阶段，技术进步与出口的国内附加值提高是同步进行的。但技术创新对木材产业价值链的不同环节所起的作用有所差异，下面按照 Humphrey 和 Schmitz（2002）提出的价值链升级四种方式，即产品升级、功能升级、工艺升级和链条升级，来一一探讨技术创新对木材产业价值链升级的影响。

（1）技术创新促进产品升级。科学技术的不断创新，一方面能够促使企业不断对产品进行更新换代，及时对落后产品进行淘汰，不断提升产品质量，保证其品牌价值；另一方面可根据市场需求，研制新产品并及时推向市场，开发更多附加值高、受市场欢迎的产品，提升其品牌竞争力。

（2）技术创新促进功能升级。技术创新一方面将多种消费需求结合进行研发，对多种功能进行有效集成，使其集中于某一产品或平台上，改变消费习惯，打造新产品或平台。另一方面，赋予传统产品新的功能，在保证其基本功能的前提下，提升产品更多的附加价值。近年来，智能手机、平板电脑的畅销就很好地说明了这个问题。

（3）技术创新促进工艺流程升级。工艺流程与生产效率息息相关，木材产业工艺流程的先进与否直接关系企业的竞争力强弱。技术创新一方面通过研发、生产更先进的生产设备，及时淘汰落后产能，积极提升企业生产效率；另一方面，技术创新通过对现有生产流程环节的不断优化、劳动者素质的不断提升、管理方法的不断探索等方式，从而提升整个木材产业的运行效率，促使工业流程的不断升级。

（4）技术创新促进链条升级。技术创新贯穿木材产业价值链的每一个环节，集中表现在产品的研发与设计，而产品的研发与设计正是产业价值链的高端环节中的重要组成部分，因此，通过技术创新能够促使整个木材产业链条不断向高端攀升。同时，云计算、电子商务、大数据等技术的不断创新促进专业分工不断深化，促使一些新产业、新业态的不断涌现，改变整个木材产业体系的内在构成，带动整个产业链条的升级。木材企业开始接触"互联网+"，走上了线上线下的互动式营销。木材企业从传统的制作—销售转为了订单—制作。因为订单经济的开启，木材企业有了更多的发展方式和丰富的产业链条。

2. 影响机理分析

在上述对木材产业价值链攀升影响因素分析的基础上，下面着重对技术创新与林业产业价值链攀升之间的关系进行研究。从微笑曲线中可看出，价值链高端环节主要集中在研发、设计、销售，而低端环节主要集中在加工制造。但技术创新贯穿林业产业的研发、设计、加工制造、品牌营销等每一个环节，通过技术创新对林业产业各个环节进行改进、优化，能够有效地促进整个林业产业价值链升级。按照技术创新对林业产业价值链不同环节作用方式不同可进行影响机理分析。具体影响机理如图6－4所示。

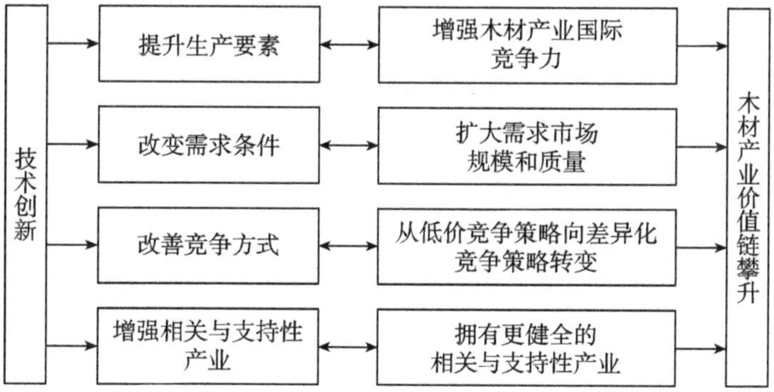


**图6－4　技术创新促进木材产业全球价值链地位攀升机理分析**

结合图6－4可以得出，技术创新对制造产业价值链的影响机理主要分为以下几个途径：

（1）提升生产要素。技术创新通过改善和提升生产要素条件，增强木材产业国际竞争力。这主要体现在：一是技术创新通过新设备的引进和发明、生产工艺流程的改善等，提高木质原材料和劳动力等初级生产要素的利用效率，降低生产经营成本，有利于建立低成本的国际竞争优势。二是克服不利的初级生产要素的劣势，从20世纪90年代开始，国产原木数量与质量的不足就逐渐成为中国木材产业全球竞争的劣势，通过工艺创新和生产设备发明等技术创新，使杉木间伐材和小径材、马尾松人工材等原来难以利用的原材料成为重要的原材料。三是技术创新的结果可以拥有大量的发明专利和实用新型设计，累积许多先进的木材科学技术，这些都是高级和专业性生产要素的重要来源，有利于木材产业建立差异化的国际竞争优势，并形成持续的竞争优势。

（2）改变需求条件。技术创新对木材产业需求条件的影响体现在以下三个方面：一是扩大需求市场的规模。通过技术创新，木材高附加值加工制造技术、竹材料高附加值加工利用技术、木材金属复合材料和木陶瓷等新材料的出现扩大了木竹产品的应用范围，增加了木竹产品的需求规模。二是提升了内需市场的质量。随着产业技术创新能力的提升，木材产品的性能不断改善和新产品不断涌现，内需市场质量的层次也不断提高，内需市场客户也变得更加内行和挑剔，从而更能够满足国外客户的需求。三是增强了国内需求国际化的能力。当中国木材产业技术创新能力在国际上十分突出时，将会吸引国外同行前来观摩学习，这也顺道带来木材产品的国际需求。

（3）改善竞争方式。技术创新有利于改变木材产业国际竞争方式，逐步从低价竞争策略向差异化竞争策略转变，实现竞争优势的升级。产业技术创新能力的提升使木材企业拥有新工艺、新产品和专利技术，可以选择高质量、高价格和高利润的差异化竞争策略，促进国际竞争方式从纯粹的低价竞争向差异化竞争转变，并带动产业结构优化和升级。

（4）增强相关与支持性产业。技术创新可以增强木材产业的相关与支持性产业。木材产业的相关与支持性产业主要包括木工机械制造业、森林培育业和木质家具制造业等上、下游产业，拥有更健全的相关与支持性产业是形成国际竞争优势的四大关键要素之一。技术创新对木材产业相关产业的影响主要体现在两个方面：一是木工机械制造业和家具制造业等相关性产业技术创新，在增强自身产业国际竞争优势的同时，也带动木材产业国际竞争力的提升；二是技术创新作为高级生产要素，它所创造的科学、技术和知识具有扩散效应，可以促进相关性产业的发展。例如，木塑复合材料的发明、竹胶合板的出现扩大了家具制造业原材料的选择，为新型家具产品的设计和创新奠定了关键基础。

### （二）针对技术创新的对策建议

技术创新已成为木材产业形成和强化国际竞争优势的关键变量，技术创新通过提升生产要素、改变需求条件、增强相关与支持性产业和改善竞争方式等作用途径提升木材产业国际竞争力，不断提高的产业技术创新能力是20世纪90年代以来中国木材产业国际竞争力增强的重要因素。

中国木材产业应尽快从依靠低廉劳动力所形成的低价竞争策略转变到依靠技术创新所形成的差异化竞争策略，应该加大对木材产业技术创新的资金投入和人才培育的力度，积极推动木竹产业技术创新战略联盟的发展，促进产学研紧密合作，共同突破产业发展的技术瓶颈。

应坚持走以自主创新为主、模仿创新为辅的创新模式，大力提升木材产业自主创新能力，加强对林业企业知识产权的保护。知识产权保护的逻辑是为创新者提供暂时的垄断，如果创新可以立即被复制，那么就没有研发的动力。发达经济体和新兴市场之间的显著差异之一是知识产权保护的质量。所有顶尖的创新经济体在知识产权联盟的知识产权保护指数上得分都很高，中国也应该加强对林业企业知识产权的保护，激发林业企业技术创新的热情。

（三）对外贸易对木材产业价值链地位攀升的影响

改革开放以来，外商直接投资涌入，通过大量进口木质原材料在中国加工制成林产品后又大量出口的加工贸易模式，使得中国木材产业生产和贸易发展迅速，中国木质林产品进出口额居世界首位，已成为世界木质林产品贸易第一大国。虽然中国进出口额巨大，却位于全球价值链中段的劳动密集环节，由于高级要素相对稀缺，中国出口部门的贸易收益水平仍相对较低，获取的商品附加值最少，出口增长的外源型特征明显，对国民经济增长的贡献有待提高。高附加值是全球价值链中的战略环节，抓住战略环节也就意味着掌握了整个木材产业的价值链。因而，现阶段中国提升贸易收益的思路应为：进一步解放思想、转变观念，更加重视外贸增长的结构及效益而不是出口的规模，为提升中国木材产业在全球价值链中的位置应从以下几个方面入手：

1. 培育高级要素、提升贸易收益

为提升中国木材产业贸易收益需要进一步解放思想、转变观念，更加重视外贸增长的结构及效益而不是出口规模。

（1）应进一步转变观念，更加强调增长动力的内源性，充分利用外部资源与市场，吸收先进技术和管理经验，并结合国内市场与资本，内外平衡、内外协调、内外互动，有效融入全球化。

（2）中国木材产业进一步加强高级生产要素培育、加快要素禀赋结构升级。在资本要素日益充裕的基础上积极培育购买力优势，充分利用中国制造业和开放型经济发展基础，拓展市场潜力，形成巨大的“虹吸效应”，增强要素集聚能力，大量吸引国内外人才、技术、品牌、管理等高级要素集聚。

（3）依托内生增长能力的增强，整合国内木材产业资源，打造本土跨国公司，在增强要素购买能力的基础上加强创新能力，着力促进外部高级要素与本土要素的有效结合实现自身优化升级，进而提升木材产品贸易竞争力，实现高质量发展。

2. 提升中国木材产业在全球价值链上的定位，优化出口产品结构

（1）应引导中国木材产业贸易模式由简单的加工贸易模式向价值链高端升级。当前中国木材产业加工贸易模式使中国贸易处于全球价值链的中端环节，获利微薄，核心技术受制于外商，不能实现高质量发展。为实现产业链升级，应立足国内资源，注重核心技术研发，并在国内加以推广，生产具有中国特色与品牌优势和高附加值的木材产品，将“中国制造”上升为“中国创造”，逐步向价值链的两端发展，掌控产品生产的核心技术，提高中国配置资源的能力，扭转中国在价值链中的被动地位，掌握贸易的主动权与贸易话语权。

（2）积极加大人力资本投入，培养和引进向高质量发展转变所需的国际化顶尖人才。提升生产劳动者的素质和技能，推动国内要素禀赋结构升级。对于生产企业而言，扩大出口应更加依靠科技投入、品牌创建及销售渠道的拓展，不断提升出口产品的技术含量及附加价值，而不是单纯依靠成本价格优势。

（3）进一步提升利用外资的质量和水平，继续鼓励外资，尤其是研发导向型、市场导向型的外资进入中国，引导外资把高附加值含量的生产环节布局在国内。在此基础上，积极鼓励本土企业从事中间品的国内生产配套，逐步实现中间品采购的本地化，由此提升出口产品的国内增加值含量，努力实现由出口大国向出口强国的跨越。

（4）进一步加强国内配套，增强贸易增长的产业关联。在国内高级要素培育、生产制造能力逐步提升的基础上积极开展电子通信、机械设备等高产业关联度行业的内外资企业配套协作，鼓励本土企业从事中间品的国内生产配套，提高外资企业本土采购率和配套率。进一步推动企业加工制造环节做精做细，推动全球价值链在国内环节的延伸，提升中间品国内配套率及加工贸易增值率，进一步增强中国木材出口贸易的国内产业关联及对经济增长的贡献。

3. 增强木材产业集群企业价值链学习能力

全球价值链下集群企业的知识积累是实现木材产业价值链攀升的重要途径。集群企业进行知识积累主要有三种方法：一是通过自主创新生新知识；二是通过集群知识流动进行集群本地学习，获取集群内部的知识；三是利用价值链知识流动进行全球化学习，获取集群外部的知识。产业集群由于具有地理临近性和文化共同性的特点，对于人员之间的非正式交流具有先天的优势，这不仅有助于集群企业的技术创新和知识生产，还有助于提升知识的流动效率，推动了整个产业的自主创新能力。

# 第七章　企业调研和案例研究

邱国栋和刁玉柱（2014）指出学者对企业升级问题的研究切入点大体一致，大多建立在后发工业国或后发企业发展落后这一基本事实，认为嵌入 GVC 并向上攀升是企业（产业）升级的唯一出路。葛顺奇和罗伟（2011）认为跨国公司的进入有助于改良企业“工序构成”，引发产业结构和生产效率的变动，促进产业的转型升级；刘维林等（2014）指出，在参与全球生产网络分工过程中所获得的国外中间投入有利于提升中国制造业的出口技术复杂度。增值能力和控制能力是决定经济体分工地位高低的重要条件，所以 GVC 框架下企业转型升级的过程就意味着分工地位不断提升的过程。

本书把针对企业进行的调研和案例研究统一放在本章中进行分析，总结对木材加工、家具、造纸等企业的实地调研情况，之后采用案例分析法分别讨论从事胶合板、造纸、家具等加工和贸易的典型企业 XG 集团、YA 林业和 JG 集团在全球价值链中的发展及影响因素，并对企业在全球价值链中的转型和地位攀升提出政策建议。

## 第一节　中国木材企业在全球价值链的总体状况及企业实地调研安排

### 一、中国木材企业在全球价值链的总体状况

从全球价值链的角度来看，在分工角色上，中国企业位于链条的中间，是中间品和产成品的生产者，是林产品商品链的加工中心；俄罗斯、马来西亚、非洲等国家和地区向世界的木材加工中心大量出口原生木材，是原材料的供应者；美国、加拿大等国进口经过加工后的木材半成品和产成品，在商品链上扮演全球林

产品消费者的角色，主导着全球林产品贸易利益的分配格局（见图7-1）。

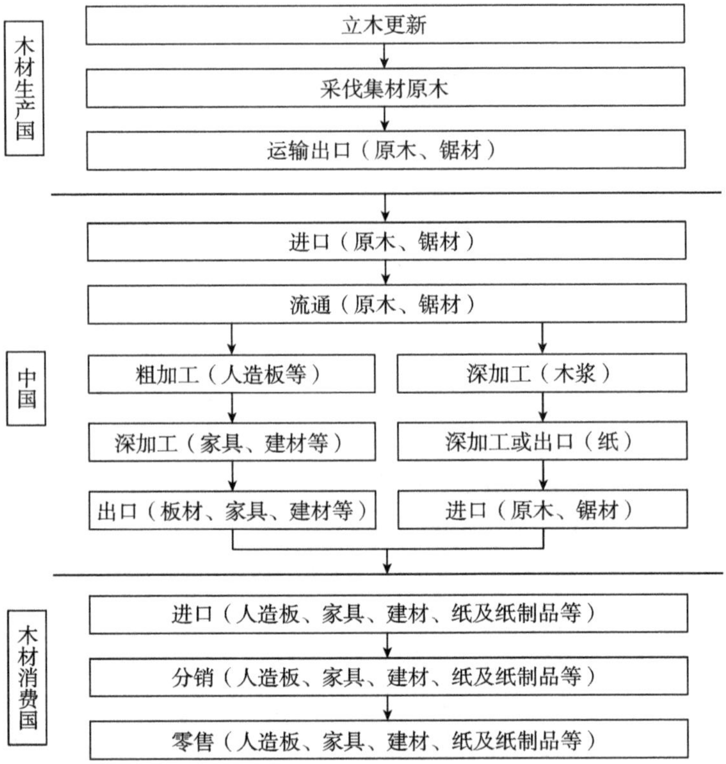


**图7-1　以中国为加工基地的林产品全球商品链**

在价值链地位上，中国是全球的木材加工基地。木材产业是劳动密集型行业，其价值链属于购买者驱动型，全球木材巨头集团、高端林产品品牌持有者等是林产品价值链的领导厂商，它们控制了林产品贸易利益的分配格局，占据了研发设计、品牌、营销等增加值率高、利润丰厚的节点，而将增加值率较低、利润稀薄的加工环节安排在劳动力充足并且人力成本低廉的东亚、东南亚国家。俄罗斯等森林资源丰富的国家则充当起世界的木材宝库，供应大量廉价木材。由此可见，中国整体还处于林业产业的低端制造环节。此外，资源型林产品贸易具有不可持续性并且在许多发达国家遭到了反倾销、反补贴审查，使中国的林产品贸易空间大幅压缩。

## 二、企业实地调研安排

张旭青和李周（2010）的研究表明中国木材的产业地理区位集中特点显著，

主要分为由苏、鲁、豫三省组成的平原林区，以及由浙、闽、湘、赣、粤、皖六省构成的南方林区。其中，山东、福建和广西是全国的木材产业的发展集聚区。2016~2018年，本书项目组对木材生产和贸易的典型省份——山东省、福建省和云南省的木材产业进行了实地调研，通过政府主管机构、行业协会座谈和企业实地调研的方式了解了41家企业的发展状况，涉及木材加工、造纸、家具等木材产业的各个行业。通过实地调研，项目组对重点调研的临沂市、三明市和昆明市木材产业发展现状、存在问题和在全球价值链中转型升级的必要性有了深入和直观的了解。

本章的后续部分对实地走访的三个嵌入全球价值链的比较典型的木材生产、加工和贸易企业进行了案例分析。

## 第二节　XG集团案例研究

本书项目组研究人员于2016年11月至2017年1月对临沂市和XG集团进行了调研。XG集团位于山东省临沂市，它是山东省人口最多、面积最大、发展较快的地级市，是中国四大胶合板生产基地之一，木材产业产量高、产值大且地理区位集中度高。临沂市综合实力跨入全国地级城市50强，荣获“中国板材之都”、“物流之都”、“国家森林城市”等称号。木材产业是临沂市的传统支柱产业之一。

临沂市绝大多数板材加工企业集中在兰山区义堂镇、费县探沂镇和沂水县高桥镇，20%左右的木材加工企业分布在河东、郯城等县区。2011年，临沂市被中国林产工业协会授予“中国板材之都”的称号。2016年项目组对临沂市的木材产业进行了实地调研，收集31家企业的数据，并以XG集团为例进行了案例分析。通过与临沂市经信委领导的简要座谈会，了解了临沂人造板产业发展的历史与现状，了解产业基地发展的优势与特色以及发展中遇到的瓶颈和问题，从整体上把握临沂人造板产业发展的特点。调查对象企业为生产规模较大的人造板相关行业的长期出口企业，调研产品涵盖纤维板、刨花板、胶合板等类型。通过实地调研，项目组对临沂市木材产业的发展现状、存在问题和在全球价值链中转型升级的必要性有了深入和直观的了解。

临沂市木材产业依附于中国林业，进口木材在临沂经过加工成为人造板等木材中间品后再出口到国际市场，主要产品覆盖九大系列130多个品种，初步形成了以木材加工、板材生产、家具制造为主导，以胶黏剂、木工机械、设备维修为配套的较为完善的产业体系。同时，临沂市部分板材企业试产各类简单家具，地板、家具，木业价值链终端产品比重逐渐增加，同时木业机械、胶黏剂等配套产品发展迅速，木业产业产品结构不断优化，产业链条逐步延伸。

临沂市大部分低端木材加工小企业已进入到衰退期，低端板材市场基本饱和，同质化严重，大部分木材加工出口小微企业面临低端化竞争的发展瓶颈，处于价值链低端，生存发展面临着考验。

## 一、XG 集团简介

山东 XG 企业集团有限公司创立于 1993 年，是一家以木材加工制造、建筑模板设计生产为主要经营业务的大型综合化企业集团，它是全国最大的建筑模板生产厂商，首批国家林业重点龙头企业，国家高新技术企业，中国林产工业协会胶合板专业委员会理事长单位，中国模板协会木模板专业委员会会长单位。

XG 集团下设 XG 模板（已上市）、XG 国贸等 11 家分公司，在国内建有广西、江西两个分厂，在国外设立了马来西亚分厂。公司产品已完成欧盟 CE 安全强制性认证、森林管理委员会的 FSC 认证和符合中东地区清关要求的 COC 证书，并与海外 100 多个国家和地区有业务往来，在广州、迪拜、沙特吉达等国内外诸多城市设有销售办事处。XG 集团发展历程如图 7－2 所示。

XG 集团在价值链中的上游企业有为建筑模板提供原材料的覆膜纸企业、人造板企业、木工机械企业、胶黏剂生产企业等，价值链下游客户包括建筑工程项目部、铁路工程项目部、海外工程公司等。

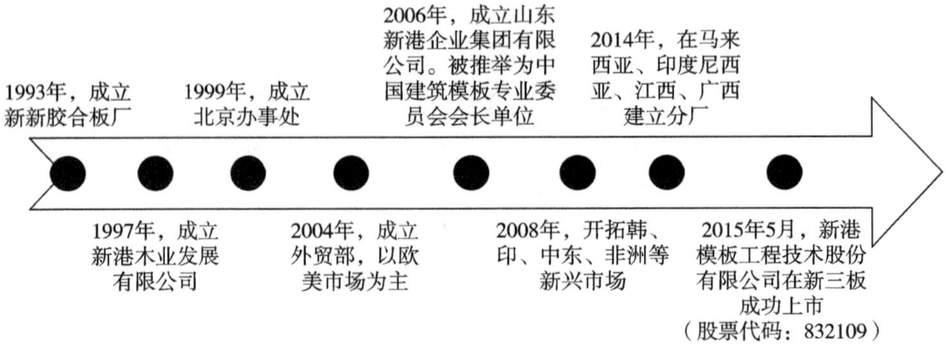


**图 7－2　XG 集团发展历程**

## 二、XG 集团案例研究的数据来源和研究指标

### （一）数据来源

1. 半结构化访谈

访谈对象有 XG 集团管理层、第三方供货商和采购商的中高层管理人员。

Schwenk（1985）认为访谈对象的多元化有利于从不同当事人角度还原事实原貌，将个人主观偏差降到最低，增强案例的建构效度。通过与 XG 集团负责生产管理的高管以及负责出口贸易的高管进行接触，联系访谈，并根据事前对 XG 集团发展历程的梳理，拟定涉及关键转型节点的转型动机、方法、效果的访谈提纲，访谈单次完成时间控制在 1.5～2 小时。针对供货商和采购商，访谈提纲会略有不同。访谈方式主要采用封闭式问题与开放式问题相结合的方式，封闭式问题有利于迅速熟悉了解 XG 集团基本信息，开放式问题使受访者回答更真实地反映本意，答案自由多元化。对一些访谈对象（如 XG 集团管理层）的访谈次数达到了 3 次以上，文字记录了每一次的访谈内容，在征得受访者同意的情况下，采用录音的方式协助记录，最后整理成书面资料。为了更好地还原转型升级过程，访谈过程引导受访者除去个人情感因素采用中立客观的态度描述事件，同时向受访者承诺，访谈对话录音等不会外泄。

2. 电子邮件和电话确认

通过电子邮件和电话对转型升级过程中的动机、举措再次确认。

3. 财务报表披露

采用的数据为 XG 国际贸易有限公司（以下简称 XG 国贸）2004～2015 年的财务报表数据。连续披露的财务报表信息可以展示长跨度时间范围内 XG 国贸出口贸易的发展趋势和动态变化，纵向地对贸易增加值率作出合理估计。

4. 公司网站、临沂市林业局网站和报纸新闻报道等

从 XG 集团外贸部（XG 国贸前身）于 2004 年成立开始到可获取的 2015 年最新资料，尽可能保证研究资料的全面性和完整性。

（二）研究指标

企业主要财务指标，包括偿债、营运以及盈利三方面的能力指标。

企业生产经营指标，包括出口贸易总额、研发支出等。

工资、福利费与增值税指标，包括主营业务收入相关的应付职工薪酬、福利和增值税应纳税额等。

（三）XG 集团工艺转型升级

工艺升级（Process Upgrading）即企业对生产流程、工艺进行改造，优化整合生产能力，表现为固定资产投入的增加，产量的扩大。

1. 两次转型

（1）第一次转型：从作坊式生产到批量生产。1993 年，主营业务为三合板加工生产的新新胶合板厂（XG 集团前身）成立。其主要产品三合板是一种由原木旋切或由木方刨切成薄木，再将相邻层的单板纤维按照垂直方向排放胶合而成的单板，因其胶合层数为三层，故名三合板，三合板主要用于家居装修、车船制造等。

20 世纪 90 年代，人民生活水平不断提高，房产、装潢等行业蓬勃发展，板材市场水涨船高，行情看好。新新胶合板厂成立初期，赶上了木材产业发展的黄金时期，搭上了木材加工行业红利的列车，虽然小厂投资不大，生产工艺简单，“一排草屋、两亩地、几台简陋的设备”，新新胶合板厂依然开得风生水起。在当时的临沂市，与新新胶合板厂情况相似的家庭小作坊式的木材加工企业有很多，它们招用的工人人数非常少，基本靠家庭成员，自己既充当老板又充当工人。有的木材加工小微企业全部固定设备投资只有一台旋切机或者热压机，便开始组织生产，旋切单板、芯板或者购进板材半成品后再加工成胶合板。

此阶段，新新胶合板厂转型升级面临的主要矛盾为落后生产力同人民日益增长的板材需求量的矛盾，落后的生产设备以及粗放式管理带来的弊病很快涌现。原料利用率低抬高了生产成本；生产加工出的板材质量不过关，如单板旋切的厚度不均、自然晾晒含水率超标、胶合板易开裂等；因采用低质胶黏剂、游离甲醛严重超标遭到投诉；单板芯板作为初级产品，本身价格较低，再加上人造板市场同质化严重，单纯的价格战令新新胶合板厂的管理层忧心忡忡。

1997 年，转型之后，XG 木业发展有限公司成立，管理层将盈余公积转增资本，通过亲友等非正式融资渠道筹集资金，企业扩大厂房面积到 120 亩，购买新型木材加工设备，追加固定资产投入，增加生产线数量，提高生产能力，实现了批量生产，完成了小作坊的蜕变。

（2）第二次转型：从批量生产到流水生产。

1）产品生产方式从劳动密集型到自动化生产。XG 木业首先对生产设备进行改造升级，将单层和多层等间歇式压机升级为连续压机生产线，同时由机器操作改造替换部分人工手动操作，产品次品率下降明显，质量方差减小，节省了人力成本。

2）设备控制从粗放型到精细型。XG 木业购进计算机控制面板，对生产过程进行精细化管理，板材厚度精确度由之前的 0. 1 毫米提高到万分之一毫米，板材横向密度保持均匀，针对市场差异化的需求可生产不同规格的薄板，精细化管理使得 XG 集团一次性通过 ISO9001 质量管理体系认证和 ISO4001 环境管理体系认证。

2. 转型动机

XG 集团转型动机可以分为宏观环境和企业内部两个层面。

从宏观环境来看，政府出台了大量的帮扶政策。基于木材产业带动的良好社会效应，木材加工厂的兴起创建可以让农民增收脱贫致富，也可以增加当地政府的税收收入，并且木材产业属于劳动密集型行业，可以有效增加当地的就业岗位，而较高的就业率是当地长治久安的稳定器。临沂市政府在扶持政策上予以倾斜，在行政上减少干预，使得一批木材加工企业如雨后春笋般迅速涌现。

另外，原料林木供给不足。木材产业迅猛发展，类似新新胶合板厂的家庭作坊式的木材加工厂在临沂遍地开花，对木材需求量激增。相对的木材供给方面的情况是，山东省森林采伐限额仅200多万立方米，但年木材加工消耗森林资源达1100万立方米，其中临沂市采伐限额只有十几万立方米，木材加工年消耗木材却达400万立方米。采伐限额和木材需求量之间巨大的缺口，进口木材仅占20%左右，剩下只能依靠超限额采伐甚至滥砍滥伐，其中有52%来自未纳入采伐限额的村民房前屋后的自己栽植的林木，除此之外，还有大量的木材加工的原材料林木不能解释清楚合法渠道。木材资源的稀缺迫使企业的生产流程、工艺进行改造，对整合生产能力进行优化。

而从企业自身来看，客户对高质量板材的需求，国内市场的巨大潜力；前期的资本积累和管理经验的不断丰富，使其有能力扩大生产能力；劳动效率的提高是利润的源泉。但是，企业也面临着成本抬高和木材产业同质化严重，恶性竞争利润空间压缩严重的问题。这都促使了企业必须进行工艺升级。

（四）XG集团产品转型升级

产品升级（Product Upgrading）即转向更高端生产线，引进新产品，改造旧产品，创造新品牌。升级后在GVC的分工环节不变。表现为产品由低技术、低增加值、低层次升级为高技术、高增加值、高端化。

1. 研发："产学研"合作模式

"产学研"是指通过与高校科研院所的合作，实现技术攻关和人才培养，为实现高校、企业、科研院所优势互补、互惠互利、共同发展的目标所进行的合作与交流。XG集团的"产学研"合作模式如表7－1所示。

**表7－1 XG集团"产学研"合作模式**

| 研发 | 做法 |
| --- | --- |
| 产 | 参与制定"混凝土模板用胶合板"、"胶合板"、"人造板的尺寸测定"三项国家标准；"防虫胶合板"、"木工字梁"、"木材工业用豆基蛋白胶黏剂"三项行业标准 |
| 学 | 与南京林业大学、中国林业科学院木材工业研究所等签署了产学研合作协议，建有院士工作站、博士后科研工作站 |
| 研 | 建有山东省企业技术中心、山东省环保人造板工程技术研究中心、山东省速生木材高效利用技术研究重点实验室；"承担了国家863计划项目"、"国家火炬计划项目"、"国家星火计划项目"等科研项目30余项 |

2. 业务：扩充新业务

1997 年，公司引进了建筑模板产品生产线，扩充新业务，主要从事木工字梁模板、楼板模板、墙柱模板、脚手架生产、安装以及使用。建筑模板是辅助混凝土结构成型的一种临时性工具。建筑模板因具有可反复使用、有效减少接缝、脱模容易、钉、锯、钻孔等性能优于胶合板等特点而受到高层建筑及桥梁施工商的青睐。XG 集团经营的主要建筑模板类型为木胶合板下的覆膜木胶合板，它具有重量轻，搬运方便；力学性能（热缩性）好，便于冬季施工；表面光滑平整、易于脱模；可任意裁切、嵌钉，做成直面、曲面等，能适应楼板、墙体等各种复杂结构的建筑等特点，主要应用于高层及超高层建筑施工、无梁或少梁楼板建筑施工以及地下室、隧道、大型护坡、大型桥梁、水坝、铁路基座等建筑施工方面。模板行业处于上升阶段。

XG 集团从生产初级单板、芯板发展到中高档防水建筑模板，已成为全国最大的建筑模板生产厂商，2015 年 5 月，XG 模板在新三板成功上市。木材加工产品结构不断优化，产业链条逐步延伸。另外，XG 集团还积极发展木工机械、木业胶黏剂等木材产业配套产品，产业体系日趋完善。

3. 人力：充实技术人员队伍

XG 集团是一家木材加工企业，与木材关系紧密，除木材外，管理层也爱才、惜才。在面谈的过程中，董事长曾作出这样的表达，“如果把公司比作一片森林，员工就是组成森林的一棵棵树木，森林的形成有赖于树木的葱郁；公司的发展，离不开宝贵的人力资源”。XG 集团在人力资源方面的具体做法如下。

（1）人才引进。产品转型升级，要实现低技术产品到高技术含量的转变离不开研发人才的支撑。XG 集团引进创新型人才，鼓励科研创新，拥有 7 项实用新型专利技术，2 项发明专利，每年到国内重点院校进行校园招聘宣讲会，同时开放社会招聘通道吸纳木材产业行业经验丰富的人才。

（2）人才培养。产品转型升级表现在一代代木材加工制品的优胜劣汰上，通过帕累托改进不断实现替代接续性升级，对于产品的代代升级改造，教学相长也是人才培养的过程，在一次次试错纠错的过程中积攒木材加工、模板设计经验。公司为技术人员提供了实践发展的平台，与国内外许多知名建筑承包商建立了广泛的合作关系，产品大量应用于国内外大型工程，在长期的业务实践中，技术人员在模板脚手架的设计施工实践中积累了丰富的经验，曾圆满完成多项国内外大型模板工程的设计和施工任务。

4. 环保：绿色升级

（1）转型动机。

1）木材加工耗能污染严重。木材产业是耗能大户，木材干燥耗能占整个木材加工总能耗的四成到七成，而干燥的热效率普遍偏低，通常不到40%；除此之外，干燥过程会排放污染大气的烟气粉尘，年干燥能力1万立方米的蒸汽干燥车间1个小时就可以产生烟尘量约40千克，排出二氧化碳1900立方米、二氧化硫45立方米，还有部分氧化氮，这些污染物对环境破坏严重。

2015年1月1日，新《环境保护法》正式实施。更为严格的新环保法会加大乱排污企业的违法成本，淘汰木材加工行业中违法生产以及无法顺利转型的企业，其中新确立的“按日计罚”制度，对持续性的环境违法行为进行按天数计数的连续罚款，环境违法时间越长，罚款累计越多。新环保法还设立了“黑名单制度”，企业的乱排污行为将被记录在社会诚信档案中，重拳治污的新环保法对企业环保升级形成有力倒逼，让木材加工企业回归理性的发展轨道。

2）政府加强环境监管。2015年2月，环保部华东督查中心就临沂市大气污染严重、市内众多木材加工企业工业废气排放不达标一事约谈了临沂市市长，临沂市政府下决心对全市范围内的污染企业展开集中整治。在发展经济的同时不能忽略对环境的保护，把不破坏生态环境作为发展的底线。而对设备落后、排放不达标、环评手续不完善等板材企业直接关停，对技术落后、能耗高污染重的木材加工企业实施腾笼换鸟，引进环保高端木材精深加工产业，宁要绿水青山，不要金山银山。保护生态环境关系人民的根本利益和民族发展的长远福祉，保护生态环境就是保护生产力，绿水青山就是金山银山。XG集团率先示范，采取了转变措施，不仅降低能耗符合环评要求，也以此为契机带动了自我的绿色转型。

（2）转型措施。

1）在生产原料上，使用环保胶黏剂、油漆涂料，降低有机挥发物和低重金属含量；运用浸渍环保胶黏剂和敷贴技术，减少甲醛含量；采用功能型人造板产品定制技术，节能降耗等。

2）在清洁能源上，改造供热供气系统。2015年10月，临沂市西部供热中心建成并投入使用，对城西板材企业实行集中供热，逐步替换取缔板厂燃煤小锅炉。XG集团全面改气，摒弃了煤炭烟囱上的污染。

3）在生产设备上，大力发展推广节能环保技术和设备，比如对板材生产线采用喷施蒸汽雾的方法，雾化后胶黏剂膨胀增大，表面积变成原来的三到八倍，可以减少一成胶耗的使用，能效提升。

5. 品牌：价值深耕

（1）品牌打造。产品转型升级除实际品质的臻善外，无形价值的从无到有的升级塑造同样不可小觑。在企业规模扩张的同时，XG木业塑造品牌，树立产品口碑。1999年，XG木业成立北京办事处，在国内大城市加大宣传力度和木材产品分销渠道的建设，扩大品牌知名度。2004年，XG木业抓住中国加入世贸组织的历史机遇，公司成立外贸部，以欧美市场作为主要的出口市场，将XG品牌带向海外。2006年，XG集团成立，占地面积扩大到500亩，同年被评为“中国建筑模板专业委员会会长单位”，成为模板行业领先企业，XG品牌获得“中国驰名商标”、“山东名牌”、“重点培育和发展的山东省出口名牌”等荣誉称号。

（2）巩固品牌。XG集团在扎扎实实发展二十余年后，由个别散户慢慢积攒了一部分优质客户资源，包括中国铁道建筑总公司、中国交通建设总公司等部分省市级单位在内的建筑承包商，逐渐摸索出了一套以客户为核心、“销售与租赁”并重的模式。XG集团除满足客户一般化的需求外，还会根据大客户的个性化需求进行柔性化生产，在业内巩固XG品牌的口碑。

转型动机包括以下几方面：一是知名客户的订单可观、金额高、货量大，并且一旦形成长久合作关系后订单稳定，可以帮助企业合理计划组织生产规模。二是国际知名家具商商业信誉好，回款及时可靠，财务风险低。三是个性化定制产品有助于了解市场需求动向，对公司其他标准化生产的产品及时升级改进，提高产品对市场转变的反应速度。四是公司经营理念的导向。XG集团意将客户需求作为企业生产发展的指南，尤其是木材产业内部竞争已进入白热化阶段，大量木材加工企业可以提供同质化板材，以客户需求为核心，将技术和服务相结合，建链、补链、强链，围绕高端精深产品，完善产业服务体系，柔性化生产能更贴近高端客户需求，加深合作，互利共赢。

### （五）XG集团功能转型升级

功能升级（Functional Upgrading）即企业在GVC中参与的分工地位发生变化，由被动等出口到主动对外直接投资利用全球资源，放弃或外包低增值链条环节。

#### 1. 转型一：内销转出口

（1）转型过程。2007年以前，国家为鼓励出口创汇，木材产业出口退税率较高，其中人造板的退税率达到11%，出口退税比例较高使得板材出口外贸比内销的利润更为丰厚，于是XG集团抓住政策利好时机，积极开拓国外市场，除在国内市场参与投标外也积极通过参加会展、网上业务洽谈来拓展国外市场，由内销转向出口，开始“走出去”。当时临沂市木材加工制品主要面向北美和欧洲等发达国家出口，其中50%左右出口到美国，XG集团的主要客户也在美国。XG集团向国外领先同行学习技术，获得专利技术许可使用权，提升木材加工科技含量，优化建筑模板施工效率；同时联系海外贸易承销商，利用中间商在美国既有销售渠道展开营销。

2008年，美国市场遭受了金融危机的巨大冲击，板材需求锐减，原有的出口市场疲软，如果部分停工减产将导致新上马的设备闲置老化，固定成本的摊销使企业入不敷出，另外导致员工失业，而很多员工是伴随 XG 一起成长的，基于责任心和情感的考虑，XG 外贸部并没有选择消极地大规模裁员以压缩成本，而是调整市场政策，完善企业招投标流程，扩充市场人员队伍，提高业务营销人员比例，主动出击，利用出口退税的优惠政策在全球范围内积极挖掘潜在合作伙伴，分散客户集中的风险，化危机为机遇，逐渐开拓了印度尼西亚、菲律宾等东南亚国家、智利等新兴市场；同时还增设国内办事处，加强对国内市场的挖掘，国内国外两个市场一起抓，充分利用两种资源。

（2）转型动机。一方面，分散风险，多元化的出口目的国进行国别风险的分散；另一方面，根据出口退税率应势而变。XG 集团根据胶合板出口退税率变化情况顺势而为：高（出口退税率 11%，开辟国外市场）—低（出口退税率 5%，减少低附加值产品出口）—高（出口退税率 9%，多元化出口市场）。

2. 转型二：出口到海外建厂

2014 年，XG 集团在马来西亚和印度尼西亚建立分厂，构建“一体两翼”格局的大美 XG。转型动机有以下几点：

（1）资源驱动：靠近原木生产地。一方面，木材原料进口成本不断攀升，世界上已有 86 个国家不允许原木出口，美国也出台了针对木材加工品合法性的审查制度，《濒危野生动植物物种国际贸易公约》新公布了 140 个严格限制交易的木材树种，各种限制政策法令的颁布增强了原木进口的难度，2013 ~ 2016 年部分国家木材出口禁止（限制）情况如表 7 – 2 所示。

**表 7 – 2　2013 ~ 2016 年部分国家木材出口禁止（限制）一览表**

| 地区 | 事件 | 时间 |
|---|---|---|
| 越南 | 红木出口提税 200% | 2013 年 6 月 |
| 加拿大卑斯省 | 对未加工原木出口征收“国内生产替代费” | 2013 年 7 月 |
| 赞比亚 | 议会通过了“禁止木材砍伐”禁令 | 2014 年 7 月 |
| 法国 | 限制原木出口中国市场 | 2014 年 10 月 |
| 乌克兰 | 10 年内暂停加工木材和锯材出口 | 2015 年 4 月 |
| 尼日利亚 | 停止刺猬紫檀原木的进港发运 | 2015 年 9 月 |
| 俄罗斯 | 提高原木的出口关税；引入配额制，使原木出口量更少 | 2015 年 12 月 |
| 《濒危野生动植物物种国际贸易公约》（CITES 公约） | 执行刺猬紫檀进入附录三 | 2016 年 5 月 |
| 老挝 | 禁止砍伐所有类型的森林 | 2016 年 6 月 |

另一方面，木材原料进口成本不断攀升。2017 年，中国全面停止天然林商业性采伐，每年将减少天然林采伐量近 5000 万立方米。

（2）国内人口红利逐渐消失。过去中国的比较优势是劳动力充足且人力成本低廉，但中国人口红利的逐步消失，国内人力成本上涨，新生代劳动力经常性地更换工作，呈现“短工化”特征，木材加工企业为了保持员工的稳定性，工资不断提高，同时，“短工化”的年轻员工虽然工作做得多但自身技术并没有积累，中高级技工尤缺，人才供需的结构性失衡使得中国劳动力的性价比进一步下降。而木材产业属于劳动力密集行业，企业不得不雇用大量劳动力，企业总体的劳动力成本大幅提升。相比之下，印度尼西亚等国却在学习中国，走中国以往的路，利用低廉的劳动力招商引资。

（3）汇率驱动。人民币升值压力大，木材加工企业的价格优势变得不明显，甚至相对于马来西亚、印度尼西亚等东南亚国家处于劣势地位。从 2005 年 7 月第一次汇改开始，中国采用浮动汇率制，人民币对美元不断升值，到 2012 年累计升值幅度达到 32%，2014 年人民币对美元平均汇率 6.1428，同比升值 0.82 个百分点，在人民币不断升值的背景下，2014 年 XG 集团 FDI 在海外建厂，可以减少因汇率变化带来的汇兑损失。

（4）规避贸易壁垒。在国际金融危机背景下，贸易保护主义抬头，在海外设厂可以有效地规避贸易壁垒，减轻贸易限制条件对出口造成的不利影响。

（六）XG 集团链条转型升级

链条升级（Inter – sector Upgrading）即企业从一条链跨越至利润报酬更可观的另一条链，从低价值、劳动密集链条升级为资本、技术密集链条的过程，表现为不同价值链间的跳跃。

1. 转型过程：多元化发展

XG 集团已成为全国最大的建筑模板生产厂商。XG 集团在专注建筑模板的核心竞争力之余，将触手伸向其他领域。有效的资产组合可以降低投资风险，如果将企业的各个业务板块视为一项项资产，那么多元化的经营策略就相当于构建了一个资产组合。只要各项业务的现金流不完全正相关，经营者就可以利用多元化经营策略减少总体现金流的波动性。XG 集团内部代理问题不显著，经营决策独立，在经过科学分析和审慎考虑后，XG 集团进行了多元化扩张。在发展多元化策略寻求范围经济的同时，管理层十分强调稳健原则，利用资本市场、各种财务避险工具使企业整体的发展态势保持整体踔疾而步稳。XG 集团的多元化发展可分为行业多元化和地域多元化。

在行业多元化上，XG 集团涉足房地产、金融、新型农业等其他领域，从固有木材加工链条跳跃至利润报酬更可观的以资本驱动的房地产业链条、金融业链条和以技术驱动的新型农业链条。在从低价值、劳动密集链条升级为资本、技术密集链条的过程中，XG 集团业务链条的转型升级表现为不同价值链间的跳跃。

房地产开发：2009 年临沂 XG 置业责任公司成立，XG 集团开始开拓房地产业，先后开发了 XG 龙庭等多个房地产项目，XG 地产现已成为临沂当地优秀房地产开发商之一。

金融服务：2011 年 XG 集团成立小额贷款公司、资产管理公司，跨入金融产业，帮助小微企业融资。

XG 农业：2015 年 XG 集团与韩国科兹摩农业株式会社、韩国白马物流在费县共同出资设立山东 XG 农业科技有限公司，XG 农业是集生态养殖、农家休闲、采摘游乐、蓝莓深加工于一体的现代农业经济体，助推乡村经济发展。

在地域多元化上，2014 年 XG 集团分别在江西、广西设厂，一是便于利用当地丰富的林业资源。广西桉木资源丰富，是全国最大的桉木胶合板生产基地，XG 集团在山东主要取材为杨木，在广西设厂可以补充树种资源，加工利用桉木板材。而江西省盛产毛竹，可以为 XG 集团下属建筑模板业务中的竹胶合板模板供应优质毛竹原材料。二是地理位置靠近东南亚，出口贸易运输方便，节省运输成本。

2. 转型动机

（1）建筑模板需求旺盛。中国不断推进城镇化建设，2016 年国家统计局数据显示，中国城镇化率已达到 57.35%，根据“十三五”规划目标，2020 年中国常住人口城镇化率应占比 60%。中国未来几年仍将处于大发展、大建设阶段，特别是铁路、轻轨地铁等基础设施建设。大型公共设施和高层建筑等城市化建设日新月异，城市化进程会带动更多住宅、交通基础设施的刚性需求，而住宅、基建的需求缺口将带动与之密切相关的建筑模板行业的快速发展。据统计，中国建筑规模占世界规模的 44%，每年新竣工总建筑面积达到 20 亿平方米。在现浇混凝土结构工程中，模板工程占混凝土结构工程造价的 25% ~30%，占工程用工总量的 28% ~45%，占工期的 50% ~60%，伴随城市建筑的大量兴建，建筑模板的市场需求旺盛。

（2）政策方向指引。临沂市政府关于木材产业的发展规划提出“到 2017 年，建筑模板、家具等终端产品产值占比超过 15%，到 2020 年，终端产品产值占比实现 20%”，指引企业向价值链终端延伸业务，不断优化产业链结构。

（3）企业层面。XG 集团加强技术研发，积极改进生产工艺，掌握多项专利技术，凭借技术的内部化优势，可生产出周转重复利用 20 多次的覆膜模板。而市面上的普通木模板周转使用率低，一般仅能使用 1 ~3 次，摊销成本大，废旧木模板等施工垃圾在施工现场堆积，造成了环境工业污染。

（七）XG 集团贸易增加值核算

本书采用全球价值链理论对于企业转型升级的定义，转型升级是指价值链中的市场主体在特定产业的专业分工中通过改善投入、技术和产出，使单件产品的价值和单位产出的增加值率均由低到高，实现利润可持续的最大化，谋求在市场竞争中的比较优势（Gereffi，2001）。

基于以上对转型升级概念的界定，可以得到以下概念延伸：第一，利润最大化是企业转型升级的目标，依据国民经济核算的定义，利润加上劳动者报酬、生产净税额、折旧就等于产业增加值。第二，改善投入、技术以及产出可以带动转型升级。第三，测度转型升级的 2 个绩效指标：增加单件产品的价值即提质；提高单位产出的增加值率即增效（刘仕国和吴海英，2014）。

因此，测度转型升级的绩效指标：一是提高单件产品的价值（提质）；二是提高单位产出的增加值率（增效）。价值是凝结在商品中的无差别的人类劳动，从产品价值的提高投射于贸易来看，就是产品增加值的提升。增加值是绝对指标，增加值率是比较指标。抛去基数的影响，便于比较，本书对企业转型升级效果评价的研究重点放在对增加值率的测算上。

1. 研究方法

高敏雪和葛金梅（2013）的研究表明，增加值率是企业盈利能力和发展水平的综合体现，直接决定着企业的效益水平以及投入产出水平。企业增加值率（Value - added Ratio，VAR）越大，增加值越多，投入产出的效果越佳，盈利水平越高。对企业增加值率进行测算便于清楚地了解木材加工出口企业的价值创造能力和出口板材业务的内在质量。从行业层面看，木材加工出口企业增加值率的提升反映了木材产业组织结构的优化、资源配置效率的提高等转型升级成效。从地区层面看，增加值率的高低体现了临沂市木材产业发展的质量和效益，反映了临沂市在木材国际分工价值链中的地位。

本书基于国民经济核算的基本原理，借鉴高敏雪和葛金梅利用企业生产增加值测算出口贸易增加值的方法，对企业增加值率进行核算（见表 7 - 3）。从概念出发，企业增加值是指企业在报告期内以货币表现的工业生产活动的最终成果，是企业全部生产活动的总成果扣除在生产过程中消耗或转移的物质产品和劳务价值后的余额，是企业生产过程中新增加的价值。由定义可得，增加值有两种计算方法：一是生产法，即从本期生产产品的角度，通过本期总产出（总产值与应交增值税之和）减去生产中初次消耗的中间投入（广义上的生产成本）得出的新增价值额；二是收入法，即从本期销售产品的角度，对本期销售产品中属于增加中的初次分配科目加总。本书所采用收入法核算方法，则企业增加值率（VAR）的计算公式如下：

表7-3 木材加工企业增加值核算表

| 核算科目 | 代码 | 核算科目 | 代码 |
|---|---|---|---|
| 一、劳动者报酬 | 01 | 三、固定资产折旧 | 13 |
| -应付职工薪酬 | 02 | -按比例计提的固定折旧 | 14 |
| -应付职工福利费用 | 03 | -大修理费用 | 15 |
| -管理费用中的直接人工 | 04 | 四、营业盈余 | 16 |
| -营业费用中发放给职工的福利、补贴 | 05 | -营业利润 | 17 |
| -财务费用中发放给职工的福利、补贴 | 06 | -补贴收入 | 18 |
| 二、生产净税额 | 07 | -营业费用 | 19 |
| -营业税金及附加 | 08 | -管理费用 | 20 |
| -应交增值税 | 09 | -财务费用 | 21 |
| -管理费用中的税金 | 10 | -财务费用 | 22 |
| -补贴收入 | 11 | -利息净支出 | 23 |
| -其他属于生产净税额的部分 | 12 | 五、木材加工企业增加值 | 24 |

注：劳动者报酬01=02+03+04+05+06；生产净税额07=08+09+10+11+12；固定资产折旧13=14+15；营业盈余16=17+18+19+20+21+22+23；木材加工企业增加值24=01+07+13+16。

木材加工企业增加值=劳动者报酬+生产者净税额+固定资产折旧+营业盈余 (7-1)

木材加工企业增加值率（%）=出口贸易增加值/出口贸易总额×100% (7-2)

2. 增加值率测算结果

本书测算的2004~2015年XG木业增加值率结果如图7-3所示。在总体上，XG木业的贸易增加值率处于上升趋势，从2004年的21.6%上升到2015年的24.16%，郑丹青通过实证分析认为对中国出口贸易增加值率影响最深的一是民营企业，二是劳动密集型企业，XG木业是典型的民营企业，其所从事的木材产业属于劳动密集型行业，整体上升的趋势与其他学者研究结果一致。在具体数值上，本书通过企业生产增加值测算出口贸易增加值得到的结果与主流运用投入产出表核算增加值的结果基本接近。Lau（2010）利用I-O表分解得到中国企业2002年出口增加值率为28.7%，Koopman等（2012）的测算结果是25.7%，计算结果的相似性表明以企业生产增加值率计算出口贸易增加值率具有可行性。郑丹青、高敏雪也认为，找到全出口型企业做样本，借助企业增加值率可以间接推算贸易增加值，与基于投入产出表方法做间接推算的结果可以相互印证。郑丹青利用国民核算的基本原理进行了微观企业层面的测算，计算结论为28.71%，葛金梅同样运用此方法对细分的木材产业进行了测算，发现2008年全国木材产业的增加值率结果为21.39%，2008年基于山东省1357家规模以上企业的增加值率为21.94%。本书对山东省内木材加工贸易企业的测算的增加值率为21.23%，与运用同种测算方法的研究学者的测算结果相近。

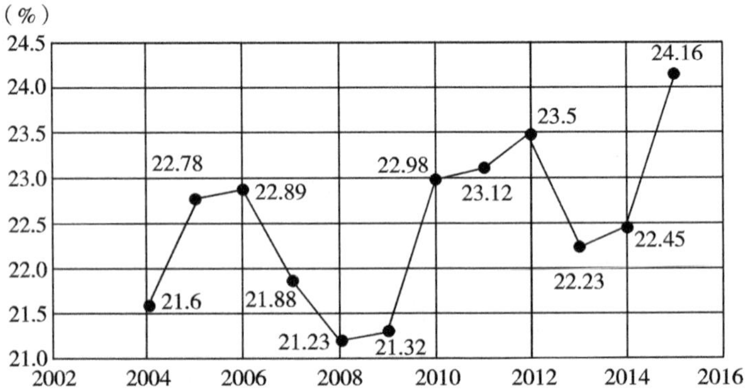


**图7-3　2004~2015年XG木业增加值率**

从图7-3可以看出，XG木业增加值率变化趋势如下：2004~2006年为上升期，2007~2008年为下降期，2009~2012年为上升期，2013年下降，2014~2015年上升，共出现了4个拐点。本书项目组结合对XG集团管理层的访谈和调查了解，试着分析每次拐点出现的原因并尝试解释增加值率变化对企业转型升级的影响。分析结果如表7-4所示。

**表7-4　2004~2015年XG集团增加值率变化趋势一览表**

| 时期 | 影响因素 | 增加值率变化趋势 |
|---|---|---|
| 2004~2006年 | FDI流入 | 上升 |
| 2007~2008年 | 政府补贴 | 下降 |
| 2009~2012年 | 研发投入 | 上升 |
| 2013年 | 出口规模 | 下降 |
| 2014~2015年 | 品牌营销 | 上升 |

# 第三节　YA 林业集团案例研究

## 一、YA 林业集团简介

福建省 YA 林业（集团）股份有限公司（以下简称 YA 林业集团）于 1994 年 1 月创立，于 1996 年 12 月 6 日挂牌上市，是全国首家以森林资源为主要经营对象的上市公司，总资产达 38 亿元，森林经营面积约 176 万亩，下设森林经营分公司、YA 人造板厂、永林蓝豹分公司、种苗中心、三明制胶厂、连城分公司等分支机构；拥有福建森源家具有限公司、福建省永惠林业有限公司、漳平市燕菁林业有限责任公司等子公司（控股子公司）。申报获批 17 项国家专利技术并参与制定了 7 项国家标准，“永林蓝豹”、“森源”、“永林”、“企鹅”、“蓝豹”等 10 个注册商标，其中，“永林蓝豹”强化木地板、中密度纤维板为出口免验产品、“永林蓝豹”中密度纤维板为中国名牌产品，“永林蓝豹”、“森源”商标为中国驰名商标。

主要产品包括木材、纤维板、家具、强化木地板等，主营产品主要出口至澳大利亚、美国、欧洲、南美洲等国家和地区，已形成了集林木养护、种植、木材板材生产加工、高端家具定制、竹木地板销售等全产业链为一体的全国林业行业循环经济示范企业集团。

作为中国首批人事部批准设立的企业博士后工作站之一，YA 林业集团相继荣获全国林业突出贡献奖“先企业”、农业产业化国家重点龙头企业、国家创新型试点企业、全国重合同守信用单位、中国名牌产品、福建名牌产品等称号。

## 二、YA 林业集团案例研究的数据来源

案例数据来源有以下几个途径：①半结构化访谈。本书项目组于 2018 年 7 月访谈了 YA 林业集团，访谈对象是中高层管理人员。根据事前对该集团发展历程的梳理，拟定涉及关键转型节点的转型动机、方法、效果的访谈提纲。访谈方式主要采用封闭式问题与开放式问题相结合的方式。②YA 林业集团公司网站、报纸新闻报道等。③有关 YA 林业集团的公开出版和未公开出版的研究报告。④YA林业财务报表披露。连续披露的财务报表信息可以展示长跨度时间范围内该企业的发展趋势和动态变化，纵向地对贸易增加值作出合理估计。

## 三、YA 林业集团体制转型升级

### （一）企业内部体制转型

全球价值链中形式瞬息万变，需要企业适时进行调整，重点解决结构矛盾，以提高经济整体素质和追求有效益的速度为重要特征的集约型增长的根本转变，从而提高企业在全球市场中的竞争力。

1. 转型之前

1992 年，在 YA 市林委原有的林业采育场、采购站和几个小型木材加工厂的基础上组建了 YA 林业（集团）总公司，YA 林业（集团）总公司与 YA 市林委率先在福建省林业行业中进行一套人马两块牌子的现代企业制度改革试点工作，而现代企业制度最基本的要求是产权明晰、权责明确、政企分开重视科学及解放生产力等，但刚刚进行改革试点工作的 YA 林业（集团）总公司仍然存在着计划经济体制下的政、事、企不分，产权不明晰，权责不明确等许多管理体制和改革不彻底的弊端。

2. 转型之后

为了深化企业内部体制改革，实施政企分开，建立一个产权明断、权责明确的现代企业制度，适应社会主义市场经济发展的要求，1993 年，经福建省体改委批准，YA 林业（集团）总公司率先在全国林业行业组建了首家以森林资源为主要经营对象、以定向募集方式设立的规范化股份有限公司 YA 林业（集团）股份有限公司。改制的成功使 YA 林业集团真正成为自主经营、自负盈亏、自我发展、自我约束的法人实体和市场竞争主体，为公司加速实现林业经济两个根本性转变和后快速发展奠定了坚实的基础。

1996 年，按照现代企业制度正常运营的 YA 林业股票成功地在深圳证券交易所挂牌上市，标志着 YA 林业的资本运营工作已经迈开了第一步，这不仅使 YA 林业集团走向更加规范的发展道路，而且募集了近亿元的急需建设资金，拓宽了 YA 林业集团发展的融资渠道，为 YA 林业集团的快速发展创造了良好条件。

### （二）企业外部体制转型

在全球价值链中想要不断壮大经济规模，可以采用兼并、收购等资本运作方式，而兼并重组是企业实现低成本扩张的有效途径，是企业快速发展、增强企业竞争力和提高经济效益的最佳选择之一。

1. 转型之前

YA 林业集团是以林木的种植、采伐、销售为主营的上游企业，1996 年主营业务收入占总收入的比重为 78.55%，主营业务利润占净利润总额的 96.97%。

企业利润来源单一，经营状况仅停留在初级产品原材料的生产和销售上，这是制约 YA 林业集团发展的瓶颈所在，只有变初级产品为终端产品。才能实现集团的快速发展。

2. 转型之后

1997 年，YA 林业集团利用三明市是全国“优化资本结构”试点城市之一和 YA 林业集团上市公司的有利形势，调整经营策略，加快兼并重组的步伐，成功地采用买断承债方式兼并了由于债务沉重和经营不善陷于困境的属全国木材加工一档企业的三明人造板厂。YA 林业集团兼并三明人造板厂是上游企业同下游企业结合，是中国证券市场上较为成功的典范。三明人造板厂是以主营木材加工及人造板二次加工为主的下游企业（有胶合板分厂、刨花板分厂、装饰板分厂、制胶分厂），曾经是福建省木材加工行业创汇、创利税大户，在全国同行业中有一定影响力，该厂生产的“企鹅”牌胶合板模板是部优产品。由于债务沉重、原材料短缺、生产经营不善等原因，长期处于半停产状态，YA 林业集团兼并三明人造板厂的实施正好与集团长远发展方向吻合，双方资源也可得到合理配置，实现集团以人造板加工为龙头的发展战略，与集团的中密度纤维板和林化产品形成门类齐全的综合性林业企业集团，有利于提高 YA 林业集团的规模经济、市场占有率和企业竞争力，促进了企业快速发展。

YA 林业集团兼并重组的另一重大举措是在收购林木资源方面。集团在经营好自有林的基础上，还利用配股资金收购了 YA 市内 20 万亩的集体林木，增加了集团的森林资源储备，为集团实现不断持久地向前发展增加了后劲，也将成为集团新的利润增长点。

## 四、YA 林业集团产业转型升级

产业结构高级化，即向更有利于经济、社会发展的方向发展。产业转型升级有技术转型升级、经营管理转型升级、人力资源管理转型升级等多个途径。进行产业结构高级化的转型是 YA 林业集团在全球提高企业地位和核心竞争力的重要举措。

（一）技术转型升级

在全球价值链中，经济的竞争实质上就是技术实力的竞争，企业要依靠技术进步和技术创新，调整产品结构，实现自我更新，提高产品的市场份额，拓展在国际上的生存空间，增强企业的竞争能力，可通过技术改造和技术创新获得更好的企业效益。YA 林业集团在引进先进技术的基础上消化吸收，并加以研究、改进和创新，以有效的增量投入优化现有存量，提高了企业产品档次和生产技术水平，建立属于自己的技术体系。

YA 林业集团着力推进企业科技进步，促进企业生产经营由粗放型、低效益向集约型、高效益转变，实施精品名牌战略，调整产品结构，转变集团的经济增长方式，不断引进国外先进技术和先进设备，走产学研的路子，依靠科技进步和技术创新提高企业竞争能力。集团不断引进国外先进技术和设备，加强与省内外科研院所及大专院校合作，开发生产新产品。在资源培育方面，投入巨资与中国科学院亚热带林业研究所进行技术合作，从种苗培育开始，建立20万亩短周期核树工业原料林基地，确保公司林产工业所需原料能够满足供应；利用定向募集资金和上市募集资金引进了全国首条具有90年代初先进水平的全自动控制的连续平压法薄中厚均能生产的中密度纤维板生产线和具有90年代先进水平的年产50万平方米耐磨金刚地板生产线。利用福建农林大学提供的生产技术，YA林业集团投资了2500万元建成年产2亿只木质纤维快餐盒厂，该项目属于绿色无污染环保型项目，是国家重点支持的产业。与中国科学院大连化学物理研究所、大连理工大学合作研制开发成功了具有高科技含量、高附加值的全国首创的天然香兰素项目。这些项目成为集团发展的新经济增长点。

企业想要在全球价值链中占有一席之地，不能仅凭借现有的产品资源，未来企业的发展走向必须依靠创新技术、发明专利取胜，以技术创新为核心带动企业全面创新发展，培育和形成新的增长动力。YA林业集团通过科技创新和管理创新推动了竹木复合地板、轻质地板、竹木家具地方标准、行业标准和国家标准制修订工作，成为业内技术龙头企业，牢牢掌握产品标准话语权。目前，YA林业集团拥有30多项国家专利技术，如《一种低密度纤维板的制备方法》、《脲醛胶馏出水参与蒸发式应用于甲醛生产的方法》、《木片水洗烟气处理装置》等。其中《樟树种质资源收集、保存与选择利用的研究》获2010年福建省科技进步二等奖，《优良耐寒丛生竹种选育及其组培》、《环境友好型木材物流系统研究》获福建省科技进步三等奖；《基于3S技术工业原料林林地优化经营技术应用研究》、《中国南方森林可持续经营研究及其高保护价值森林的判定》获2011年福建省科技进步三等奖；《芳樟优良无性系工厂化育苗与产业化关键技术》、《高性能低密度纤维板工业化生产技术的研发》获2014年福建省科技进步二等奖、三等奖；《一种低密度纤维板的制备方法》发明专利获福建省专利三等奖；等等。

### （二）经营管理转型升级

#### 1. 集团内部经营管理转型升级

为适应全球经济和市场的变化，YA林业集团及时调整经营战略，转换企业经营机制，在集团内，不管兼并重组后的企业，还是新建的企业，全面推行“三统一分”的管理模式。强化企业内部管理，向管理要效益：

一是改革人事用工制度。集团成立后，加强对企业的用工制度管理，严格控制管理人员，后勤人员定编定岗工作，精简各基层单位管理机构及管理人员和后勤人员，各基层管理人员及后勤人员由原来的1000多人，精简到300人以下。兼并后的三明人造板厂由原来的257人精简到157人，同时清退临时工96人。精简的人员充实到生产第一线和销售部门中去，形成竞争上岗的竞争机制，同时，培养提高劳动者的素质，有针对性地重点培养企业的技术工人。

二是改革分配制度。针对各企业工人不同的工作岗位，实行工种岗位工作责任，劳动数量计件工资，管理人员则实行年薪制，并从管理人员工资中提取30%作为风险浮动工资，与企业的任务、利润等直接挂钩，进行年终考核奖惩。奖金直接与企业的生产成本节约情况挂钩，生产成本节约越多，奖励越多，直接促进员工参与成本的节约中去，引入奖惩激励机制。

三是建立约束规章机制。集团出台了统一招标制度和设立招标领导小组，建立和完善企业管理的约束机制，对所属企业所需的大宗物资用品如煤、水泥、钢筋、化工用品、零配件等原辅材料实行竞标后由集团物资站统一采购，集团的营林、木材采伐、工程建设、道路建设等实行统一公开招标制度，杜绝漏洞，形成了严格控制、互相约束、科学制衡的约束管理机制，大大降低了生产成本。例如，三明人造板厂所使用的煤在兼并前运到三明站为280元吨，兼并并实行竞标后由公司物资站统一采购，供货到厂价仅为255元/吨，仅此一项每年可节约40多万元。

四是建立严格的成本考核制度。在公司内全面广泛学习推广企业管理经验，全面推行以“模拟市场核算、实行成本否决”为核心的企业内部成本考核制度，对各单位采取费用包干，特别是医疗费用、招待费用、办公费用、汽车费用等，压缩各种非生产性开支，并从生产、销售、财务三个环节进行考核，强化财务管理和资金管理，提高资金利用率，降低生产成本。例如，仅此一项每年可为公司增加利润1000多万元。加强销售管理和销售网络建立，集团已在全国各地建立近百个销售点，使产品辐射到全国各地，变被动销售为主动销售。

2. 天然林可持续经营转型升级

在全球价值链中，永林发展的优势在森林资源，发展的基础也在森林资源，永林在全球的竞争力也在森林资源，为此YA林业集团提出如下的森林经营方针：始终坚持“以森林资源培育为基础，人造板加工为龙头，生物制药、精细化工为两翼”的经营发展战略；坚持“品牌化经营、规范化管理、市场化运作”的经营理念，以集约经营为手段，以森林资源的并购与整合为途径，以速生丰产林基地建设为重点，以工业原料林基地建设为突破口，实行分类经营、定向培育和科学管理，走可持续发展道路，逐步实现“林板一体化”和可持续发展的现代化林业企业。要实现这一目标，必须科学有效地解决天然林可持续经营问题，提出适合现代林业企业发展的天然林可持续经营模式。

3. 资源集约化经营转型升级

YA 林业集团因地制宜，探索森林资源的集约化经营，逐步实现以最小的资源消耗换取最大的经济效益和生态效益。YA 林业集团是行业领域内最先提出高性能低密度纤维板工业化生产研究的企业，并实现了产业化生产。与常规中密度纤维板相比，在同等资源与能源消耗的情况下，高性能低密度纤维板工业化生产具有更高的产出比，因此具有非常显著的节能减排效果，单位产品综合能耗可以节约18%，单位产品木材消耗量可减少 20%，对促进行业领域内的技术进步、促进节能减排、提高资源利用效率、减少生态影响、降低运输成本具有积极意义。

（三）人力资源管理转型升级

在全球价值链中，人才是使企业崛起的强大动力，人力资源开发是提高 YA 林业集团在全球价值链中核心能力的重要举措。YA 林业集团首先对就职人员的知识结构、学识、能力进行评估，然后从工作分析、技能要求、经验要求、知识要求等方面确定培训需求，规划培训所需要投入的资源，拟定培训目标和培训效果指标，在培训结束后对培训效果进行评价。

YA 林业集团设置了以下培训：

1. 上岗培训

对每个岗位的员工上岗之前进行必要的培训，包括思想政治教育、职业道德教育、企业文化等。

2. 技能业务培训

为提高员工的劳动绩效和业务水平而进行的专项培训，既包括一般技能和岗位技能的培训，也包括不同工种的操作技能等的培训。

3. 管理培训

为提升公司整体管理水平，对基层和中层管理人员进行的培训，包括管理理论与知识、人际沟通与领导技巧等综合管理素质的培训，人事管理、财务管理、生产管理、质量管理、营销管理等专业职能管理能力的培训。

4. 技术培训

针对行业特点对员工进行新技术、新工艺、新产品、新设备的技术知识培训，不断学习、补充新的技术知识成果，以面对不断更新的技术水平。

5. 素质培训

为提升企业整体员工素质而设计的各类培训，如政治时事、经济政策与形势、市场变化与发展、社会时尚以及行业相关的背景知识等。

培训分为内部培训和外部培训。外部培训如相关业务部门举办的培训班，内部培训如公司内部的培训班、知识讲座、讨论会等，可由公司内部人员培训也可请外部专业人员培训。对于具体的作业，主要依靠内部的资源进行，以传帮带为主要方式，通过反复练习来达到理想的培训效果。

培训效果的评价包括对培训课程的评估、学员考核成绩评估、学员实际操作能力评估。另外，还有学历提升，如本接硕、硕接博；技术职称的申报晋级；技术职务竞聘等，使优秀人才脱颖而出。

## 五、品牌转型升级

全球价值链使企业不仅仅面向国内市场，更与国外的很多企业进行贸易往来，品牌定位是一项很重要的工作，品牌定位没搞好，会使很多工作和投入都不具备目的性。

提到 YA 林业集团，很多人都会联想到“永林蓝豹地板”。20 多年的苦心经营，“永林蓝豹地板”这个品牌已享誉国内外，而正是借助这个名牌产品赋予了 YA 林业集团强大的生命力。“永林蓝豹地板”能拥有今天的成功与公司的战略布局密不可分。

公司高层领导非常重视战略管理工作，审时度势，不断调整战略部署，根据公司的愿景和使命，提出了中长期经营目标，明确了“以森林培育为基础、以人造板加工为龙头，走可持续发展道路”战略发展方向以及树立了“品牌化经营、规范化管理、市场化运作”的发展理念，不断开拓市场，提高品牌影响力和知名度。YA 林业集团销售网点遍布福建省内各地市、乡镇以及周边省市，在全国建立了 500 多个“永林蓝豹地板”专卖店和 200 多家集木地板、衣柜橱柜、墙板于一体的家居综合馆。利用“永林蓝豹”的品牌优势和“绿 O”品牌的渠道优势，通过品牌运营、品牌联盟、区域大型促销、大型工程合作等多种方式，不断提升家居类产品的市场占有率和市场覆盖率。

YA 林业集团按照供给侧结构性改革要求，落实质量提升工作，强化主体责任、质量管理、品牌创建，继续实施科技创新驱动发展战略，不断推进企业核心技术的标准创新，进一步做大做强“永林蓝豹”品牌，致力于将“永林蓝豹”打造成为福建木地板第一品牌，助推 YA 林业集团成为国内林业行业的龙头企业。

## 六、YA 林业集团贸易增加值核算

从图 7－4 可以看出，YA 林业集团增加值变化趋势如下：2001～2002 年为下降期、2002～2003 年为上升期、2003～2006 年为下降期、2006～2007 年为上升期、2007～2010 年为下降期、2010～2012 年为上升期、2012～2014 年下降，2014 年之后上升。

自2002年，木地板行业之间的竞争越来越激烈，行业内开始了价格战，整个行业进入“洗牌”阶段，2002年增加值有轻微下降。2002年10月，成立了YA林业集团博士后科研工作站，这是YA林业集团与北京林业大学、南京林业大学、福建农林大学等大学院校签订联合招收博士后框架协议的成果，标志着YA林业集团产学研向前迈进了一大步，使2013年的增加值比2001年还略有增加。2006年，YA林业集团自主设计汇编的《“十一五”永林股份森林经营方案》通过国家林业局、中国林业科学院和福建省林业厅三方专家的审计，为后10年的森林经营提供了政策保障，并且2006年8月，经福建省国有资产监督管理委员会批准，并经股东大会决议通过，实施了股权分置改革方案，即以资本公积金向全体流通股股东（即社会公众股股东）定向转增3552768万股，总股本增加至20276028万元。2006年9月1日，原非流通股股东持有的非流通股股份性质变为有限售条件的流通股，这使YA林业集团2006年的增加值达到了近年的峰值。2007年后，金融危机使整个行业不景气，YA林业集团的增加值逐年下降。在国家制定的2010年发展目标中，建筑业将成为中国国民经济的支柱产业之一。随着建筑业的发展，室内装修业随之发展，而木质产品是室内装修的重要材料，因此从2010年开始，YA林业集团的增加值又开始提高。然而受林业政策的影响，木材行情不断走低，木材价格持续下滑，公司从2012年起增加值逐渐下滑，至2016年增加值才有上升。

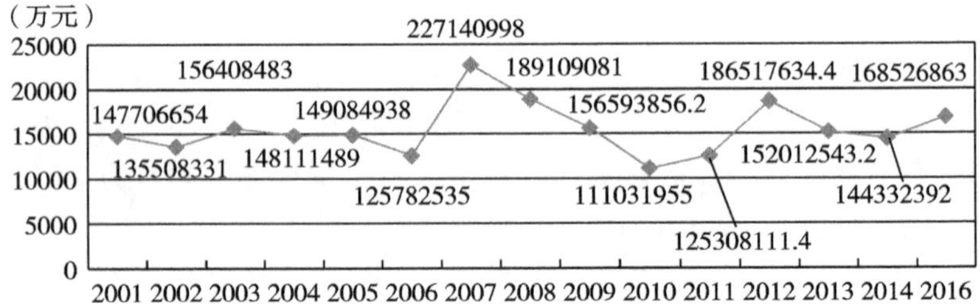


**图7-4　2001~2016年YA林业集团增加值变化趋势**

# 第四节　JG集团案例研究

## 一、JG集团简介

自1992年起，JG纸业APP以长江三角洲、珠江三角洲为投资重点，先后斥巨资建立了以金东、宁波中华、金华盛、金红叶、海南金海等为代表的、具备世界领先水平的大型浆纸业企业，并投入巨资建立大规模的现代化速生林区，逐步形成林浆纸一体化的循环经济模式。JG 纸业 APP 在华已投产的 10 余家造纸企业全部通过 ISO14001 国际环境体系认证。JG 纸业 APP 拥有投入巨资建立大规模的现代化速生林，分布于印度尼西亚、中国等地，总资产达 100 多亿美元，为世界纸业十强之一，亦为亚洲地区（除日本以外）规模最大的浆纸业集团公司。

## 二、JG 集团案例研究的数据来源

研究的数据来源有以下几个途径：①半结构化访谈。本书项目组于 2018 年 1 月调研了 JG 集团下属金桂公司。访谈对象是中高层管理人员。根据事前对该集团发展历程的梳理，拟定涉及关键转型节点的转型动机、方法、效果的访谈提纲。访谈方式主要采用封闭式问题与开放式问题相结合的方式。②JG 集团公司网站、报纸新闻报道等。③有关 JG 集团公开出版的文献和未公开出版的研究报告。④JG 集团财务报表披露。连续披露的财务报表信息可以展示长跨度时间范围内该企业发展趋势和动态变化，纵向地对贸易增加值作出合理估计。

## 三、JG 集团工艺转型升级

### （一）第一次转型：从中低档工业用纸生产到高档工业用纸生产

1. 转型动机

20 世纪 90 年代初，中国高档工业用纸 2/3 以上依赖进口，国内纸厂主要以生产中低档工业用纸为主。国内纸张需求旺盛，并且由于国内对进口新闻纸和铜版纸采取反倾销保护措施，使国内造纸企业大幅扩张产能，许多国际造纸公司纷纷在中国投资建厂。1992 年，JG 集团同香港中策投资公司、宁波白板纸厂、中国纸张纸浆进出口公司共同组建了宁波中华纸业有限公司，主要生产高档工业用纸。

2. 转型措施

JG 集团对原宁波白板纸板厂的一号纸机进行改造，当年生产能力就达到了 3.4 万吨。为扩大企业生产和盈利规模，JG 集团引进世界先进的德国纸机和欧美等国的全自动化控制系统，紧接着对二号、三号纸机也进行了改造。JG 集团通过生产系统的整合将企业投入更高效率地转化为企业产出。三种生产纸机工艺技术的升级也使宁波中华纸业成为国内最大的工业用纸生产企业。

### （二）第二次转型：从原纸生产到纸制品深加工

1. 转型动机

JG 集团在成立初期以生产工业用纸为主，随着改革开放的深入和人民生活水平的提高，纸制品需求量出现了大幅上升。而且在20世纪90年代中期以后，由于国内消费结构的调整和以木浆为原料的高档纸产品严重短缺，深加工纸产品供给出现缺口。

2. 转型措施

1996年，JG工业用纸先后成立金华盛纸业、金红叶纸业以及亚龙纸制品等纸制品深加工企业，利用原纸生产的优势，把产业链向下延伸至纸制品生产。这些纸制品以优异的品质逐渐获得突出的市场地位，JG集团生产的纸制品远销至美国、欧洲等海外地区。

## 四、JG集团产品转型升级

（一）研发

国家的要素禀赋差异决定了它在国际分工中的地位和作用。随着中国产业的发展和升级，以及受到劳动力成本上升的影响，技术发展成为企业发展的必要前提。JG集团致力于生产高技术、高品质的产品，JG集团旗下的金东纸业是江苏省高新技术中心、镇江市造纸工程技术中心，同时也设立了国家级实验室。为进一步增强研发的科技创新能力，JG集团与北京大学合作设立了金东北大纸业研究中心，并经国家批准成立了博士后工作站。

（二）生产

JG集团在中国最大的工业纸企业之一——宁波亚洲浆纸主要生产设备为航母级纸板机，以900米/分钟的速度生产。并且装配了最完善的DCS、QCS质量体系，为世界范围内抄纸最宽、车速最快、单机产能最高、生产技术最先进的纸板生产线。生产技术的领先改进了产品的效用，在全球价值链下的市场竞争中取得了优势。

（三）环保

在环保方面，JG集团引进来自日本一流的环保系统。随着环保理念的发展，环保食品包装业成为纸产品加工的热门趋势。JG集团紧跟食品包装卡纸蓬勃发展的势头。2004年建立的金奉园纸业充分发挥JG集团固有的科技优势和国内独家引进世界先进的大直径光泽烘缸（扬克缸）的优势，各类环保型纸产品成为该厂主导产品。

（四）经营模式

全球生产网络是全球价值链分工的高级形式，全球生产网络下企业的垂直化生产或外包都促进了企业间的生产合作，形成优势互补。为顺应互联网和大数据的时代趋势，JG集团在商业模式和运营管理方面也进行了改革和进化，在和世界级先进设备供应商维美德、福伊特等公司保持合作的同时，加强和互联网公司的合作，进行企业的开放式创新。

### 五、JG 集团技术转型升级

（一）转型动机

国际纸产品仍存在较大的发展空间，但中国纸产品的国际市场份额并不突出。高档纸产品出口份额甚微，而欧美等大型纸产品进口国主要进口高质量、高附加值的产品，中国纸产品在美国市场和欧洲市场的市场占比份额较小。

（二）转型措施

全球价值链下生产技术和产品功能升级主要是从生产低附加值环节转向高附加值环节。与德国及其他国家的产品供应商进行技术合作，攻克产品生产过程中出现的技术难题，通过产品开放式创新和原材料研发的创新，有效绕开发达国家的技术与环境壁垒，创造出口收益。

### 六、JG 集团功能转型升级

出口到海外建厂，跨国公司是全球价值链分工中的微观主体和主导力量，跨国公司不仅能优化资源配置，而且能在全球范围内进行最优的生产选址，提高企业经营利润。一方面，从地区看，北美洲、欧洲、亚洲是世界木浆的主要产地。木材原料进口被美国等多个国家限制或禁止，原木进口的难度不断增加。另一方面，随着中国发展水平的提高和人口红利的消失，导致企业生产成本上升。

JG 集团在南苏门答腊等靠近原木生产地的地区建纸浆厂。此项工程是 JG 集团提高产量扩展计划的一部分。目前，JG 集团主要市场是亚洲、中东、美国和欧洲，其中几乎一半的产品向亚洲出口，中东占比 17%，少部分向美国和欧洲出口。

## 第五节　木材加工企业价值链转型升级影响因素分析

根据已有研究，衡量企业转型升级的绩效指标：一是单件产品的价值的提高（提质）；二是单位产出的增加值率的提高（增效）。价值是凝结在商品中的无差别的人类劳动，从产品价值的提高投射于贸易来看就是产品增加值的提升，增加值率等于增加值比总值，增加值与增加值率正相关，变化方向相同，一项产品提高了增加值率，其增加值也相应增加。因此本章对企业转型升级效果影响因素的考核主要依照对增加值率的影响变化，学者丁蕾（2010）、龚三乐（2011）等的研究表明增加值率的增加代表着转型升级。卫昕（2016）、孔伟杰（2012）等通过实证检验的方法论证了增加值率的影响因素，对增加值率提升起到正向促进作用的因素主要集中在研发投入、FDI，对增加值率起到负面抑制作用的因素有出口规模。也有学者在部分增加值率影响因素的研究结论上存在分歧，郑丹青和于津平（2014）认为政府补贴有助于增加值率的提高，而张杰等（2013）研究发现，政府补贴和税收优惠等政府干预行为对增加值率的提高起到反作用。本部分基于计算所得的 XG 集团 2004 ~2015 年增加值率变化情况，尝试探究在每一个增加值率拐点触发增加值率变化的内部因素。

## 一、研发投入

研发投入正作用于贸易增加值率。位于微笑曲线始端的研发对产品增值具有很强的正向促进作用，企业对研发每加大 1 个百分点的投入，企业增加值率（VAR）就会上涨 0.3 个百分点。例如，XG 集团在 2008 年遭遇金融危机，美国出口市场受阻后，走量转为重质，把提升产品技术率作为重点，一是在设备上引领产品生产自动化；二是在制度上与高校合作，打造“产学研”技术升级平台，促进产品更新换代；三是在人力上充实产品研发技术人员队伍，保障了产品研发，并取得多项技术专利（见表 7 –5）；四是在环保上绿色升级，XG 集团顺利通过了欧盟 CE 安全强制性认证、森林管理委员会的 FSC 认证和符合中东地区清关要求的 COC 证书。通过对产品多项转型升级，走出了 2008 年增加值率的低谷，实现了 2009 ~2012 年的蓄势反升，增加值率从 21.32% 增长到 23.5%。

**表 7 –5　XG 集团专利一览表**

| 序号 | 专利名称 | 专利类型 | 申请时间 | 应用产品 |
|---|---|---|---|---|
| 1 | 台模托架 | 实用新型 | 2010 年 10 月 25 日 | 建筑模板 |
| 2 | 整体式台模 | 实用新型 | 2010 年 10 月 25 日 | 建筑模板 |
| 3 | 梁夹具 | 实用新型 | 2011 年 4 月 29 日 | 建筑模板 |
| 4 | 模板 | 实用新型 | 2011 年 4 月 29 日 | 建筑模板 |
| 5 | 钢框式模板 | 实用新型 | 2011 年 4 月 29 日 | 建筑模板 |
| 6 | 导轨式液压脚手架防坠装置 | 实用新型 | 2014 年 1 月 10 日 | 附着升降脚手架 |
| 7 | 建筑用工具式顶模 | 实用新型 | 2014 年 1 月 7 日 | 建筑模板 |
| 8 | 建筑用工具式顶模 | 发明 | 2014 年 1 月 7 日 | 建筑模板 |
| 9 | 导轨式液压脚手架防坠装置 | 发明 | 2014 年 1 月 7 日 | 附着升降脚手架 |

## 二、政府补贴

政府补贴和贸易增加值率呈倒U形关系。在一定范围内，政府补贴可以扶植幼稚产业，但是超过安全限度后则会对贸易增加值率产生抑制作用。在由内销转出口的第一个转型中，XG集团从2004年设立外贸部，赶上中国刚刚加入世界贸易组织后不久，政府补贴鼓励中国企业出口创汇，XG集团抓住了政策利好，在外贸行业黄金发展期攫取到了第一桶金，增加值率在2004年表现为上升趋势。

木材产业企业出口的优势除低廉的人力成本外，事实上，与政府长期推行的出口导向策略中的干预行为是密不可分的。政府通过板材出口补贴、退税等方法降低了木材加工出口企业的成本，扭曲了木材加工企业的出口行为，从而刺激了出口。

但政府补贴反而会给木材加工出口企业造成不利影响。主要体现在两点：一是弱化木材加工出口企业强化自身竞争优势的内部动力。在正常市场竞争下，企业本该着力生产决策和核心能力建设以提高产品竞争力，进而提高利润空间，但是政府补贴后实质是政府间接地为出口企业提供了一类无偿性转移，为产业无效率提供了便利，使得部分企业弱化了自主创新能力和建设品牌获取收益的内在动力，退化了危机忧患意识，依靠退税率在国际市场生存，而一旦补贴、退税不复存在，企业就会在国外同类木材加工企业的竞争中倒下。二是寻租成本存在。另外，余明桂等（2010）认为政府补贴为政府和企业之间创生了寻租空间，这种寻租关系会产生劣币驱逐良币的现象，使得原本依靠提高全要素生产率获得收益的木材加工企业处于竞争的不利地位，扰乱了正常市场秩序。

2007～2008年，金融危机阴霾笼罩全球，政府出台一系列出口补贴优惠政策提振经济，但XG集团增加值率并没有因为政府补贴而上升，反而出现了下滑，产生了抑制效果，与2009～2012年XG集团增加研发投入后增加值率反升形成对比。本书并不否定政府补贴的作用，为强化区域贸易发展而使用补贴、税收等行政手段干预其实是地方政府的次优选择，引导企业从追逐出口增长速度向追逐出口增加值提升才是政策调整的应有之义。

## 三、FDI流入

FDI流入与贸易增加值率正相关。从20世纪90年代开始，外资企业来华投资成为热潮，FDI带来了雄厚的资本、先进的技术以及管理经验，同时也给木材产业带来了激烈的市场竞争，对于刚刚起步百废待兴的国内市场环境而言无疑是搅动了一池春水，鲶鱼效应促使国内木材加工企业师夷长技。XG集团在建筑模板领域最大的竞争对手之一是来自奥地利的Doka公司，其成立于1958年，技术实力雄厚，在许多国家建立了营销网络，上海设有分公司，其核心优势为建筑模板的研究设计和施工方案的规划。Doka 公司进驻中国后，先后承接了黄河小浪底水坝、长江三峡水坝、大亚湾核电站、上海环球金融中心、北京凯宾斯基酒店等施工项目。在与国内企业相互合作的过程中，Doka 公司的先进技术通过知识外溢带动了国内建筑模板的进一步发展，建筑模板业务带来的利润回报率远大于胶合板业务，催化 XG 集团积极进行业务转型，带动集团核心业务从胶合板转型到建筑模板，同时不断追加固定资产投资，扩大厂房，增加机器设备，扩大生产能力，并将国外技术要素与本国廉价劳动力等其他生产要素相结合，强化了自身的核心竞争力，不断提升 XG 集团出口板材的贸易增加值率，在转型后达成企业丰厚的所有者权益回报实现升级，2004～2006 年增加值率一直处于上升势头，完成了工艺转型升级。

## 四、出口规模

出口规模负作用于贸易增加值率。2013 年，XG 集团开拓了新的覆膜板销售业务，出口规模扩大，主要为公司从关联方 XG 建筑模板工程股份有限公司采购覆膜板，然后直接销售给公司的海外客户。但是在 2013 年，XG 集团的出口贸易增加值率不升反降，原因就在于覆膜板产品的增加值较低，稀释了 XG 集团整体的增加值率。覆膜板加工是以劳动力要素为核心的低技术生产，XG 集团为了获得出口订单，要同国内众多同质化的覆膜板加工厂展开价格竞争，利用覆膜板进行进一步精深加工的跨国公司或国际大买家因其掌握自主创新能力、品牌资源和对世界木材加工品分销营销渠道的控制能力，紧紧掌握着全球价值链（GVC）的贸易利益分配格局，阻碍价值链低端企业议价能力的形成，于是覆膜板出口陷入价值链的低端泥沼。而后 XG 集团调整业务比例，增加值更高的建筑模板体系的销售比例由 2013 年的 57.29% 提高到 2014 年的 58.97%，进一步提高到 2015 年的 73.52%，XG 集团的增加值率上升明显（见表 7－6）。

**表 7－6　XG 集团营业收入构成一览**

| 项目 \ 年份 | 2012 | | 2013 | | 2014 | | 2015 | |
|---|---|---|---|---|---|---|---|---|
| 覆膜板 | — | — | 2503758 | 22.23% | 4160691 | 21.27% | 1346845 | 5.55% |
| 模板体系 | 9043489 | 83.09% | 6453621 | 57.29% | 11533993 | 58.97% | 17832149 | 73.52% |
| 租赁收入 | 1841017 | 16.91% | 2306675 | 20.48% | 2423787 | 12.39% | 5076603 | 20.93% |
| 其他业务收入 | — | — | — | — | 1440961 | 7.37% | — | — |
| 合计 | 10884506 | 100% | 11264054 | 100% | 19559434 | 100% | 24255598 | 100% |

出口规模负作用于贸易增加值率还可以在功能转型由出口到海外直接投资中得到验证，2014 年，XG 集团在马来西亚和印度尼西亚设厂，原有的海外业务可在当地直接组织生产，从中国直接出口的规模缩小，而增加值率从 22.23% 到 22.45%，表现为上升。

### 五、品牌营销

品牌营销与贸易增加值率负相关，随着品牌营销的提升而提高，随着品牌营销的削减而降低。XG 集团实现产品转型升级，品牌深耕，利润表里销售费明细科目下的广告费用支出扩大了 1.2 倍，增加值率从 2004 年的 21.6% 上升到 2006 年的 22.89%，基本符合张杰（2014）得到的结论：每加大对广告费用 1 个百分点的投入力度，就会使企业增加值率（VAR）提升 1.1 个百分点。

总结 XG 集团、YA 林业集团的案例，在海外市场进行品牌营销主要有四种方式，一是参加展销会，一方面参展可以增加品牌在国际上的曝光率，起到宣传的作用，另一方面，可以在会上与有买卖意向的外商签订出口订单和意向协议，展开业务营销。得到客户资源后，对公司优质客户开展以客户为核心的“销售 + 租赁”式商业模式的适时转变，进行柔性化生产，个性化租赁。二是参加国际投标，承接国际建筑工程，提高品牌国际知名度和影响力。三是利用网络，在网站上发布覆膜板和建筑模板体系产品的相关信息，并在网站上寻找和发现潜在客户，发送邮件联系意向客户，推广产品，开拓国际市场。四是海外建厂，2014 年，XG 集团在马来西亚和印度尼西亚设立分厂，完成市场转型中的第二个转型，由出口到海外建厂，为马来西亚人民和印度尼西亚人民提供了就业岗位，增加了当地财政收入，获得当地人民的好感，潜移默化地将品牌文化植入。通过以上四种方式，XG 集团品牌国际知名度大幅提升，增加值率由 2013 年的 22.23% 上升到 2015 年的 24.16%，增加值率的增长率为 8.7%。

## 第六节 对木材企业在全球价值链中地位攀升和转型升级的建议

中国木材加工企业在工艺、产品、功能以及链条等层面完成迭代，明晰 FDI 流入、政府补贴、研发投入、出口规模和品牌营销对增加值率的作用机制后，可在后续的生产经营中，着重把握增加值率的影响因素，在 FDI 流入、研发投入和品牌营销上发力，规避不利因素，保持增加值率上升趋势，实现转型升级。

## 一、“引进来”与“走出去”相结合

向欧美等国家的木材加工制造先进企业学习企业经验，内生技术变化是经济增长的源泉，通过专业化中间产品的不断积累和研发部门知识积累的外溢效应，企业实现持续增长。同时建立木材加工企业的内部市场，对中间产品，尤其是知识产品（技术、专利、管理技能和市场信息等）的市场实现内部化，即将有关的中间产品和知识产品的买与卖控制在企业内部，而不是直接将木材加工企业的中间产品和知识产品销往外部市场。

## 二、增加研发投入，继续提高木材加工技术水平，改进企业劳动生产率

一是引进先进的自动化木材加工生产线，通过木材产业协会组织等加强企业间生产经营经验相互交流，跟进国际木材加工最新动态，高效生产，个别企业劳动生产率的提高协同发展，带动整个地区木材产业社会劳动生产率的提升；二是加强对木材加工生产技术的员工教育再培训，持续学习既可以提高员工操作熟练度，还可以提高对新的木材加工技术的适应接受能力。

## 三、加强品牌营销，提高品牌影响力

线上通过微信推送、开立官方微博、上线企业客户端等新媒体对品牌进行营销，线下参加展销会联系海外客户，通过立体式营销形成知名度，知名度形成后再做美誉度，形成口碑，维护客户对品牌的忠诚度。

## 四、开拓多元化市场

我国木材产品出口集中度过高，主要集中在发达国家尤其是欧美等国，而发达国家利用其先发优势设定了更高的门槛，因此我国常常遭遇贸易摩擦，抵御力较差。2017 年开始的中美贸易战对于我国木材产品企业是危机亦是转机，中国企业应该积极拓展其他市场，加强与资源较为丰富的新兴国家合作，最终实现开拓木材产品贸易多元化市场的发展目标，从而分散贸易带来的风险。

# 第八章　结论与政策建议

## 第一节　结论

本书研究了资源与环境双重约束下我国木材产业的发展、木材产业全球价值链布局、相关国际规则对我国木材产业发展的影响；基于增加值核算法测算中国在木材产业全球价值链中的地位，分析中国及主要林业大国的木材产业全球竞争力、木材产业贸易利益（既进行了宏观层面测算，也进行了微观层面测算）；探究了中国木材产业部门在全球木材产业链中的资源消耗和污染排放；在价值链地位、竞争力、环境影响等方面与主要林业大国进行比较，通过定量分析和比较研究的方法探究木材产业在全球价值链中哪些国家获益最多；从宏观和微观两个层面分析提升中国木材产业在全球价值链中的发展及其各种影响因素。通过研究，得出以下结论：

第一，从我国木材产业和对外贸易的发展层面分析，木材产业在全球价值链中有地位攀升及转型升级的必要性。主要是突破低端发展瓶颈，延长生命周期；通过提高增加值，增大利润空间等。木材产业企业完成转型升级，对中间林产品的加工制造比例将会减少，而终端林产品比例增加，出口由求数量转为讲质量，发达国家针对中国人造板大量输入等低增加值的反倾销调查将会得到缓解，进而缓和林产品贸易争端。

第二，通过应用增加值贸易法对我国木材产业竞争力和价值链地位进行测算，发现我国木材产业整体缺乏竞争优势，竞争力不足。一方面，我国木材产业显性比较优势指数逐年上升，说明我国木材产业在全球价值链中的竞争力逐年提升。与世界主要国家木材产业全球价值链地位指数相比，我国木材产业地位指数为负值，处于全球价值链的下游位置。另一方面，我国木材产业地位指数呈波动上升的趋势，且与其他国家平均值整体趋势大致相同，说明我国木材产业在全球价值链中的地位在不断提升，且受国际贸易环境影响较大。

第三，贸易利益方面，从静态贸易利益来看，就出口贸易获利绝对数量而言，真实贸易获利总量在不断增长；就出口贸易获利相对数量来看，我国木材产品附加值率在2000~2014年基本处于递减趋势，并且与美国、德国、芬兰、瑞典等国的贸易附加值率相比存在较大的差距。这从侧面反映了当前我国木材产品出口贸易利益的增加主要是源自贸易规模扩张的影响，贸易获利能力及获利空间并没有与贸易规模同步增长，由于技术、资金、管理等方面的因素，在全球木材产业链中处于低附加值位置。从动态贸易利益来看，选取出口贸易对经济增长及出口贸易对行业劳动力就业两个指标进行分析。研究发现，就出口贸易对国内经济增长的促进作用而言，出口贸易对国内经济增长有着一定的促进作用。但是由于木材产业在整个国民经济及对外贸易中所占的比重较小，并且在当前全球价值链分工形式下受木材产业所处位置的限制，导致其对经济增长的促进和拉动作用有待进一步提升。就木材产品出口贸易对行业劳动力就业的影响而言，通过对出口贸易与就业的实证分析发现，两者之间存在显著的正向相关关系，即木材产品出口贸易能够带动行业劳动力就业，对就业有着积极的促进作用。林业上市企业的增加值核算表明，加工出口企业在国际贸易中处于被动地位，仅仅只涉及组装、拼接等浅加工阶段，处在价值链上的低端，凭借劳动力价格低廉等比较优势来赚取微薄利润。因此，如何提升中国木材产业在全球价值链中的地位实现贸易利益与贸易规模的匹配，仍然是当前产业发展面临的重要问题。

第四，在环境效应方面，木材制造业产生的碳排放较少，造纸印刷出版业产生的碳排放较多。中国木材产业碳排放中有很大一部分是国内碳排放，由于贸易产生的碳排放所占比例较少（25%左右）。与1995年相比，木材产业中的木材制造业的贸易碳排放比例略降，而造纸印刷出版业的贸易碳排放比例略高。提高价值链参与度无论是短期还是长期均能够显著减少木材产业的碳排放量。

第五，从中国木材产业竞争力、贸易利益和价值链参与度等影响因素来看，规模经济、外商直接投资、劳动生产率及垂直专业化分工水平对贸易利益有着重要的影响。鉴于社会经济因素之间彼此联系复杂，各影响因素除直接影响贸易利益外，也会通过其他影响因素对贸易利益间接施加影响。因此在多元线性回归分析基础上采用通径分析法测算了影响因素对贸易利益的直接通径系数与间接通径系数。这从侧面反映提升中国木材产业全球价值链地位应同时考虑各个影响因素之间的相关关系，综合统筹，不可厚此薄彼。

第六，借鉴Humphrey和Schmitz（2002）提出的GVC的三种典型治理模式及Gereffi（1999）提出的产业升级四个层次理论对提升价值链中地位的路径进行了设计，从制造、技术创新和服务等多个方面设计了升级模式。同时，结合调研案例企业的情况，对案例企业的升级转型给出了建议。

## 第二节 政策建议

### 一、国家层面

（一）大力培育森林资源，化解原料供需矛盾

中国是一个森林资源短缺型国家，木材原料的短缺直接制约中国木材产业的可持续发展，不利于提升中国木材产业在全球价值链中的地位。回顾历史，我国的森林保护和木材产业发展经历了两种极端情况，一个是 1998 年以前为了发展国民经济随意砍伐树木，而且只砍树不种树，最终造成长江、松花江等地爆发特大洪涝灾害，人们才意识到过度利用森林资源的危害，之后进入另外一个时期，国家启动退耕还林、禁止天然林商业性砍伐等工程，林业部改为国家林业局并且不再承担产业管理职能，很难再从国家层次协调和管理木材产业发展，形成了重生态、轻产业的态势。现如今，中国木材产业发展当务之急就是改变以往对进口木材资源的依赖，建立属于中国自己的木材资源培育基地，自给自足。否则，木材资源短缺的问题会严重阻碍木材产业的可持续发展。

解决这一问题的途径有两条：从短期来看，首先，加强国际木材资源的开发和利用。积极与木材资源丰富的国家进行国际贸易，与中国国内木材供需形成互补。其次，通过进出口可以在国内外更为合理地配置和利用木材资源，弥补中国木材产业发展资源短缺的不足。然而，世界木材贸易也面临着一些问题，如世界人口增长对木材需求压力的整体上涨，国际社会对可持续森林经营和指标采伐木材更为严苛的要求将直接影响木材供应量和供应价格等。所以，从长期发展的角度来看，单纯地依靠国际木材进出口不足以解决国内木材供需矛盾，根本途径是立足国内森林资源培育，大力发展人工用材林。

为了提高中国人工林资源的有效供给能力，使其成为化解中国木材原料供需矛盾的主体，政府部门应制定相关法律法规，保障人工林基地建设的资金来源；提高公众对森林资源的保护意识，禁止乱砍滥伐，完善对森林山地的防火措施；结合山地造林和人工栽培，合理开发森林资源，提高人工用材林的生产水平，大面积开展集约经营，保障森林资源储备。

（二）加强科研成果转化，提升产业技术水平

通过加强木材产业的研发投入、推动科技成果的转化效率是构建中国木材产

业技术创新体系的关键所在，具体可以分为三个方面：一是国家对木材产业给予大量的政策引导和财政支持，增加研发投入，并且鼓励和引导各种社会资本投入木材技术研发工作；二是重视科研成果转化效率问题，减少转化时间，提高成功概率，提高产品技术含量，重视中国木材产业的科技化发展；三是合理开发利用国外先进木材产业生产技术的装置设备，升级产品等级，提高产品增加值，推动国内木材产业发展与国际市场接轨，向精加工、深加工的方向发展。

此外，依托具有较强研究开发和技术辐射能力优势的科研教育机构，利用奖励机制获取这些机构的科研能力和研究成果，建立木材产业的技术研发基地。政府牵头，引导科研机构对木材产业领域所利用的技术、工艺、设备等进行改进创新，以此提高中国木材产业的研发能力和综合竞争力，推动中国木材产业转型升级。而且，中国相关的科研基地、研发中心甚至高校可以与企业成为合作伙伴，通过企业科研技术外包和高校人才培养等合作方式推动林科教相结合。

（三）优化劳动力素质，改善生产效率

劳动密集是木材产业发展的长期属性，所以木材产业受劳动力数量和结构的影响较大。一味地增加数量的投入而忽略结构的调整很有可能造成木材产业劳动资源的投入产出不成比例，使得劳动力成本上升，影响出口木材产业的增加值含量。中国劳动力优势受20世纪末人口政策的影响已经发展到了路易斯拐点，在这种情况下更应该考虑改变木材产业的劳动力结构，而非盲目地增加劳动力数量。我国应该重视木材产业高等人才的培养，加大教育、科研资金支持，打通就业渠道，力保受过产业相关高等教育的人才不要流失到国外或者其他行业。人才就是生产力，人才往往代表着创新和技术进步。技术进步是创新性资源的核心，也是木材产业发展驱动力向更高层次发展的必然要求。随着社会的进一步发展，木材产业更需要注重专业人才的引进，一个专业人才所创造的价值远远高于两个普通劳动力。所以木材产业在进行劳动力引进的过程中，最好吸收中高级专业人才，避免大量普通劳动力的流入，同时对现有的人力资源进行培训管理，在构建产业人才梯队的同时打造产业优秀团队，为产业长期发展打下坚实的基础。

教育是人才培养的根本，要提高我国劳动人民的整体素质水平就应该从教育入手，通过完善的教育制度加强对国家的整体建设与规划，特别是要加强偏远山区的教育工作，让越来越多的人有机会了解到社会发展的力量，让更多的人能够学习新知识、新技能，改善社会整体劳动力结构，发展更多的技术型人才。除此之外，也应该重视在职劳动者的技能培训，让已经就业的人也能够通过学习知识创造出更高的价值。

（四）加强基础设施建设，深化金融信贷改革

一方面，完善的基础设施可以为外商提供良好的投资环境，也能促进中国木

材产业在职劳动人员学习更加先进的产业技术知识。另一方面，国家为木材产业提供了公共服务项目，生产成本得到了有效降低，企业就可以将更多的产业资金投入到产品创新和高新技术研发中，让木材产业实现可持续发展，进而有助于提升中国木材产业在全球价值链中的地位，为中国木材产业的后续发展打下坚实基础。所以中国公共服务设施的建设和管理也应该进行优化升级，在通信、网络、交通等多个公共服务项目上加强管理。同时，政府加强基础设施建设，不仅仅为当地的经济发展打好了基础，更为信贷机构进入中小型木材产业企业信贷业务领域降低了成本。

信贷对产业的发展起到了关键的促进作用，它已成为企业融资的一大手段。对于缺乏大量资金支持的中国木材产业来说，信贷支持与中国木材产业全球价值链地位提升的关系更为密切，其作用空间更为深入与广泛。当前中国实行宽松的货币政策，为中国木材产业的发展创造了机会，尤其是信贷配给问题得到了解决。当前我们应该从信贷机构、企业和政府三方面共同促进木材产业信贷制度的建设。木材产业价值链增值过程的环节性质决定了中国木材产业需要多样的信贷机构和信贷业务，以此为出发点构建中国木材产业信贷机构体系。木材产业信贷政策的完善有助于促进木材产业集群发展，稳步推进林权抵押贷款，加强海外开发战略的信贷支持等。

（五）坚持对外贸易开放，合理引进利用外资

自中国加入世界贸易组织以来，中国的对外开放政策更是在进行不断深化。中国产业进行国际合作的机会和次数越来越多。面对当前形势，中国木材产业更应该进行优化调整，在稳定发展的同时充分利用中国各地资源优势，进行木材产业结构的调整，扩大产业规模。抓住时机与外资进行合作，顺应国际市场形势，进行产业升级的同时尽力争取外国政府和国际金融组织的贷款，获取更优质量、更高效率的木材产业外资合作者。

木材产业想要获得长期有效的发展，就要实现外资的高效利用，学习外资所带来的科学核心技术，从产业结构入手，对木材产业进行优化调整，避免一味地增加技术、资金投入，要适当考虑利润和产业效率，高效使用外资资源，提高产业增加值。第一产业领域要加强建设优质经济林、速生丰产林和其他原料林等，根据市场需求进行产业调整。第二产业领域要大力培养产业优秀人才和运用先进生产技术，完成劳动密集型向技术导向型的产业转型。随科技的发展而进步，引进先进设备和高新技术，大力研发新产品，从低层次原料加工向高层次综合深加工发展。推动产业研发创新的同时注重申请自主知识产权，提升产业竞争力和产品增加值，让木材产业有更加强大的发展动力。第三产业领域要扩展与木材相关的其他产业的发展，通过木材产业规模化、集群化实现产业链的形成，针对产业

实际规模效益进行产业结构、布局调整。

（六）加快森林认证的步伐

我国出口的木材产品曾经因为没有森林认证而被压价或退货，很多国家和地区都对木材产品提出了森林认证的要求，森林认证已经成为新的绿色贸易壁垒。森林认证基于森林经营贸易可持续发展的保障机制，可以有效地规范和控制森林资源的合法经营。许多国家十分重视其推广应用，并将其作为木材产品贸易的重要条件。认证木材产品在国际市场上具有绝对优势更得益于部分国家将其作为政府采购的标准。我国的森林认证工作开展于20世纪90年代，CFCC认证体系始建于2001年并于2014年实现与PEFC体系的互认，继而发布一系列行业标准，森林认证制度起步较晚，未经认证的木材产品出口在国际竞争中处于劣势地位，对我国木材产品的出口造成很大影响。因此，我国仍需不断完善木材产业的技术标准和规范，完善相关立法，加大宣传力度，推进符合我国国情的森林认证体系建设，争取早日实现与多个国家认证体系的互认，持续扩大森林认证在生产企业和消费者中的影响力和参与度，使我国更多的木材产品通过森林认证，从源头消除绿色贸易壁垒，不断扩大国际市场。

（七）分类讨论，多种办法应对传统贸易壁垒

近年来，中国木材产业在全球价值链中的分工地位居于世界前三，中国木材产品在国际市场上迅速扩张，很多国家备感压力，针对我国木材产品制定越来越多的贸易壁垒。在进口方面，一是与合作伙伴国积极沟通，争取通过谈判得到更高的进口额度。二是积极寻找新的合作伙伴国，如当原本最大的原木进口国赤道几内亚禁止境内原木出口后，我国可以选择从其他非洲国家进口原木。三是开放合作，派团参加国际公约会议，签署政府部门间合作协议，开展林业专项国际合作。四是鼓励开展国际经营，给予有信誉和竞争力的企业必要的支持，在一定程度上推动木材产业外移，在国外通过培育用材林基地，将木材经过初级加工后再返销回国或直接出口到国际市场等方式迂回的获取资源。五是提高木材使用效率，废旧木材循环再利用。在出口方面，我国需要灵活运用WTO的争端解决机制，培养专业的应诉团队，在面对反倾销、反补贴等指控时，有组织、有谋略的应诉，最大限度地保护我国木材企业的合法权益。

## 二、行业层面

（一）引领木材加工行业健康发展，向着微笑曲线两端攀升

由“中国制造”向“中国质造”发展，再朝向“中国智造”进军。我国木材产业在全球价值链中处于加工环节，没有品牌，利润稀薄，首先应强化自身木材加工制品的品质关，增强国际对于中国木材加工制品的认可和信任，坚守“质

造”提升增加值。其次，木材产业应向微笑曲线的两端研发设计和营销拓展，向左加强自主研发创新提高木材加工产业自动化水平，向右着重渠道建立与品牌运作，丰富产品技术含量，树立品牌，提升国内外市场的品牌知名度和美誉度，向“智造”靠拢。

（二）加入“互联网＋木材”产业业态融合的浪潮，利用信息技术助推价值链高端演进

现在的社会已进入移动互联网时代，互联网与传统行业木材产业相结合，借助大数据、云计算等工具提高生产资料配置的效率，增强对客户需求的感知，优化服务，向微笑曲线营销服务方向延伸。一是以质量为核心，建立板材价值链追溯机制。为每一件木材产品建立二维码身份档案信息，详细记录从原木原产地信息、历经环节的生产加工是否经过森林认证、使用的胶黏剂挥发性是否环保健康，加强对木材加工制品的质量监管和品质把握。二是优化业务流程，加速物流周转。木材加工企业可利用云计算对企业板材库存做实时更新，根据历史销售规律确定淡旺季及潮汐仓库，提前调配产品，配合物联网技术加速物流周转。三是精准营销。对客户订单进行大数据分析，预测客户潜在订单并利用大数据计算结果向海外客户发送更有针对性的邮件宣传，提高询盘率。

## 三、企业层面

（一）强化员工素质，提高劳动质量

人才培养是企业发展的关键动力，高素质人才和技术型人才能给企业带来更多的效益。企业想要拥有良好的发展前景，技术进步是关键，而企业整体技术和素质是由企业员工个体组成的，员工新知识、新技能的学习是公司整体实力的微观组成基础，然而，员工个体之间的能力、技术、素质和对知识的接收能力存在差异，这些都与他们自身知识基础、经历、学习过程息息相关，所以在企业的发展中员工素质提升和技术培训应该引起重视。相较于基础员工，企业高层管理人员和科研部门人员更应受到重视，他们直接关系企业的发展前程。高层管理人员的职能就是规划企业秩序与任务，对企业的未来发展具有引领作用。而科研部门作为公司发展的中坚力量更应该提升自身的工作效率，吸引更多科研优秀人才为公司发展助力。提升企业员工整体素质有以下方式：其一，通过高薪招聘引进能为公司创造更高效益的高素质人才。其二，通过专业培训增强员工工作技能。其三，通过企业绩效考核制度制定奖惩机制，让员工不断学习和进步，相互监督和竞争；通过优秀员工表彰和奖励，激发员工工作积极性与工作潜能，提高劳动质量。

（二）增加科研投入，提高科技含量

对于中国木材产业而言，存在很多企业制度、管理和税赋方面的问题，这些

问题都是企业在长期不健康发展过程中积累的，导致企业内部运营压力加大，无法使用更多的资金和精力投入企业科学技术研发和创新中。企业的长期不健康发展导致企业技术落后、管理落后、制度落后，而技术方面的影响尤为重要。技术是木材产业发展的关键动力，而当前的木材处理技术还处于偏低水平，在木材染色、木材与其他材料的复合和碳化防腐方面都存在缺陷，这样的技术水平根本无法支持企业稳定持续地发展。技术落后带来的负面影响不仅关系企业后期发展，而且在木材产业国际地位和竞争力方面也会受到巨大冲击。所以，当前中国的木材产业应该加大力度投入科学研究，包括技术人才投入和资金设备投入，在保障企业稳定发展的同时不断研发新产品，提高产业产品增加值，争取获得更大的利润和更坚固的产业国际地位，改造企业产业结构和管理模式，实现木材产业深加工、精加工。

此外，企业还可以加强与科研机构和院所高校的联系，形成“产学研”一体化的合作形式，让企业成为科研机构和院所高校毕业生的实习机构，在企业学习的同时为企业创造价值，运用专业的科技创新知识研发新产品，实现双赢。

（三）加强企业联系，发挥规模优势

当前，中国木材产业企业仍以中小型为主，往往会因为资金、人才、物力等方面的限制使企业发展受到约束。资金不足导致产业投入匮乏，技术人才过少造成企业发展动力不足，物资设备不足导致产业生产效率降低。所以，中小型企业往往会有规模不成型、布局不合理和竞争无序等缺陷。像这样的企业，自身得不到好发展的同时还会导致市场秩序混乱，行业出现恶性竞争，影响社会秩序。同时，分散的企业规模还会造成资源浪费，这样的企业模式不进行改善，就无法进行长期可持续发展，最终导致倒闭。

所以，中国木材产业企业在广泛参与全球价值链的过程中，要避免单打独斗、各自为政的局面，那些处于相同或相似价值链环节的企业要广泛应用政府和行业组织出台的相关优惠和激励政策，进行集聚生产、规模化经营，企业通过兼并、重组和并购等手段扩大自身规模。

（四）提高营销水平，拓展多元市场

中国的木材产业企业大多是加工出口的经营模式，生产产品单一，缺乏自己的品牌和完善的渠道，导致中国木材产品形成了“薄利多销”出口贸易，一旦遭遇发达国家的贸易壁垒或者经济动荡，中国的对外贸易就极易受到冲击。中国木材产业想要获得价值链地位的提升，必须加强科学技术的运用，不断研发新产品，通过多样的营销手段进行产品推广和销售，打造企业品牌，推动产业向研发创新和品牌营销这两个高增加值的全球价值链环节攀升，摆脱加工制造的低端环节锁定。

首先，企业针对消费者的不同需求进行差异化的高质量木材产品生产，扩大市场份额；针对不同档次的木材产品进行包装设计，制订相应的营销宣传计划，发挥品牌效应，在国内外市场上形成良好的企业形象和品牌特色，全方位提升企业竞争力。其次，企业要增强自身曝光度，积极参加国内外知名的展销会和博览会，了解对手的发展动向，把握市场先机。最后，企业在提供高品质产品的同时要完善售后服务，及时了解消费者的满意度，加强客户黏性。

# 参考文献

[1] Ando M. Fragmentation and Vertical Intra – industry Trade in East Asia [J]. The North American Journal of Economics and Finance, 2006, 17 (3): 257 –281.

[2] Blonigen B. A. , Anson Soderbery. Measuring the Benefits of Foreign Product Variety with an Accurate Variety Set [J] . Journal of International Economics, 2010 (82): 168 –180.

[3] Brandt L. , et al. Creative accounting or creative destruction? Firm – level productivity growth in Chinese manufacturing [J]. Journal of Development Economic, 2012, 97 (2): 339 –351.

[4] Coase R H. Some Notes on Monopoly Price, 1937, 5 (1): 17 –31.

[5] Daudin G, Rifflart C, Schweisguth D. Who Produces for Whom in the World Economy? [J] . Canadian Journal of Economics/Revue Canadienne Economique, 2011 (4): 1403 –1437.

[6] Emmerson G. SLB's Tall Wood Mass Timber Initiatives Open New Doors for Industry Growth [A] . Canadian Forest Industries, 2018.

[7] Frey G E, Frederick W. Cubbage, Thomas P. Holmes, Graciela Reyes – Retana, Robert R. Davis, Carole Megevand, Diana Rodríguez – Paredes, Yoanna Kraus – Elsin, Berenice Hernández – Toro, Diana Nacibe Chemor – Salas. Competitiveness, Certification, and Support of Timber Harvest by Community Forest Enterprises in Mexico [J] . Forest Policy and Economics, 2019 (107) .

[8] Gereffi G, Humphrey J. , Sturgeon T. The Governance of Global Value Chain: An Analytic Framework [J] . Paper presented at the Bellagio Conference on Global Value Chains, 2003 (4) .

[9] Gereffi, G. International Trade and Industrial Upgrading in the Apparel Commodity Chains [J] . Journal of International Economics, 1999 (48): 37 –70.

[10] Gereffi, G. , Shifting Governace Structures in Global Commodity Chains,

with Special Reference to the Internet [J]. Amereican Behavior Scientist, 2001 (1).

[11] Gereffi, G. The Global Economy: Organization, Governance, and Development [C]. Smelser, N., Swedberg R. Handbook of Economic Sociology. Princeton, NJ: Princeton University Press, 2005: 160 - 182.

[12] Greenaway D, Morgan W, Wright P. Trade Reform, Adjustment and Growth: What Does the Evidence Tell US? [J]. The Economic Journal, 1998 (9): 1547 - 1561.

[13] Grossman G M, Rossi - Hansberg E. Trading Tasks a Simple Model of Offshoring [J]. The American Economic Review, 2008, 98 (5): 1978 - 1997.

[14] Hosseini M, Staffan Brege, Tomas Nord. A combined focused industry and company size investigation of the internationalization - performance relationship: The case of small and medium - sized enterprises (SMEs) within the Swedish wood manufacturing industry [J]. Forest Policy and Economics, 2018 (97).

[15] Hummels D, Ishii J, Yi K M. The Nature and Growth of Vertical Specialization in World Trade [J]. Journal of International Economics, 2001, 54 (1): 75 - 96.

[16] Humphrey J, Schmitz H. How Does Insertion in Global Value Chains Affect Upgrading in Industrial Clusters? [J]. Regional Studies, 2002 (36): 1017 - 1027.

[17] Johnson R C, Noguera G. Accounting for Intermediates: Production Sharing and Trade in Value Added [J]. Journal of International Economics, 2012 (2): 224 - 236.

[18] Kaneko A. Terms of Trade, Economic Growth, and Trade Patterns: A Small Open - economy Case [J]. Journal of International Economics, 2000 (58): 169 - 181.

[19] Kogut B, Normative Observations on the International Value - Added Chain and Strategic Groups. 1984, 15 (2): 151 - 167.

[20] Koopman R, Powers W M, Wang Z, et al. Give Credit Where Credit Is Due: Tracing Value Added in Global Production Chains [J]. Working Paper Series (National Bureau of Economic Research), 2010.

[21] Koopman R, Wang Z, Wei S J. Estimating Domestic Content in Exports When Processing Tracle Is Pervasive [J]. Journal of Development Economics, 2012, 99 (1): 178 - 189.

[22] Krugman P. Urban Concentration: The Role of Increasing Returns and Trans-

port Costs [J]. International Regional Science Review, 1996, 19 (1-2): 5-30.

[23] Lau L J. Input-occupancy-output Models of the Non-competitive Type and Their Application-An Examination of the China-US Trade Surplus [J]. Social Sciences in China, 2010, 31 (1).

[24] McConnell T E, VanderSchaaf C L, Tanger S M. Potential changes to louisiana hardwood timber industry economic contributions following emerald ash borer (EAB) invasion: An input-output approach [J]. Journal of Economic Entomology, 2019, 112 (6).

[25] Mohler L, Michael Seitz. The Gains from Variety in the European Union [J]. Review of World Economics, 2012, 148 (3): 475-500.

[26] Nathan I, Jie Chen, Christian Pilegaard Hansen, Bin Xu, Yan Li. Facing the complexities of the global timber trade regime: How do Chinese wood enterprises respond to international legality verification requirements, and what are the implications for regime effectiveness? [J]. Forest Policy and Economics, 2018 (92).

[27] Orbeta A. C. Globalization and Employment: The Impact of Trade on Employment Level and Structure in the Philippines [J]. Philippine Institute for Development Studies, Discussion Paper, 2002 (4): 22-35.

[28] Paulina H, Joshi Omkar, Edgar Christopher B, Paudel Shishir, Adhikari Arjun. Predicting Kudzu (Pueraria montana) spread and its economic impacts in timber industry: A case study from Oklahoma [J]. PloS one, 2020, 15 (3).

[29] Su B, B. W. ang. Input-output Analysis of $CO_2$ Emissions Embodied in Trade: Competitive Versus Non-competitive Imports [J]. Energy Policy, 2013 (56).

[30] Upward R, Z Wang, J. Zheng. China's Export Basket: The Domestic Content and Technology Intensity of Chinese Exports [J]. Journal of Comparative Economics, 2012, 45 (2): 56-89.

[31] Williamson O E. Transaction Cost Economics: The Comparative Contracting Perspective [J]. Journal of Economic Behavior & Organization, 1987, 8 (4): 617-625.

[32] 曹明福，李树民．全球价值链分工的利益来源：比较优势、规模优势和价格倾斜优势 [J]．中国工业经济，2005 (10)：22-28.

[33] 陈建铃，林伟明，刘燕娜．我国造纸产业出口贸易隐含碳研究 [J]．中国造纸，2016，35 (1)：47-51.

[34] 陈明月．垂直专业化对中国分工利益的影响 [D]．厦门大学，2009.

[35] 陈绍志，李秋娟，赵荣．中国锯材进口变化及影响因素的实证分析

[J]．西北林学院学报，2018，33（4）：282－288.

［36］陈水合．中美林产品贸易摩擦现状和应对［J］．国际木业，2018，48（6）：37.

［37］陈雯，李强．全球价值链分工下我国出口规模的透视分析——基于增加值贸易核算方法［J］．财贸经济，2014（7）：107－115.

［38］陈怡，沈利生．我国服务贸易出口贡献率分析——基于1997年投入产出表的计算［J］．数量经济技术经济研究，2006（11）：59－68，77.

［39］陈沄沄．增加值贸易统计方法视角下中国出口贸易研究［J］．江苏科技信息，2013（17）：11－14.

［40］程宝栋，宋维明，杨超．中国木材加工业转移与集聚研究：产业集聚过度了吗？［J］．林业经济，2018，40（3）：16－21，41.

［41］程宝栋，宋维明．产业集聚与中国木材产业竞争力研究［J］．北京林业大学学报，2006（S2）：149－154.

［42］程宝栋，宋维明．中国木材产业安全问题研究［J］．绿色中国，2005（11）：60－64.

［43］程征．我国林业的产业价值链分析［J］．北京林业管理干部学院学报，2006（1）：39－43.

［44］单豪杰．中国资本存量K的再估算：1952～2006年［J］．数量经济技术经济研究，2008，25（10）：17－31.

［45］单永娟，石小亮．中国木质林产品出口贸易结构性风险实证分析［J］．福建林业科技，2015，42（4）：224－228.

［46］邓军．所见非所得：增加值贸易统计下的中国对外贸易特征［J］．世界经济研究，2014（1）：35－40.

［47］丁蕾．科研投入、制造业基础与发展中国家加工贸易的产业升级［J］．产业经济评论，2010（1）：66－80.

［48］杜晓蓉．单要素贸易条件对亚洲新兴经济体出口导向型增长的影响［J］．江西财经大学学报，2013（6）：22－29.

［49］高敏雪，葛金梅．出口贸易增加值测算的微观基础［J］．统计研究，2013，30（10）：8－15.

［50］高敏雪，张芳．加工贸易核算方法及其对中国国际收支的影响［J］．经济理论与经济管理，2010（7）：58－65.

［51］高翔，刘啟仁，黄建忠．要素市场扭曲与中国企业出口国内附加值率：事实与机制［J］．世界经济，2018，41（10）：26－50.

［52］葛顺奇，罗伟．外商直接投资与东道国经济增长——基于模仿与创新

的研究［J］．世界经济研究，2011（1）：56－60，89.

［53］耿晔强，闫思萌．开放经济条件下进出口贸易对劳动力就业的影响——基于中国制造业省级面板数据的实证研究［J］．国际商务（对外经济贸易大学学报），2016（3）：15－23.

［54］龚三乐．全球价值链内企业升级国外研究进展与趋势［J］．世界地理研究，2010（1）：71－78.

［55］韩灵梅．论美欧新绿色壁垒下我国林产品贸易的困境及出路——以《雷斯法案修正案》、《欧盟木材法规》为例［J］．开发研究，2015（2）：90－94.

［56］贺芸瑶．环境规制与制造业升级研究［D］．山西大学，2017.

［57］侯方淼，姚茂元，鲁晨曦．增加值贸易视角下国际贸易利益研究综述［J］．北京林业大学学报（社会科学版），2016，15（1）：71－78.

［58］侯方淼，姚茂元．亚太地区主要国家林产品出口贸易利益及竞争力比较分析——基于增加值贸易核算法［J］．世界林业研究，2016，29（5）：71－76.

［59］侯新宇，印中华，邱蓝漪，孙丹阳．中国木质林产品贸易应对《欧盟木材法规》挑战研究［J］．林业经济，2013，37（12）：54－57.

［60］胡申．中国林业产业区域竞争力评价分析［D］．北京林业大学，2012.

［61］胡昭玲．国际垂直专业化对发展中国家的影响与启示［J］．经济经纬，2006（5）：35－38.

［62］黄满盈，邓晓虹．我国贸易条件变动对经济增长影响的实证分析［J］．国际商务（对外经济贸易大学学报），2009（6）：47－53.

［63］黄先海，杨高举．高技术产业的国际分工地位：文献述评与新的分析框架［J］．浙江大学学报（人文社会科学版）预印本，2009（4）：36－45.

［64］黄先海，杨高举．内部动力与后发国分工地位升级——来自中国高技术产业的证据［J］．中国社会科学，2013（2）：25－45，204.

［65］纪凤春，王崇民．谈黑龙江省林业产业发展中存在的问题及对策［J］．林业勘查设计，2016（1）：29－30.

［66］季春艺，杨红强．国际贸易隐含碳排放的研究进展：文献述评［J］．国际商务（对外经济贸易大学学报），2011（6）：64－71.

［67］贾怀勤．中国贸易统计如何应对全球化挑战——将增加值引入贸易统计：改革还是改进？［J］．统计研究，2012（5）：10－15.

［68］孔伟杰．制造业企业转型升级影响因素研究——基于浙江省制造业企

业大样本问卷调查的实证研究［J］．管理世界，2012（9）：120－131.

［69］黎峰．全球价值链分工下的出口产品结构及核算——基于增加值的视角［J］．南开经济研究，2015（4）：67－79.

［70］李福生．中国林产品加工业价值链升级研究［D］．中国林业科学研究院，2009.

［71］李秋娟，陈绍志，赵荣．中国林业产业关联分析及未来发展预测［J］．林业经济，2018，40（3）：11－15.

［72］李冉．中国林业产业体系评价与增长机制研究［D］．北京林业大学，2013.

［73］李昕，徐滇庆．中国外贸依存度和失衡度的重新估算——全球生产链中的增加值贸易［J］．中国社会科学，2013（1）：29－55，205.

［74］廖泽芳，宁凌．中国的全球价值链地位考察——基于附加值贸易视角［J］．国际商务（对外经济贸易大学学报），2013（6）：21－30.

［75］刘岑婕．环境规制对全球价值链的影响研究［D］．湖南大学，2015.

［76］刘琳．中国参与全球价值链的测度与分析——基于附加值贸易的考察［J］．世界经济研究，2015（6）：71－83，128.

［77］刘能文，杨俊逸．关于中芬木材贸易发展的几点思考［J］．国际木业，2017，47（8）：16－18.

［78］刘仕国，吴海英．全球价值链：测度、现状、经济影响与政策启示［J］．中国社会科学院国际研究学部集刊，2014，7（10）：148－167.

［79］刘似臣．中国外贸发展何去何从［J］．中国国情国力，2006（2）：39－41.

［80］卢福财，胡平波．全球价值网络下中国企业低端锁定的博弈分析［J］．中国工业经济，2008（10）：23－32.

［81］卢平平，龚唯平．国际贸易隐含碳测量方法研究进展述评［J］．产业经济评论，2015（6）：82－90.

［82］陆甦颖，王晓磊．我国制造业参与国际产品内分工影响因素的实证分析［J］．国际贸易问题，2010（12）：97－101.

［83］吕婕，向龙斌，杨先厚．全球生产网络下中美贸易利益分配影响因素分析［J］．中国地质大学学报（社会科学版），2013，13（1）：103－107.

［84］马涛，刘仕国．全球价值链下的增加值贸易核算及其影响［J］．国际经济评论，2013（4）：97－109.

［85］毛建国．走现代林业发展新路 促油茶产业转型升级［J］．浙江林业，2015（11）：10.

[86] 毛蕴诗，吴瑶，邹红星．我国 OEM 企业升级的动态分析框架与实证研究 [J]．学术研究，2010 (1)：63-69，77，160.

[87] 聂影，杨红强．中国木材供需矛盾与原木进口结构分析 [J]．世界农业，2008 (7)：53-56.

[88] 平新乔，周艺艺．产品市场的竞争与企业研发 [J]．产业经济评论，2007 (1)：20-39.

[89] 乔厦．中国木材加工产业区域竞争力及发展对策的研究 [D]．北京林业大学，2010.

[90] 沈利生，吴振宇．出口对中国 GDP 增长的贡献——基于投入产出表的实证分析 [J]．经济研究，2003 (11)：33-41，70-92.

[91] 沈利生，吴振宇．中国对外贸易对 GDP 贡献的经验分析 [J]．世界经济，2004 (2)：13-20.

[92] 盛斌，牛蕊．贸易、劳动力需求弹性与就业风险：中国工业的经验研究 [J]．世界经济，2009 (6)：3-15.

[93] 史常亮，王忠平．外商直接投资与我国造纸工业出口额的动态关系研究 [J]．中国造纸学报，2013，(2)：23-28.

[94] 宋玉华，朱思敏．垂直专业化的贸易利益分配机制研究 [J]．世界经济研究，2008 (3)：13-20，87.

[95] 汤吉贺，巴承．中国非木质林产品进出口贸易实证研究 [J]．商业经济，2012 (8)：83-85.

[96] 唐东波．贸易政策与产业发展：基于全球价值链视角的分析 [J]．管理世界，2012 (12)：13-22.

[97] 田刚，杨阳．基于实证分析的中国林业产业结构关系研究 [J]．林业经济问题，2015，35 (3)：268-271.

[98] 田明华，程宝栋，蔡琳珊，胡明形．我国木质林产品国际贸易的特点分析 [J]．中国人造板，2008 (10)：1-4.

[99] 童伟伟．环境规制影响了中国制造业企业出口吗？[J]．中南财经政法大学学报，2013 (3)：67-73，160.

[100] 汪浩．林业产业转型升级的驱动因素及发展对策——以江苏省苏北地区为例 [J]．科技与经济，2011，24 (4)：48-52.

[101] 王飞，王一智．我国纺织和服装业增加值出口能力分析 [J]．国际贸易问题，2013 (11)：54-62.

[102] 王刚．我国林业产业区域竞争力评价研究 [D]．东北林业大学，2016.

［103］王跻崭．“一带一路”沿线东南亚国家林业资源开发［J］．长安大学学报（社会科学版），2019，21（5）：35－43.

［104］王岚．融入全球价值链对中国制造业国际分工地位的影响［J］．统计研究，2014（5）：17－23.

［105］王直，魏尚进，祝坤福．总贸易核算法：官方贸易统计与全球价值链的度量［J］．中国社会科学，2015（9）：108－127.

［106］韦倩青．中国—东盟工业制成品贸易的贸易附加值及其影响因素分析［J］．经济问题探索，2013（9）：84－91.

［107］卫昕．国内贸易增加值影响因素实证研究——基于15个产业的面板数据［J］．商业经济研究，2016（3）：27－28.

［108］吴浜源，王亮．发展中国家贸易条件对经济增长影响的实证研究［J］．国际贸易问题，2014（3）：63－71.

［109］吴建新，刘德学．基于全球价值链的中国加工贸易升级研究［J］．惠州学院学报（社会科学版），2009，29（4）：15－2.

［110］吴语香，刘京华．中国木材加工业国际竞争力的劳动力成本优势分析［J］．亚太经济，2016（1）：81－85.

［111］伍超群．我国林产品进口对俄罗斯市场影响的研究［D］．中南林业科技大学，2016.

［112］谢锐，赵果梅．出口贸易对中印经济增长的影响效应研究［J］．国际经贸探索，2014（8）：52－63.

［113］辛娜．我国外贸企业突破GVC低端锁定的路径分析［J］．宜春学院学报，2012，34（9）：41－44.

［114］许传德，韩璐，张学军．新世纪以来我国木材进口情况分析及预测［J］．林业经济，2015，37（10）：48－52.

［115］闫海春．沿边口岸城市木材加工产业集群发展的动力机制分析［J］．林产工业，2016，43（7）：11－14.

［116］杨栋才．中国木质林产品出口贸易结构升级研究［D］．北方工业大学，2018.

［117］印中华，宋维明．中国木材产业资源基础转换探析［J］．资源科学，2011，33（9）：1735－1741.

［118］于倩．我国加工贸易转型升级的路径选择［D］．兰州商学院，2008.

［119］张吉国．我国木质林产品对外贸易的特征与国际竞争力之实证分析［J］．国际商务（对外经济贸易大学学报），2010（4）：19－25.

[120] 张译匀. 苏州加工贸易行业现状评析 [J]. 时代金融, 2013 (9): 192, 194.

[121] 张咏华. 中国制造业在国际垂直专业化分工体系中的地位 [D]. 南开大学, 2013.

[122] 赵昌文. 转型升级: 企业要做什么? 政府能做什么? [N]. 光明日报, 2013-03-29 (11).

[123] 郑明亮. 中国区域木材产业竞争力评价及比较研究 [D]. 南京林业大学, 2010.

[124] 朱廷珺. 外国直接投资、加工贸易利益分配: U 形价值链模型 [J]. 中国流通经济, 2007 (2): 28-30.